한국의 눈물

**한국도
일본처럼
투자할 곳이
완전히 사라진다**

한국의 눈물
한국도 일본처럼 투자할 곳이 완전히 사라진다

원제: 부의 몰락! 원화의 저주, 공포의 LTD가 온다
부제: 자식들에게만 전해주는 숏텀, 롱텀 디플레이션 전쟁
　　　Big Cycle 순환투자법이 답!

개정증보판 1쇄 발행 2021년 12월 1일
　　　　2쇄 발행 2022년 2월 23일
　　　　3쇄 발행 2022년 12월 31일

지은이 손대식
펴낸이 장길수
펴낸곳 지식과감성˚
출판등록 제2012-000081호

교정 김혜련
디자인 이은지, 박예은
편집 박예은
검수 정은지, 이현
마케팅 고은빛, 정연우

주소 서울시 금천구 벚꽃로298 대륭포스트타워6차 1212호
전화 070-4651-3730~4
팩스 070-4325-7006
이메일 ksbookup@naver.com
홈페이지 www.knsbookup.com

ISBN 979-11-392-0175-8(03320)
값 32,000원

- 이 책의 판권은 지은이에게 있습니다.
- 이 책 내용의 전부 또는 일부를 재사용하려면 반드시 지은이의 서면 동의를 받아야 합니다.
- 잘못된 책은 구입하신 곳에서 바꾸어 드립니다.

지식과감성˚
홈페이지 바로가기

Omnibus Edition　　　　　　　　　　　　　　　개정증보판

한국의 눈물

한국도
일본처럼
투자할 곳이
완전히 사라진다

[원제] **부의 몰락!** 원화의 저주, 공포의 LTD가 온다

손대식 지음
(前 KBS 시사교양전문 PD)

[부제] 자식들에게만 전해주는
숏텀, 롱텀
디플레이션 전쟁
Big Cycle 순환투자법이 답!

롱텀 디플레 시에는 달러와 금에 투자하면 돈 잃고 바보 된다!

지식과감정

Prologue

일본처럼 투자할 곳이 완전히 사라지는 롱텀 디플레이션이 이미 한국에도 도래했음을 우리나라의 몇몇 재벌들과 큰손들은 벌써 눈치챈 것 같다. 모 재벌은 100조 이상의 현금을 이미 확보해 뒀고, 은행권에는 10억 이상의 뭉텅이 예금이 최근 2년 사이에 118조나 급격히 늘어나, 2020년에 이미 그 액수가 617조나 된다는 기사다. 큰손들은 눈치 빠르고 이익에 가장 민감하다. 큰손들의 후각은 참 대단하다.

맞다! 우리나라를 포함한 전 세계에 이미 2016년에 롱텀 디플레이션이 도래해 있다. 하지만 2008년 금융위기, 코로나 사태 등으로 풀린 약 7조 달러 이상의 돈이 아직은 롱텀 디플레이션의 본격화를 저지하고 있다.

우리들은 국제 금가격 등 몇 가지 이상 징후를 제외하고는 아직 평면상으론 롱텀 디플레이션의 도래를 잘 느낄 수 없다. 재벌들이야 그렇다 치더라도 우리나라의 큰손들도 감을 잡은 듯이 이자도 거의 없는 은행으로 몰려들고 있는 것이다. 놀라운 직감력이다.

그 결과가 10억 이상 예금 계좌 급증 현상으로 나타났다. 이른바 투자처 실종현상으로 투자할 곳이 증발했으니 은행예금만 증가하고 있는 것이다.

인간과 기업이 생로병사의 과정을 거치듯이 부(富) 또한 몰락 → 이동 → 탄생 과정을 거친다. 따라서 미리 대처하지 않으면 영원한 부는 존재할 수 없다. 노멀한 경제하에서 부의 몰락과 부의 이동, 새로운 부의 탄생은 자주 일어나는 현상이 아니다.

특히 선진국일수록 부의 이동은 잘 일어나지 않는다. 선진국이 되면 사회적 시스템이 정비되어 일확천금의 기회나 새로운 사업의 기회 등이 크게 줄어들기 때문이다.

선진화된 사회에서 부의 큰 변동이 생겨나는 경우는 전쟁, 금융위기, 롱텀 디플레이션, 하이퍼 인플레이션 등이 발생할 때다. 선진국 모임인 3050클럽에 7번째로 가입한 우리나라도 이제 일본처럼 롱텀 디플레이션(Long Term Deflation, 약칭 LTD)이 도래해서 부의 큰 이동이 일어날 때가 되었다!

이제 곧 롱텀 디플레이션이 본격화되면서 일본처럼 한국도, 투자할 곳이 완전히 사라지게 된다. 즉 한국의 눈물이 본격화된다.

적어도 한국의 핵심경제 활동인구(40~59세)가 줄기 시작한 2013년부터 혹은 2016년에 닥친 롱텀 디플레이션과 같이 투자처 실종 현상은 급격히 많아질 것으로 판단한다.

2017년에 새로이 시작된 경기변동 과정에서 주식과 아파트가 대폭등을 지속한 한국에도 어느 날 갑자기 거품 붕괴가 시작된다. 저자는 이번 거품 붕괴를 시작으로 곧바로 롱텀 디플레이션의 본격화로 연결된다고 본다. 이번의 대세하락은 기존에 주기적으로 겪어 왔던 숏텀 디플레이션(Short Term Deflation, 약칭 STD)으로의 진입이 아님에 유의하여야 한다.

저자는 KBS에서 TV프로듀서로 30년간 일했다. 시사·교양 프로그램은 물론 쇼양 프로그램(쇼적인, 즉 재미를 가미한 교양 프로그램)과 연초의 계기 특집 프로그램들을 제작·연출하면서 각 분야 전문가들을 만나고 시류에 맞는 생각들을 정리하고 맞추는 삶을 살아왔다.

그들과 생각이 일치될 때에는 프로그램화하고 부분적인 생각만 일치할 경우에는 머릿속에 정리해 두었다.

학부에서 경영학을 전공해서인지 프로그램을 제작할 시에는 늘 경영학적·경제학적 관점의 생각들을 프로그램 제작이나 기획에 연계시키게 되는 걸 알고, 스스로도 놀라웠던 적이 많다. 경제학 원론을 비롯해서 가격론, 화폐금융론 등을 경영학과 별도로 공부해 둔 것도 큰 도움이 되었던 것 같다.

개인은 일생을 살아가면서 흥망성쇠의 과정을 겪는데 국가도 마찬가지인 것 같다. 한동안 Made in U.S.A가 세상의 모든 물건이었으며, 그 후에는 Made in Japan이었다.

우리의 산업이 미천한 때 이들 나라의 소비재는 전 세계를 휩쓸었고, 이들 나라의 손톱깎이, Made in U.S.A라 쓰여진 자물통 등등의 소비재 하나를 가지기만 해도 부러워했던 시절을 살아왔다.

그러다가 이제는 한국 제품이 일본을 능가하는 제품 평가와 함께 전 세계로 팔려 나간다. 국민의 한 사람으로서 참 신나는 일이다. 이제는 Made in Korea 시대다.

하지만 누가 뭐래도 일본은 아직까지 제조업 최강국이다. 노벨상 수상자만 해도 현재 30여 명 가까이나 된다. 주로 화학상, 물리학상 계통이니까 당연히 세계 원천기술의 최대보유국 중 하나이다. 그야말로 부러운 나라다. 그런데 그들은 근 30년 전에 시작된 디플레 하나를 해결하지 못하고 있다.

그들에게 노벨 경제학상 수상자는 없지만 전 세계 노벨상 수상자나 경제학의 구루(Guru)들이 일본 경제를 진단하고 디플레 대책을 제시하고 그에 따라 정책을 펴 왔지만 근 30년이 지나서도 아직도 디플레의 망령에서 벗어나지 못하고 있다. 여태까지의 경험으로 봐서 앞으로 벗어날 가망도 거의 없다.

우리는 물가의 지속적인 하락을 디플레이션이라고 말해 왔다. 그러나 디플레이션은 지속 기간이 단기냐 장기냐에 따라서 일본처럼 경제적 파장이 완전히 다르므로 지속기간에 따라 숏텀 디플레이션(Short Term Deflation)과 롱텀 디플레이션(Long Term Deflation)으로 구분해서 분류하고 대처하여야 한다.

저자는 그동안 기간에 따른 분류를 하지 않았던 디플레이션을 통상적인 불경기 기간인 5년 미만으로 나타나는 숏텀 디플레이션과 일본처럼 5년 이상 지속되는 디플레이션을 롱텀 디플레이션으로 분류하여 달리 명명하며 그 현상들을 나눠서 원인을 분석하고 그 퇴치 방법을 제시한다.

이 2가지의 디플레이션은 당연히 그 포착 방법도 달라야 하고 퇴치 방법도 달리해야 하며 투자 방법도 달리해야 한다.

롱텀과 숏텀, 이 2가지 디플레로 구분하여 180도 달리 투자하지 않으면 완벽한 역주행 투자가 되며 이는 쪽박에 이르는 길이 됨을 일본의 사례를 증거로 증명한다.

일본의 아파트와 주식 등은 롱텀 디플레이션이 진행되면서 80~90% 정도가 폭락했다. 은행이자도 제로금리다. 이처럼 롱텀 디플레이션 때에는 생존 자체가 불가능할 정도로 모든 자산은 폭락한다. 한마디로 일본에서는 투자할 곳이 완전히 사라졌다!

그 결과 부가 몰락한다!
본 저서는 전 세계 특히 한국에 닥친 롱텀 디플레이션 시대의 생존학을 제시하는 것이 목표다.

저자는 IMF 시절 〈힘내세요 사장님〉이라는 TV 프로그램 제작 시에 한 신지식인을 취재하여 프로그램화한 적이 있다. 초등학교 중퇴가 최종 학력인 분이다. 하지만 정부에서 선정한 신지식인이었다. 이분은 화약으로 운행하는 비행기를 연구하는 분이었다. 화약이 무엇인가? 그렇다. 바로 다이너마이트다.

우선 발상이 놀라웠다.
이분의 말에 따르면, "여러분들은 당연하다고 생각하는 세상의 모든 것들이, 나는 못 배워서 그렇겠지만…. 세상의 모든 것들이 무슨 원리인지 궁금하기만 하다"고 했다.

그래서겠지만 그 신지식인은 정부에서 주어진 상으로 떠난 그의 첫 해외여행이자 첫 비행기 탑승 기회였던 호주행 비행기 안에서 스튜어디스에게 비행기의 무게, 탑승 인원, 기름의 무게 등등을 계속 질문해 대는 바람에 마지막에는 스튜어디스가 슬슬 피하는 것을 눈치챘다고 한다.

그는 기름의 무게가 거의 다인 비행기의 항속거리를 다이너마이트를 이용해서 개선하고 싶었다고 했다. 처음 타 본 비행기 안에서 그는 비행기의 무게를 획기적으로 줄이고 사람을 더 태우기 위해 휘발유를 화약으로 대체하기로 마음먹었다고 한다.

화약의 성분을 각기 따로 보관하다가 추진력이 떨어질 즈음에 버튼 하나를 누르면 나눠 보관되던 원료가 합성되는 순간 폭발하면서 그 추진력으로 비행기가 날아가게 하는 것이다. 그럴듯하지 않은가?

웃음거리로 전락할 것 같았던 이 프로젝트는 그다음 해 KAIST의 연구과제로 채택되었고, 이분을 실제적인 팀장으로 해서 약 4~5명의 박사가 조수 격으로 같이 일하게 되었다고 했다. 그 후의 연구 결과는 자세히 모르지만, 아직 성공하지는 못한 것 같다. 성공했다면 온 세상이 떠들썩했을 것이니까 말이다.

또 하나 더, 미국의 테슬라 최고경영자(CEO)인 일론 머스크(Elon Musk) 얘기를 해 보자! 남아공에서 태어난 머스크는 미국 펜실베이니아대학교에서 경제학과 물리학을 공부했고 스탠퍼드대학교에서 물리학 박사학위를 받았다.

여러 학문을 전공했기에 젊은 나이에도 많은 학문과 관련이 있는 다학문 융합적(Interdisciplinary)인 생각을 하게 된 것으로 보인다. 일론 머스크는 발명가이면서 기업가이고 엔지니어이기도 하다. 그야말로 '괴짜 천재'다.

테슬라 전기차를 구현한 머스크의 다음 꿈은 화성을 식민지화하는 것이다. 2022년 8만 명이 화성에 살게 하겠다고 공언했다. 신개념 초고속 진공

열차 '하이퍼루프'도 개발 중이다.

일론 머스크가 설립한 우주탐사기업 스페이스X의 첫 민간 우주선인 '크루 드래건' 캡슐이 스플래시 다운 방식으로 45년 만에 처음 멕시코만의 바다로 귀환했다. 그는 발사된 우주로켓을 재활용하는 기술로 발사비용을 10분의 1 수준으로 절감해 우주 진출 장벽을 낮췄다. 우주탐사 및 여행 비용이 절반 이하로 줄어들 것이다. 물론 이 사람은 우주과학자가 아니다.

저자도 경제학자가 아니다. 경제연구소나 국책연구소의 연구원도 증권회사 연구원 출신도 아니다. 그러나 일본이 롱텀 디플레이션을 해결하지 못하는 이유에 대해 지적 호기심이 발동되었고, 저자 입장에서는 완벽하고 독자 입장에서는 미심쩍을 몇 가지 증거를 통해 롱텀 디플레이션 해법의 단초도 제시한다.

누구나 알다시피 디플레 시절에는 어떤 것에도 투자하면 안 된다는 것이 정설이었다. 디플레 기간에는 모든 것이 내리기만 하니까…. 그 후 몇몇 인버스 ETF들이 나왔지만, 이는 최근의 일이다. 그동안은 모두 다 내리는 것뿐이었기 때문에 투자할 재산이 없었다.

그러나 본 저서에서는 몇몇 인버스 ETF를 제외하고도 롱텀 디플레 시절에 절대적으로 유효한 투자 방법들을 제시하여 공포의 '롱텀 디플레'가 오더라도 눈물을 흘리지 않고 큰돈을 벌 방법들을 제시한다. 이것이 바로 본 저서의 목표이기도 하다.

《일본인의 눈물》에서 설명했듯이 Diamond 달러투자법에 따라 달러가격이 지속적으로 서서히 오르면 아파트와 주식은 무조건 팔아야 한다. 이와 반대로 꾸준히 지속적으로 달러가격이 내리면 아파트와 주식은 대폭등을 거듭한다.

그동안 서브프라임과 코로나 때문에 풀린 돈으로, 부동산 정책 미스로 폭등한 아파트와 주식시장의 폭등 뒤에는, 한국에도 달러가격의 장기적 하락세로 인한 주식과 아파트의 대폭등, 즉 원화의 마지막 축제가 오고 있다. 언제까지일까?

시중에서 흔히 쓰는 단어인 큰손이라는 사람들과 세력이라는 집단은 큰돈을 움직인다. 이들은 자신들의 자금과 이른바 금융소비자들이 모아 준 빅머니(Big Money)를 빅사이클(Big Cycle)에 맞춰서 계속 굴려야만 한다.

이들은 큰돈을 움직여야 하므로 반드시 빅사이클을 순서대로 밟아 가게 된다. 이들이 가는 길을 따라가면서 투자하면 큰 부자가 되지만 우리는 아무도 그 사이클을 몰랐다.

한마디로 빅사이클 순환투자법(월급쟁이나 가난뱅이가 부자되는 법)이란 경기순환의 큰 흐름에 맞춰 주식, 아파트, 달러, 예금, 국채의 5대 투자자산에 순서대로 어떻게 순환 투자해야 하고, 이 자산들을 언제 사고 언제 팔아야 하는지를 명쾌하게 설명해 주는 투자이론이다. 그 대로 실천하면 월급쟁이나 가난뱅이에서 탈출할 수 있는 완전히 새로운 투자법이다.

디플레이션이 숏텀 디플레이션인가 롱텀 디플레이션인가에 따라 빅사이클 순환투자법은 당연히 달리 적용되어야 한다.

저자가 정리한 이 빅사이클 투자이론은 비슷한 앙드레 코스톨라니의 달걀이론의 결점을 단칼에 해결한 새로운 투자이론이다.

이미 시작된 우리 생애 마지막 주식과 아파트의 폭등을 곧 끝내고, 원화 급등에 따른 주식과 아파트의 폭등을 끝으로 원화의 저주가 10~20년 이상 계속된다. 일본에 닥친 엔화의 저주처럼 한국에도 원화의 저주가 10~20년 이상 지속될 가능성이 훨씬 더 크다.

일본의 롱텀 디플레 시절, 일본의 부동산, 주식 등은 약 80~90% 폭락하였다. 달러는 360엔에서 75엔까지 폭락하였다. 모든 것이 폭락하는 이런 현상들은 기존의 경제학 이론으로는 설명할 수도 해결할 수도 없다.

일본의 잃어버린 30년 동안의 이러한 달러, 주식, 아파트, 국채 등 자산가격의 변동을 미리 안다면, 우리는 일본이 지나온 30년간의 투자결과를 활용하여 선제적으로 투자하면 된다. 이것이 바로 롱텀 디플레 현상을 역이용하는 위기활용 투자기법이며 생존학들이다.

저자는 전쟁통(1952.9.)에 태어나서 만고풍상을 다 겪고 살아왔다. 어린 시절부터 4·19, 5·16, 유신정권, 군사정권 시절, 6·29 등의 큰 변화를 가져온 사건을 겪었으며, IMF, 2008 금융위기를 비롯해 지금은 코로나 시대를 살아가고 있다.

그러는 동안 부동산 폭등과 폭락 시의 투자, 주식 폭등 시기와 깡통계좌 정리사태 등은 물론 달러투자, 국채투자도 근 50년간 해 왔다. 때론 성공했고 때론 깡통투자가 되었다.

그동안 배우고 직접 경험한 것과 방송을 통해서 알게 된 전문가의 간접 지식을 합치고 체계화하여 투자이론으로 정립해서 자식들에게 넘겨줘야겠다는 생각을 하게 된 것이 저자의 책들로 탄생하게 된 계기이다.

약 50년간 경험하고 50년간 투자하면서 보니 한국에는 부동산과 주식, 달러, 예금, 국채를 동시에 이해하고 있는 투자전문가가 희소하고, 체계화된 재테크 이론이나 책도 없음을 알게 되었다.

그동안의 부동산, 주식, 국채, 달러투자에 관한 재테크 책은 주로 미국인이 쓴 책을 번역하거나 그들의 편집 방법과 전개 순서에 맞춰 풀어낸 책들뿐이었음을 알게 되었다.

이 5가지 재산의 투자요령을 같이 연관해서 설명하고 순환투자를 꼭 해야 하는 이유를 설명한 책도 없었다. 즉, 그동안의 투자 방법이 거의 모두 잘못되었음을 알게 되어 이를 수정하는 방편으로도 저서로 남겨야 한다고 생각한 것이다.

따라서 이번의 저서는 아주 중요하다.

일본의 잃어버린 30년의 해결의 단초를 제공하며, 전 세계에 찾아온 롱텀 디플레이션의 해결이론과 그 해법에 관한 책이다.

아베노믹스는 이름만 다른 미국식 양적 완화이며, 무진장 돈을 풀어도 경기는 제대로 소생하지 못하고 있다. 도대체 디플레가 무엇이기에 일본은 30년이 지나도록 그토록 갈망하는 인플레 경제로의 회귀를 못 하는 것인가? 또한 다가온 세계적 롱텀 디플레는 무엇으로 피해 갈 수 있는가?

저자는 경제학자도 아니고 경제학을 독학으로 공부한, 경제학을 전공하지도 않은 전문투자가이다. 하지만 이런 롱텀 디플레 현상들을 이용하여 투자에 대성공하는 길을 연구하여 정리하고픈 욕심이 생겼다.

적어도 내 자식들에게까지만이라도 제대로 된 재테크 지식을 전해 주고 떠나고 싶어서이다. 그동안 기울어진 운동장에서 부동산 투자자와 주식투자, 달러, 국채투자에서 당해 왔던 개미투자자들에게도 도움이 되기를 바라는 마음이 절실하다.

저자는 방송 프로듀서로 30년간을 근무하면서 많은 것을 경험하였다. 50년간 투자 경험도 쌓았다. 정년 후에는 대학원 CRO 과정을 통해 부동산과 금융에 관한 정책적이고 거시적인 관점을 보탰다.

덧붙여 한마디 더, 우리나라는 그동안 평생직장 개념이 지배적이었기에 한 분야에서 30년 이상 근무한 분들이 많다. 그러나 이분들은 자기들의 경험을 전해 주려 시도하지 않는 것 같다.

어느 분야에서 무슨 일을 했건 직장에서 정년퇴직을 하신 분들은 그 분야에서는 세계 최고의 전문가들이다. 그래서 각 분야의 빠른 발전을 위해 누구나 자기의 경험을 자식이나 후손들에게 전해 주고 떠나야 할 책무가 있다고 생각한다.

많은 전문직업은 입사시험 혹은 자격시험에 합격했어도 일정 기간의 경험을 선배들 밑에서 답습하듯 배워야 한 사람의 전문가로 태어날 수 있다.

변호사, PD, 작가, 기자, 건축사, 판검사, 의사, 수의사 등등도 다 그렇다. 그런데 이들은 30년 이상 누적된 그들의 소중한 시행착오적 경험을 글로 남기지 않고 세상을 떠난다.

그러면 그 후손들은 똑같은 시행착오를 겪어 가며, 같은 기간을 경험하고서야 또다시 제대로 된 전문가가 된다. 흘려 버린 20년, 30년의 세월이 너무나 아깝고, 게다가 주식투자, 부동산투자 등은 누가 가르쳐 주지도 않으니 시행착오적 방법으로 돈을 잃어 가면서 배우게 된다.

이 모두가 디테일을 남기지 않고 떠나는 전문가의 책임이기도 하다. 일본인들은 10년 동안 열대어를 기른 기록도 책으로 내는 기록문화를 가지고 있다. 조선왕조 500년의 빛나는 기록문화를 가졌던 우리나라가 언제부터인가 기록을 잘 남기지 않는다.

많은 경험들을 기록으로 남겨 그동안의 경험과 노력을 기록한 책들이 다음 세대로 전수되어 단기간에 습득되지 않는다면 영원히 세계 1등 국가는 될 수 없다.

저자는 48년간의 일본의 엔화 환율과 이에 따른 니케이지수, 일본의 주택 가격 변동의 상관관계를 분석하여 놀라운 사실을 확인하였으며, 이를 통해서 아무도 해결하지 못한 일본의 롱텀 디플레이션과 다가온 세계적 롱텀 디플레의 해결의 단초라도 제공할 수 있다고 판단하였기에 그 내용들을 이 책을 통해서 정리하는 것이다.

큰 부자는 격변기, 예를 들면 전쟁, 디플레, 금융위기 때 탄생한다. 이번 급등 뒤에 시작될 원화 급등에 따른 마지막 상승파동을 끝으로 재산들을 그냥 그대로 두면 여러분들의 재산은 10~20%로 줄어지만 제대로 대처하면 오히려 10배 이상으로 불릴 수 있는 롱텀 디플레이션이 본격화된다는 사실이다.

이 사실을 미리 알고 투자 재산을 바꿔서 미리 투자해야지 지나고 나서 알게 된다면 이미 망한 투자가가 되어 있음을 알게 된다. 한국에도 일본처럼 투자할 곳이 완전히 사라진다는 것을 미리 알아야 한다.

물려받은 부동산을 단순히 장기보유만 해도 부를 이루던 시절은 갔다.

이제는 디플레 지식으로 무장된 지식인들이 부자들의 부를 10~20%의 싼 가격으로 거저 물려받는 롱텀 디플레이션 시대가 온 것이다.

30년 전의 일본을 읽고 지금의 한국에 대입해서 30년 후의 시간차 재테크를 하는 데 큰 도움이 되길 바라는 마음에서 이 글을 남긴다.

일본을 30년째 흔들고 있는 롱텀 디플레이션보다도 약 2.5배의 속도로 한국의 롱텀 디플레이션은 신속히 진전된다. 하지만 이제 이 저서를 통해 이 문제들을 해결할 수 있다.

일본을 30년 이상 괴롭히고 있는 롱텀 디플레이션은 이미 전 세계에 도래했지만 한국에는 2023년부터 본격화된다고 판단한다. 따라서 이 책이 한국의 롱텀 디플레이션 문제에도 해결의 단초가 된다. 일본과 한국의 롱텀 디플레이션은 그 원인과 퇴치법 또한 같기 때문이다.

한 가지 독자 여러분들에 부탁드릴 일은 저자는 전문가가 아니라는 편견에서 벗어나는 일이다. 즉 오해와 편견으로 저자의 책을 믿지 않거나 저자의 분석과 롱텀 디플레이션 퇴치법을 가벼이 보는 것이다.

앞서 얘기한 한 지식인의 사례처럼 저자도 경제학자나 재테크 분야의 애널리스트, 연구원 등 전문가로 일했던 사람은 아니다. 그래서 독자들에게 글의 내용을 믿게 하기 위해서 모든 내용을 FRED(Federal Reserve Economic Data)의 그래프를 통해서 일일이 증명하면서 자세히 설명하였다.

다행히도 FRED에서는 세계 각국의 주요 데이터들을 그래프로 그들의 홈페이지에서 제공하고 있다. 데이터 사용을 허락해 준 FRED에 감사드리며 저자는 각 경제 데이터의 변곡점 시기들을 맞춰서 주창하는 바를 일일이 입증하였음을 첨언한다.

독자들이 그냥 보기에는 단순한 그래프들이지만 2가지 혹은 3가지의 그래프들 중 일부는 최장 48년간의 데이터들을 같은 연월에 맞춰 서로 비교한 것이다. 주로 수직점선들이 그렇게 같은 연월의 데이터를 비교한 점선이다.

보통은 10년 이상의 기간 동안 달러와 주가지수, 달러와 주택지수와의 관계, 달러와 금과 원유 등의 상관관계를 같은 연월까지 맞추어서 시기적으로 국가별로 비교한 것이라는 점이다.

그래서 같은 연월은 아니더라도 추세적으로는 결국 자산 간의 비례 관계 혹은 반비례 관계를 명확히 판단해 낼 수 있고 이를 그래프를 통해서 정확히 입증하였다.

2021.4.1.

개정증보판 '한국의 눈물'에 부쳐

2016년 초부터 전 세계에는 이미 롱텀 디플레이션이 도래해 있다. 증거와 대처요령 등은 본문에서 얘기하겠지만 아직 우리들에게는 롱텀 디플레이션의 도래가 잘 느껴지지 않는다.

그 이유는 2008년 금융위기로 풀린 돈 4조 5천억 달러와 그 후 코로나 사태로 이미 풀린 약 2조 5천억 달러 즉 도합 7조 달러 정도에다가 앞으로도 더 풀릴 풀린 달러의 위력으로 아직 모두 다 롱텀 디플레이션을 실감나게 느끼지 못할 뿐이다.

일본의 잃어버린 30년을 보면 롱텀 디플레이션에 대한 제대로 된 해결책은 없다고 보는 것이 타당한 것 같다. 아직도 일본의 롱텀 디플레이션은 해결 전망이 안 보이기 때문이다.

지금의 롱텀 디플레이션은 1929년의 미국의 대공황이나 정확히 1988년

12월경에 시작된 일본의 롱텀 디플레이션처럼 한 나라에만 도래한 롱텀 디플레이션이 아니다.

이번의 롱텀 디플레이션은 전 세계에 동시에 닥친 것이지만 다른 나라보다 한국에 훨씬 더 큰 피해가 올 것으로 보인다. 국민 개개인보다 일본처럼 한국이라는 국가 전체에 국가적인 위기가 닥치게 될 것으로 보인다. 이에 따라 경각심을 더 주기 위해서 개정판에서는 책 제목도 '한국의 눈물'로 변경하였다.

즉 '한국인들의 눈물'이 아니라 한국이라는 나라 전체의 모든 산업과 모든 국민들에 도래한 롱텀 디플레이션으로 본다. 인구감소로 인해 한국의 잠재성장율이 장기간 하락하는 너무나 큰 위기여서 이 위기를 극복할 수 있을지 걱정스럽기만 하다.

흔히 이미 알려진 위기는 위기가 아니며 한국은 일본과 다르므로 일본처럼 주식과 아파트의 몰락은 있을 수 없다고 일부 학자들이나 위정자들은 수시로 말해 왔다. 그러나 이번의 롱텀 디플레이션은 흔히 보던 위기가 아니다.

그동안 세계적인 석학들이 일본의 잃어버린 30년을 처방했고 일본은 아베노믹스 등의 방법으로 이에 대처했지만 나아진 게 별로 없다. 곧 이어질 미국의 테이퍼링과 자금환수에 맞춰 일본도 지금의 돈 살포를 줄이거나 정지하게 되면 이전보다 훨씬 더 큰 나락으로 빠져든다고 본다.

전 세계와 한국에 도래한 이번의 롱텀 디플레이션은 최초의 세계적 롱텀 디플레이션이다. 이 위기는 미국의 1929년의 대공황이나 오늘날의 일본을 보면 피해 갈 수도 없으며 최저 20~30년간 지속될 것으로 추정할 수 있다.

미국과 일본의 지난 롱텀 디플레이션을 보면 국가도 해결책이 없으며 세계적인 학자들도 해결하지 못함을 알 수 있다. 하이퍼 인플레이션이나 인플레이션, 숏텀 디플레이션 등등은 정부의 의지대로 통제 가능하지만 롱텀 디플레이션은 통제 불가능하여 정말로 해결책이 없는 것 같다.

일본의 Sony나 도요타 등을 보면 수출 대기업의 존망이 위태로울 정도의 위기가 수출대기업에 닥쳐온다. 게다가 20~30년 이상 지속되는 물가하락이므로 국가의 존망까지 흔들어 한 국가의 국제적 위상까지도 흔들릴 정도의 위력을 보이는 것이 바로 롱텀 디플레이션이다.

그래서 한국의 최대 위기이자 한국의 눈물이 될 우려까지 있는 것이다. 1929년의 미국이나 1989년의 일본의 롱텀 디플레이션을 보면 그 당시 가장 잘나갔던 나라에 환율급조정으로 갑자기 롱텀 디플레이션이 발생했다. 그 나라들의 자산가격은 일시에 대폭락했음을 알 수 있다.

1960년대 이후 세계에서 제일 잘나갔던 나라 중 하나는 한국, 바로 우리나라다. 그동안 모든 위기들을 물리치고 성장을 거듭했던 만큼 사상 초유의 롱텀 디플레이션으로 인한 충격은 다른 나라들보다 심리적, 물리적으로 훨씬 더 클 것이다.

스웨덴 말뫼에서 단돈 1달러에 사온 골리앗 크레인을 우리는 '말뫼의 눈물'이라고 별명 지은 적이 있다. 이런 스웨덴의 사태를 교훈으로 삼아 '말뫼의 눈물'이 '한국의 눈물'이 되지 않도록 한국과 한국인들은 미리 자산가치의 폭락에 대비한 투자를 하여야 한다.

1950년 6·25를 겪은 한국은 이제 원조를 받던 나라에서 원조하는 나라로 발전한 유일한 국가가 되었다. 한국은 위기 시마다 매번 새로운 기회가 주어졌던 나라이다.

1960년대 초반의 파독광부와 파독 간호원을 시작으로 1960년대 중반에는 월남전 참전으로, 1970년대 초반부터 중동건설 붐 등으로 매번 위기를 극복할 수 있었다.

단기간에는 해결하지도 못할 것 같았던 1997.12.3일의 IMF 외환 위기도 국민들의 금 모으기 운동으로 4년이 채 되기도 전에 완전히 이겨 냈다.

그러나, 이번의 롱텀 디플레이션은 전 세계에 동시에 닥쳐 전 세계가 전부 장기간 불경기가 되므로 수출 등으로도 제대로 대처할 수도 없다.

롱텀 디플레이션의 원인은 여러 가지이나 그중 인구문제는 일본처럼 30년 지나도 해결이 안 된다는 것은 이미 알려진 사실이다. 그래서 국가에도 큰 위기가 된다.

인구문제는 뒤집어 보면 소비부족 문제이다. 소비부족 문제는 결국 가계, 기업, 정부의 막대한 빚 때문이다. 결론적으로 볼 때 한국의 눈물 즉 부의 몰락의 원인은 막대한 빚 때문으로 봐야 한다.

이번의 롱텀 디플레이션은 과거 미국이나 일본의 롱텀 디플레이션처럼 한 나라에만 국한된 것이 아니다.

이번의 롱텀 디플레이션은 전 세계에 닥쳐온 것임을 증거를 통해서 자세히 설명한다. 마땅한 해결책이 없으니 정말 전 세계가 위기이다. 하지만 우리 한국에는 아직도 또 한 번 기회가 남아 있고 또 기회가 주어지리라 믿어 의심치 않는다.

우리에게는 바로 1200만 명의 북한 주민이 있다.
인구문제는 앞에서도 말했듯이 단기간에 해결도 안되는 소비문제이고 각 개인의 빚까지 연결되는 부채문제다.

누가 봐도 너무 현격한 경제력의 차이, 삶의 질의 차이는 결국 비교되지도 않는 이념의 차이가 된다. 이제 북한은 남한을 도저히 따라잡을 수 없는 상황이 되었다.

누가 봐도 그렇다면 여론은 바뀐다. 북한이 중국처럼 개혁개방을 하든 자유왕래를 허용하든 통일은 점점 더 가까워지고 있다.

이번에 전세계에 닥친 롱텀 디플레이션을 한국의 눈물이 되지 않도록 최선을 다해 방어해야 한다. 롱텀 디플레이션은 국가의 부가 단순히 실물자산 보유자에서 현금보유자로 계층간에만 이동되는 것이 아니라 한 국가의 잠재성장률을 장기간 하락시켜 국가전체의 부의 몰락을 가져올 수 있다.

일본의 몰락을 보라.
그래서 제대로 대비하지 못해 우리도 일본처럼 한국의 눈물이 될까를 우려한다.

우리에게 주어진 큰 기대는 통일이다.
만약 통일이 된다면 2600만 명의 북한 주민들은 빚이 없거나 턱없이 적을 것이어서 이들이 생산활동에 참여하게 되면 경제활성화에 큰 도움이 될 것은 확실하다.

잃어버린 30년을 넘겨서도 롱텀 디플레이션이 진행 중인 일본을 보면 단기간에 해결될 일은 아니다. 통일전 독일은 한때 '국가소멸론'이 나올 정도로 인구문제가 심각한 상태였다.

그러나 독일의 이 소멸론은 동서독 통일로 단번에 해결되었다. 그래서 일본과 서독은 뉴욕에서 플라자합의를 1985.9.22일 동시에 했음에도 서독은 1990.10.3일에 동서독 통일로 인구문제를 비교적 단기간에 해결하여 '국가소멸론'을 멀리하고 일본과는 달리 오늘날 번영을 구가하고 있다.

반면에 일본은 '잃어버린 30년'을 넘어 아직도 롱텀 디플레이션 중임은 다 아는 사실이다.

우리에게도 통일전의 독일처럼 전 세계에서 유일하게 비교적 가볍게 롱텀 디플레이션을 물리칠 하나의 큰 희망이 있다.

바로 남북한 통일이다.
단기간 내에 통일이 되길 기대한다.

2021.11.1.

| 목 차 |

Prologue 4
개정증보판 '한국의 눈물'에 부쳐 20
일러두기 30

제1부
부의 몰락

챕터 1	롱텀 디플레이션이 문제다!	39
챕터 2	얼마나 몰락하나?	51
챕터 3	롱텀 디플레이션의 구체적 원인	64
챕터 4	숏텀·롱텀 디플레로 구분하는 이유	76
챕터 5	디플레이션의 징후 포착법	88
챕터 6	한국도 일본식 롱텀 디플레를 피해 갈 수 없는 이유	120
챕터 7	한국의 눈물, 한국도 일본처럼 투자할 곳이 완전히 사라진다	134

제2부
부의 이동

챕터 8	부의 이동은 환율변동이 주요인이다!	149
챕터 9	디플레이션 시대의 성공투자 전략	160
	A. 숏텀 디플레 시의 투자전략	
	B. 롱텀 디플레 시의 투자전략	
챕터 10	디플레를 이기는 대안투자법	169
	A. Diamond 재산 二分法: 1조 재산도 영원히 지킨다	
	B. 맥쿼리인프라 펀드	
	C. 국채	
	D. 주택연금	

제3부
부의 탄생

챕터 11	타임래그(Time Lag) 금 투자법	197
챕터 12	지금, 달러와 금에 투자하면 돈 잃고 바보 된다	208
챕터 13	버핏은 위기 때마다 주식을 대량구매한다	216
챕터 14	투자는 타이밍의 예술	222
챕터 15	70년 인플레 경제 언제 다시 오나?	237
챕터 16	빅사이클(Big Cycle) 순환투자법	246
	(월급쟁이나 가난뱅이가 부자 되는 법)	
	A. 선 주식, 후 부동산	
	B. 빅사이클(Big Cycle) 순환투자법	

제4부

악의 금융학

챕터 17 부를 지키려면 법인을 보유하라　　　　　　　　277
챕터 18 가문의 부동산을 만들어라　　　　　　　　　　281
챕터 19 최고의 투자처는 농지투자　　　　　　　　　　284
챕터 20 통일 시의 재테크　　　　　　　　　　　　　　288
챕터 21 새로운 재벌도 탄생한다! 롱텀 디플레이션 전쟁　294
　　　　주식투자의 정수는 공매도
챕터 22 완전 무이자 레버리지 10배/15배 투자법　　　306
챕터 23 비트코인의 장래　　　　　　　　　　　　　　320
챕터 24 편견과 폄훼　　　　　　　　　　　　　　　　325

Epilogue 331

번외 1 해리 덴트의 인구절벽론은 오버 인사이트다　　341
번외 2 화폐수량설과 현대화폐이론　　　　　　　　　351
부록　　주식을 모르면서 아이를 주식부자로 키우는 법　355

일러두기

첫째, 저자의 책은 옴니버스 구성(Omnibus Edition) 방식으로 편집·저술되었습니다. 이 편집 방법은 관련 정보를 한꺼번에 많이 제공할 수 있는 장점이 있습니다.

둘째, 저자도 다른 책의 독자이기에 그동안 책을 읽으면서 불편했던 점들을 개선하였습니다. 줄을 비교적 자주 바꿔 눈의 피로도와 독서 시의 답답함을 줄여 가독성(legibility)을 높였습니다.

셋째, 컴퓨터 시대에 맞춰 들여쓰기를 하지 않았습니다.

넷째, 기존 이론과는 다른 새로운 재테크 이론과 그동안 독자들이 생각하지도 못했던 내용이 많아 중요한 내용은 요소요소에 가끔 반복 설명하여 잊지 않도록, 즉 시간이 지나더라도 기억이 잘 나도록 편저하였습니다.

넷째, 출간 이후 곧 개정증보판을 내게 되었습니다. 새로이 정리한 타임래그 금 투자법과 세계적으로 찾아온 롱텀 디플레이션 진단법을 추가로 재정리하고, 책의 목차와 일부 내용들도 보다 쉽게 이해할 수 있도록 수정·보완·재정리하였습니다.

다섯째, 다시 가독성(Ligibility)을 높이고 독자들에게 임팩트(Impact)를 주기 위해서 제목을 《부의 몰락! 원화의 저주, 공포의 LTD가 온다》에서 《한국의 눈물, 한국도 일본처럼 투자할 곳이 완전히 사라진다》로 바꾸었습니다.

한국의 눈물이라고 책 제목을 강조한 것은 전 세계에 닥친 위기를 일본과 산업구조, 인구구조, 부채 상환제도 등까지 같은 한국은 전혀 피할 수도 없기에 독자들은 미리 경각심을 갖고 방어투자를 해 나가기를 바라는 마음이 절실하기 때문이기도 합니다.

또한 롱텀 디플레이션은 달러가격이 급락하므로 수출로 경제성장을 주로 해 온 수출 대기업들이 즉 한국을 대표하는 대기업들이 위기를 맞게 됩니다. 따라서 30년 이상 롱텀 디플레이션하에 있는 일본처럼 한국의 국제적 위상까지 몰락할 우려가 있어서 경각심을 주기 위함이기도 합니다.

한국을 비롯해서 전 세계에 닥친 롱텀 디플레이션을 슬기롭게 대처해 나갈 좋은 가이드 라인이 되길 바라는 마음에서 이 책을 내는 것이니 많은 참고가 되길 바랍니다.

2021.11.1.

제 1 부

CONTENTS

챕터 1	롱텀 디플레이션이 문제다!	39
챕터 2	얼마나 몰락하나?	51
챕터 3	롱텀 디플레이션의 구체적 원인	64
챕터 4	숏텀·롱텀 디플레로 구분하는 이유	76
챕터 5	디플레이션의 징후 포착법	88
챕터 6	한국도 일본식 롱텀 디플레를 피해 갈 수 없는 이유	120
챕터 7	한국의 눈물, 한국도 일본처럼 투자할 곳이 완전히 사라진다	134

제1부

부의 몰락

인플레이션 경제하에서는 은행 빚을 활용해 부동산을 구입해서 계속 보유하거나 유산으로 받은 부동산을 지니고만 있으면 지속되는 가격 상승으로 저절로 부자가 되었다.

전후 약 70년간이나 인플레 경제가 지속되었으니 부동산이나 주식은 팔지 말아야 부자가 된다는 고정관념이 저절로 생겨나게 되었다. 이른바 토지신화의 탄생이었다.

그러나 우리가 흔히 겪어 왔던 숏텀 디플레이션이 오면 모든 물건의 값이 내린다. 숏텀 디플레이션 시에는 달러는 1~2년간 폭등하고 아파트, 주식, 원자재 등의 가격은 폭락한다. 인플레 시절과는 완전히 반대의 현상이 나타난다.

롱텀 디플레이션시에는 달러도 폭락하고 아파트, 주식, 원자재 등의 가격도 폭락한다. 이자율도 0%대로 수렴한다. 따라서 투자수단이 극단적으로 줄어든다.

모든 자산은 거의 다 폭락하기에 기존의 관행대로 투자하면 완벽한 역주행 투자가 된다.

숏텀이든 롱텀이든 디플레이션이 찾아오면 이 세상의 모든 물건은 가만 둬도 세월이 갈수록 가격이 내려간다. 특히 부동산과 주식은 폭락을 거듭하게 된다. 결국 폭락한 만큼 부는 현금보유자에게로 이동한 것과 같다. 즉, 대응하지 않은 부자의 부는 몰락한다.

부가 저절로 몰락하는 이유는 디플레이션이 도래하면 현금 가치는 폭등하고 실물 가격은 지속적으로 폭락하기 때문이다. 인플레 시절에 가지고만 있으면 늘어났던 재산이 디플레 시절에는 보유기간이 길면 길수록 그 가치가 줄어들기 때문이다.

추정컨대 약 2042~2043년까지 전 세계에 찾아올 롱텀 디플레는 해결되지 못할 것으로 보인다. 본 저서를 통해 그 이유와 구체적인 현상들을 살펴볼 기회를 갖는다.

디플레 시절에는 예전처럼 세월이 가면 부동산 등 실물을 가진 자가 부자가 되는 것이 아니라 오히려 몰락하게 된다.

이번에 찾아온 디플레는 2~3년 이내에 인플레이션으로 다시 회귀하는 일상적인 불경기에 속하는 숏텀 디플레가 아니라 약 10~30년 지속되는 공포의 롱텀 디플레이션이다. 따라서 10년 이상 지속되는 디플레이션에 대응 투자를 하지 않으면 누구나 몰락하게 된다!

그러나 본 저서를 통해 롱텀 디플레이션 이론을 익힌 사람에게는 이 기회가 오히려 초대박 기회임을 설명한다. 똑똑한 재벌은 이미 이를 알고 있기에 알게 모르게 부동산 아니 사옥까지 처분하고 있다.

월세투자, 갭투자, 주식투자, 해외투자, 금투자는 모두 망하는 투자가 됨을 논리적으로 설명한다. 48년간 일본 엔화의 급등, 니케이지수, 일본 주택지수의 급락으로 이를 비교하고 검증한다.

일본의 경제상황을 보고 미리 롱텀 디플레 시의 투자학을 공부하여 대처하면 월급쟁이와 가난뱅이가 10배, 심지어 100배 부자가 될 수 있다. 노동자에서 자본가로 변신할 수 있는 신분상승의 기회가 70년 만에 오는 것이다.

그러나 롱텀 디플레는 준비하지 않은 자에게는 기회가 아니라 공포의 'D'가 된다. 일본의 1990년 이후를 분석하면 한국의 30년 후쯤 미래를 예측할 수 있다. 우리나라는 일본과 똑같은 롱텀 디플레이션 과정을 밟고 있기 때문이다.

지금 일본의 모습을 읽고 30년의 시간차 공격이 필요하다. 투자에 실패하지도 않았는데 롱텀 디플레이션에 대처하지 못한 부자들의 부는 저절로 80~90% 이상 몰락하는 이유를 제1부에서 구체적으로 자세히 알아보고 롱텀 디플레이션과 숏텀 디플레이션으로 반드시 구분해야 하는 이유와 구별법, 포착법 등을 자세히 살펴본다.

챕터 1

롱텀 디플레이션이 문제다!

책 제목을 "한국의 눈물, 한국도 일본처럼 (롱텀 디플레이션으로) 투자할 곳이 완전히 사라진다"라고 하니까 다 읽기도 전에 먼저 픽 하고 웃는 사람이 있을 것이다. 지금 현재 각국 정부는 디플레가 아니라 엄청난 인플레가 온다고 생각하기 쉬울 정도로 돈을 풀어 대고 있기 때문이다.

그러나 돈을 헬기로 뿌려 대도 물가는 거의 오르지 않는다. 이는 한번 꺾이면 되돌릴 수 없을 정도로 세계 경제가 허약하다는 뜻이다. 전 세계는 물가보다는 자산 쪽으로 인플레이션이 더 진행되고 있다.

진정한 공포의 롱텀 디플레이션(Long Term Deflation)은 지금 오르고 있는 주식과 아파트가 앞으로 원화환율 급등으로 인한 가치 반영으로 30~50% 한 차례 더 폭등한 뒤에 터질 거품과 함께 시작되는 얘기다.

한국에서 대유행하는 수익성 자산에의 몰입투자와는 달리 일본인들은

30년 전부터 모든 수익성 자산에 거의 투자하지 않는다. 심지어 살 집도 여간해서 사지 않는다. 그 이유는 월세용으로 수익성 자산에 투자를 하면 매년 손해를 보기 때문이다.

1년 월세로 2천만 원을 받지만, 주택 가격이 1년에 3천만 원이 내린다면, 집을 사지 않는 게 당연하지 않은가? 이런 현상은 한두 해가 아니라 30년 이상 지속된다. 가지고 있을수록 손해를 보는데 누가 월세투자용 주택을 사겠는가?

일본인은 한때 국제적으로 이코노믹 애니멀로 불렸을 만큼 계산에 밝다. 그러나 1990년 일본 대붕괴부터 30년 이상 멍청한 짓만을 골라서 하다가 비로소 배운 것 중 하나가 바로 월세투자를 하면 망하더라는 사실이다. 그래서 우리가 신봉하는 토지신화라는 단어는 완전히 사라졌다.

그래도 자녀가 적어 상속으로 양가에서 주택이 강제 상속되어 가구당 주택이 1~2채가 추가로 생겨나기도 한다. 그래서 이제는 상속으로 받은 가옥분의 재산세라도 줄이려고 불도저로 가옥을 밀어 나대지로 만들고 있다.

현재 한국의 부동산시장을 보고 한국인들은 상속으로 아파트가 1~2채 더 생겨 월세를 받으면 좋겠다고 생각하겠지만, 국민 누구나 현재보다 1~2채를 더 보유하게 되니까 월세를 살아 줄 사람도 없다. 이것이 현재 일본 주택시장의 모습이고 곧 닥칠 한국 아파트시장의 미래이다.

또한 일본인들은 얼마 전부터 주로 해외 밸런스펀드에 가입하여 해외주식에만 투자하고 있다. 하지만 계속된 엔화 강세 때문에 이 돈마저 결국 국내로 들여오지도 못하는 유령달러(Ghost Dollar)가 되었다. 증권사의 권유에 따라 해외로 나갔던 와타나베(Watanabe) 부인들은 30년 이상 죽을 맛이다.

결국 일본인들은 일본 국내에도 해외에도 돈을 투자할 곳이 없다. 일본 국내에서는 은행예금 이자도, 은행대출 이자도 0%대다. 국채 이자도 마이너스이고 사고 싶은 국채는 매물도 없다.

이익이 나는 곳이 없으니 돈을 어디에 투자하겠는가?
돈을 장롱에 넣어 두나 은행에 예금하나 결과는 같다. 아베노믹스로 돈을 헬기로 뿌렸어도 지속되는 엔고로 앞으로도 헤어날 길은 거의 없다.

지진 때문에 일본인들이 집을 안 산다는 허황된 주장도 있다. 그게 아니다. 돈이 남기만 한다면 지진이 아니라 지옥에서라도 집을 사게 되는 것이 바로 인간의 욕심이자 돈의 섭리이다. 돈이 안 남기에 안 사는 것이다.

누구나 살 집은 필요하지만, 집을 가지고 있을수록 손해이니 집도 잘 안 사는 것이다. 이코노믹 애니멀(Economic Animal)이란 단어처럼 일본인은 지극히 현명한 것이다. 한국도 지금의 마지막 상승 후에는 공포의 'D'가 이렇게 나타난다.

따라서 지금의 주식시장, 아파트시장의 일시적 폭등 트렌드와 속임수에 속지 말고 거품 붕괴와 함께 신속히 탈출하여 롱텀 디플레이션에 맞는 투자로 전환하여야 한다. 현재 보이는 것이 다가 아니다.

2008년 금융위기와 2020년 코로나 사태로 인한 달러의 엄청난 공급으로 달러가격의 지속적인 하락과 인구 감소에서 시작되는 롱텀 디플레가 전 세계에 이미 와 있다!

지속적인 달러 환율 하락으로 인한 아파트, 주식가격의 폭등은 정부도 아무런 규제책을 펼 수 없다는 사실. 지속적인 환율 하락은 자산시장에 무차별적으로 장기적으로 폭등세를 유발한다는 사실을 알아야 한다.

한국에도 주식이건 아파트건 우리 생애의 마지막 폭등이 찾아왔다!
일본처럼 한국도 엔화(원화)가 급등해도, 즉 달러가 급락해도 수출은 여전히 잘되며 지속되는 환율 하락으로 장기적으로 물가도 속락한다. 게다가 부동산도, 주식도 같이 폭락한다.

이것이 기존 이론과는 완전히 다른 롱텀 디플레이션 현상이다. 롱텀 디플레이션 현상이 나타나면 챕터 4에서 설명할 Diamond 달러투자법이 전혀 먹히지 않는다. 한 마디로 상식적이지 않다. 이런 현상들은 기존의 경제학 이론으로는 설명할 수도 해결할 수도 없다.

이것이 바로 일본을 분석하여 결론 낸 롱텀 디플레 현상이다. 그래서 일본을 통해 롱텀 디플레 현상의 30년 후 결과를 미리 배워 그에 맞춰 투자해야 큰 부자가 된다.

1990년 이후 일본의 48년간 경제 흐름을 시계열로 분석해 보면, 지금 현재 시점에서 한국에서의 투자요령이나 베스트 투자처를 미리 알 수 있다. 여기에 맞춰 투자해야 한다.

다이아몬드 달러투자법에 따라서 달러가 내리고 엔화가 올랐으므로 주식, 아파트가격의 대폭적인 폭등이 왔었어야 한다. 하지만 이와 반대로 아파트의 폭락과 주식의 폭락, 달러의 폭락이 함께 찾아왔다.

이처럼 롱텀 디플레는 기존 디플레와는 완전히 다르다.
그래서 기존의 경제학자들도 경제연구소도 일본의 이 롱텀 디플레를 30년간이나 해결하지 못했다.

디플레이션은 수입, 수요를 감소시키고 수입액을 감소시켜 당장 달러 수요를 줄이게 된다. 롱텀 디플레이션은 일본의 소비재가격을 떨어뜨리며 이는 다시 수입에 따른 달러 수요를 감소시킨다. 이는 주식과 아파트에 대한 수요도 떨어뜨린다. 일본에서 이는 30년째 반복되는 경제 현상이다.

지금도 일본의 돈은 해외로만 향하고 있다. 그 이유는 롱텀 디플레이션으로 일본 내에는 투자할 곳이 없기 때문이다. 일본 국내에서는 어느 곳에 투자해도 돈이 남지 않기에 겉으로 보기에는 수익률 자체가 외국으로 나가는 것이 유리해 보이니까 외국으로 나가는 것이다. 그러나 달러 환율 하락으로 실상은 큰 손해를 보고 있다.

주식과 부동산은 아베노믹스 정책으로 얼마 전에 30년 전 가격을 회복했다고 하지만. 30년 전 가격이다. 이는 일시적으로 풀린 돈으로 잠시 밀려 올라가는 모래성이다. 이 모래성은 언제 무너질지 모르며 무너진다면 모래성이기에 그 충격은 가히 핵폭탄급처럼 신속히 대폭락할 것이다.

문제는 일본이 아니라 우리나라다.
1990년 핵심경제활동인구가 줄기 시작한 일본은 6년 후인 1996년에는 생산활동가능인구마저 줄기 시작했다.

우리나라를 살펴보면 해리덴트가 말하는 인구절벽 즉, 한국의 핵심경제활동인구가 줄기 시작한 해는 2013년이다. 인구구조상으로는 이 2013년을 한국의 롱텀 디플레이션 시작연도로 본다.

그로부터 6년 뒤인 2018년에는 역시 한국의 생산활동가능인구가 줄기 시작했다. 즉 한국도 이미 디플레이션 9년 차다. 2008년 금융위기, 2020년 코로나로 지나치게 풀린 돈으로 인해 그 영향력이 감춰져 있을 뿐이다.

저자는 이번 경기 순환의 시작점으로 보이는 2017년 5월 이후 한국의 주식과 부동산이 30~50%는 무조건 오른다고 정확히 예측한 바 있지만, 주식과 부동산은 지금 시세보다도 앞으로도 약 30~50%의 폭등세가 남아 있다고 본다.

원화환율의 급등이 남아 있기 때문이다.
그러나 그 후 곧 우리나라도 일본과 같은 대폭락 과정을 밟게 된다.

한국은 아직 롱텀 디플레이션(Long Term Deflation)이 본격화는 안 되었지만 곧 본격화될 가능성은 아주 많다. 본 저서는 이 구체적 증거를 통한 롱텀 디플레이션의 포착요령과 투자요령을 안내하는 투자지침서다.

우리나라도 2021년 연말쯤, 늦으면 2023년에 세계 경기의 롱텀 디플레 본격화에 맞춰서 자산시장의 대폭락이 온다고 본다. 지표와 현상들이 수상해지면 즉시 롱텀 디플레이션의 증거를 확인해 보고 투자방향을 반대로 해야 한다. 그래야 살아남을 수 있다.

미국은 2008년 금융위기 시에 약 4조 5천억 달러, 2020년 3월 코로나로 1차 9천억 달러, 2차로 1조 9천억 달러를 풀었지만, 3차 2조 달러, 4차 2조 달러를 더 풀 것으로 예상된다.

FRB는 2023년까지는 금리를 인상할 계획 없다고 수차례 공언까지 한 바 있다. 그래서 경제가 정상적인 운행에서 벗어나 대세 하락할 시기는 2023년 정도까지 연장될 수 있다고 본다. 2023년은 전의 저서들에서 예고했던 대세 하락기인 2020년 혹은 2021년보다 약 2년 후의 시기가 된다.

2021년 연말이 롱텀 디플레이션 진입 시기가 될 확률과 2023년이 롱텀 디플레이션 시기가 될 확률은 각기 49:51로 추정한다. 이 확률에 맞춰 저자는 재산, 즉 아파트와 주식의 포트폴리오를 이미 재조정하였다.

이번의 롱텀 디플레이션은 지표상으로는 이미 전 세계에 찾아와 있다. 누구도 피할 수 없다. 나라마다 디플레이션의 깊이는 조금씩 다르겠지만 대동소이한 'LTD'가 한국은 물론 전 세계에 이미 도래해 있음을 자세히 설명한다.

본 저서의 목표는 롱텀 디플레이션의 학문적 탐구가 아니다. 그것은 연구를 업으로 삼는 학자들이나 경제연구소 연구원들 몫이지, 우리 투자자들의 몫이 아니다.

본 저서의 목표는 숏텀 디플레이션이나 롱텀 디플레이션을 지나는 동안 주식과 아파트, 달러, 예금, 국채의 가격 변동을, 일본의 지나온 30년간의 롱텀 디플레이션을 분석해서 이에 대비한 투자를 하는 것이다.

그다음, 독자들에게 일본의 분석결과를 이용해 싼 가격으로 단순한 부자들의 부를 넘겨받을 지식을 전달하는 것이 목표다. 결국 장기디플레이션, 즉 롱텀 디플레이션 시의 투자생존학에 관한 내용들이다.

즉 노동자 집안에서 자본가 집안으로 변할 수 있는 기회이니 롱텀 디플레이션을 미리 공부하여 대처하기를 바라는 마음에서 이 책을 내는 것이다. 수삼 번 경험했지만 우리들은 미리 공부해 두고, 마음을 다잡지 않으면 같은 상황이 발생해도 대처하지 못한다.

1990년 1월 4일은 일본의 롱텀 디플레이션이 출발한 날이다. 아니, 정확하게는 이보다 약 1년 전이다. 1년 전, 약 1년 동안이나 롱텀 디플레이션이 이미 시작되었음을 지표로 뚜렷이 알려 주고 있었지만 아무도 이에 맞춰 투자한 사람은 없었을 것이다.

이에 맞춰 투자했다면 어떤 누구든 단기간에 재산을 수십 배로 불릴 수 있었을 것이다. 그러나, 엔화의 지속적인 급등에 대비해서 즉 롱텀 디플레이션에 대응해서 투자하지 않았다면 30년간 그의 주식은 약 80%, 부동산은 약 90%의 폭락을 고스란히 받아들여야 했음을 알 수 있다.

그동안 경기순환에 따른 10년마다, 거품 붕괴로 인한 숏텀 디플레로 인한 자산가치의 급락이 있었다. 그동안은 붕괴 후 곧 정상화되었지만, 이번에 본격화될 롱텀 디플레이션은 10~20년간 지속되는 디플레이션이다.

민주주의 국가에서 부의 이동은 전쟁, 금융위기, 정치위기, 인플레이션 혹은 디플레이션으로 국민들 간에 이동된다. 하이퍼 인플레이션만은 정부로 부가 이동된다. 나머지 경제적 변동은 어느 계층이 부를 가져가든 정부 입장에서는 이해관계가 별로 없다.

나라 전체의 부, 즉 국부(國富)는 항상 같기 때문이다. 인플레이션이나 숏텀 디플레이션 같은 완만한 부의 이동에 비해 급격하고 진정한 부의 대이동은 바로 롱텀 디플레이션과 하이퍼 인플레이션 때에 나타난다.

롱텀 디플레이션 시대에는 단기간에 주식과 아파트 등의 재산 가치가 50% 이상 폭락한다. 그 후 재산 가치가 90%까지 추가로 더 폭락한다. 한편 폭락하는 재산들에 비해 80~90% 급등하는 재산도 나타난다.

롱텀 디플레 시대에는 공매도 등을 통해서 전쟁만큼 신속하게 부의 대이동이 급격히 일어난다. 기업 간에 국민들 계층 간에 부의 대이동이 일어나, 새로운 재벌의 탄생도 가능하다.

롱텀 디플레이션 기간 중 롱텀 디플레이션 지식과 공매도 제도를 동시에 활용하면 순식간에 경영권이 바뀔 수 있기 때문이다. 롱텀 디플레이션은 기업간 경영권 전쟁이 일어날 수 있는 그야말로 큰 기회가 되기도 한다. 롱텀 디플레이션이 끝난 후 향후 약 70년간 부자가 되느냐 가난뱅이가 되느냐는 이 기간에 결정된다.

롱텀 디플레 시대에는 예전처럼 부동산, 금, 원유, 주식 등 재산을 그대로 두면, 10~20년에 걸쳐서 계속 즉 장기간 보유하면 다 몰락한다. 누구에게는 환희의 롱텀 디플레가 되고 누구에게는 공포의 롱텀 디플레가 되는 것은 미리 공부해서 대처한 경우와 대책 없이 롱텀 디플레를 맞이하는 경우의 차이이다.

(일본에 찾아온 롱텀 디플레 현상을 살펴보면)
1971년 1월에, 　　1달러를 사려면 357.72엔을 내야 했다.
2012년 1월에는, 　1달러를 불과 76.34엔에 살 수 있었고
2021년 9월에는, 　1달러를 살 때 110.61엔을 주면 되었다.

2012.1월과 비교하면 일본 국내 달러는 42년 만에 78.7%가 폭락했다.
2021.9월과 비교하면 일본 내의 달러가격은 51년 전인 1971.1월과 비교해도 31%가 폭락한 상태다.

이 기간 동안
달러도 폭락하고
아파트 폭락하고
주식도 폭락하고
예금금리와 대출금리도 폭락하고
금도 결국에는 폭락할 운명이다.
롱텀 디플레이션 시에 오르는 것은 몇 가지에 불과하다.

그래서 이미 롱텀 디플레이션이 도달해 있는 한국도 어디에 투자하든 돈이 남는 투자처가 전부 없어지게 된다.
일본처럼 투자할 곳이 완전히 사라진다.

이것이 바로 한국의 눈물이다.
일본처럼 피할 수 없는 부의 몰락이 한국에도 찾아오는 것이다!

모두 다 롱텀 디플레이션 때문이다.

전 세계에 찾아온 롱텀 디플레이션은 20~30년 동안 모든 것을 몰락시킨다!

챕터 2

얼마나 몰락하나?

롱텀 디플레이션으로 미국은 주식 등이 단기간에 87%가 폭락했고, 일본은 최대 90%까지 아파트와 주식이 폭락했다. 대처하지 않으면 이처럼 누구나 완전히 몰락한다!

롱텀 디플레이션으로 인한 부의 몰락의 구체적 사례는 1930년대 미국 대공황, 1990년 이후의 일본을 들지 않을 수 없다. 롱텀 디플레이션이 도래하면 너무나 처참하게 10~30년 이상의 오랜 기간 동안 철저히 무너진다!

미국 주식은 2년 9개월만에 87.1%가 대폭락했고 일본의 주식과 아파트는 최대 80~90%나 단기간에 폭락했다. 롱텀 디플레이션으로 인한 주식, 아파트 등의 폭락은 한국의 IMF 사태나 2008년 금융위기, 코로나 사태처럼 폭락한 후에 단기간에 회복되는 것이 아니다.

미국은 22년간이나 줄기차게 내린 후 1950년에야 대공황에서 탈출

했다. 일본은 30년 이상 아직도 자산가격이 내리고 있다. 이렇게 장기간 내리는 폭락세는 아무도 견뎌낼 수 없다. 그래서 공포의 LTD(Long Term Deflation)가 온다고 말하는 것이다.

지금 전 세계는 이미 롱텀 디플레이션이 도래했음을 뒤에서 증거를 들어 설명하겠지만, 2008년 서브프라임 금융위기시에 풀린 4조 5천억 달러, 코로나 사태로 풀린 약 2조 5천억 달러의 돈이 합쳐져서 지금 전 세계 경기를 떠받치고 있다고 판단된다.

현재까지 양 국가의 당시 상황에 대해 경제계는 미국의 대공황(Great Depression)과 일본의 잃어버린 10년이라고 명칭을 달리 쓰지만 결국 두 나라는 롱텀 디플레이션 상태였던 것으로 판단된다.

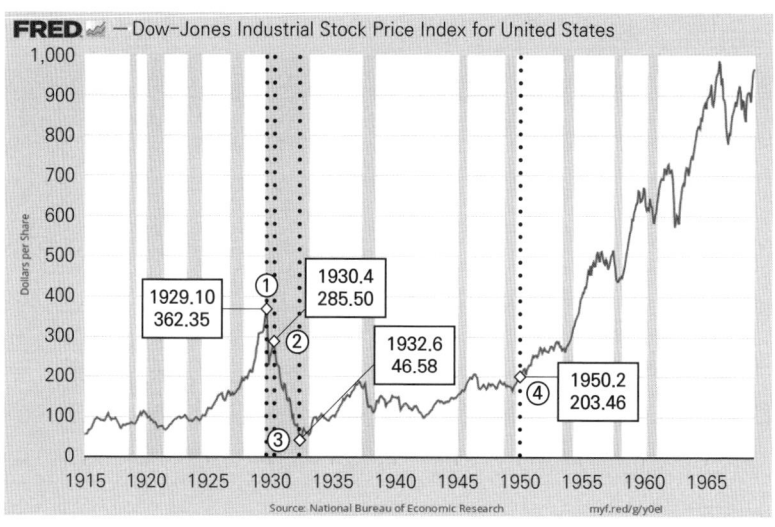

[그림 1] 다우지수 장기그래프(1914~1968)

[그림 1]은 미국 대공황 기간이 포함된 약 55년간의 장기간의 다우지수 그래프이다. [그림 1]의 수직점선 ① ② ③은 바로 [그림 4]의 수직 점선 ① ② ③이다.

1929년 대공황을 겪은 미국은 1950년경에야 롱텀 디플레이션에서 빠져나왔음을 [그림 1]의 수직점선 ④로 확인할 수 있다.

저항선인 다우지수 200포인트선을 돌파한 때가 대공황이 발발한 지 무려 22년 만인 1950년 2월경이다. 즉 미국도 1929년 대공황에 빠져 일반적인 롱텀 디플레이션과 숏텀 디플레이션의 구분 기준인 5년을 훨씬 넘겨, 무려 22년간이나 디플레이션 상태를 겪었었다.

이때 미국이 겪은 디플레이션은 분명히 롱텀 디플레이션이었다고 본다. 미국은 인류 역사상 처음으로 롱텀 디플레이션을 겪은 나라다.

일본은 롱텀 디플레이션 발생일인 1988년 12월부터 무려 30년 이상 아직도 롱텀 디플레이션 중이다. [그림 6]과 [그림 8] 및 [그림 22]를 보면 일본은 아베노믹스 시절부터 돈을 퍼붓고 있어도 아직 장기간의 롱텀 디플레이션에서 빠져 나오지 못했음을 알 수 있다.

사실, 미국 다음으로 롱텀 디플레이션을 겪을 운명이었던 나라는 독일이었을 것이다!

독일은 일본에 앞서서 한때 국가소멸론까지 나왔던 적이 있을 정도로 경기침체를 겪고 있었다. 누구나 알다시피 독일은 일본과 같은 날자에 플라자 합의를 한 나라이다.

그러나 독일은 천운으로 [그림 31]처럼 1990.10.3일 동서독 병합으로 생산활동가능인구 문제를 간단히 해결하여 롱텀 디플레를 피해 간 것으로 보인다.

그러나, 일본은 현재에도 롱텀 디플레이션이 진행 중이고 그다음으로 롱텀 디플레이션을 겪을 나라로는 여러 가지 조건이 비슷한 우리나라일 가능성이 너무나 크다고 생각한다.

우리나라도 이미 2013년에 핵심 경제활동인구가 줄어들기 시작했기 때문에 금년을 롱텀 디플레이션 진입 9년 차로 볼 수도 있다. 그래프상으로는 2016년으로 확인된다. 하지만 아직 본격화는 되지 않은 것으로 보인다.

그러나 마지막 거품형성기 1~2년을 지난 2022~2023년에는 거품 붕괴와 함께 롱텀 디플레이션은 우리나라에도 본격화될 것으로 본다. 그다음에는 이미 2014년에 생산활동가능인구가 줄어들기 시작한 중국일지도 모른다.

어쨌든 본 저서의 롱텀 디플레이션 관련 이론은 어느 나라에서나 항상 그대로 적용된다는 걸 기억하기 바란다.

미국 대공황이 진행 중이던 1936년에 발표된 케인즈의 일반이론은 주로 1930년대의 자본주의 경제의 병폐인 불완전고용, 즉 불황을 주로 분석의 대상으로 삼은 이론이며, 인류 최초의 제대로 된 경제학 이론이었다.

케인즈의 경제학은 유효수요이론이라고도 불리우는데, 오늘날 불황도 바로 인구감소, 과잉 부채 등으로 인한 유효수요의 부족에서 기인한다. 유효수요란 다름 아닌 구매력이다.

요즘 즐겨 쓰는 생산활동가능인구라는 단어도 생산 쪽에 지우친 해석보다는 소비 쪽에서 본 즉 소비인구 부족으로 해석하는 것이 옳다고 본다. 생산활동가능인구를 뒤집어 보면 바로 이들이 소비활동가능인구가 되는 것이다.

공교롭게도 금년이 미국이 1950년 롱텀 디플레이션에서 탈출한 지 71년째 되는 해이다. 미국 대공황 즉 미국이 인류 최초의 롱텀 디플레이션에서 탈출한 지 70년이 지난 지금 전 세계는 같이 롱텀 디플레이션에 진입해 있다고 단언한다.

특히 아직도 롱텀 디플레이션에서 허덕이는 일본은 아베노믹스로 2012년부터 무한정으로 풀어 댄 돈과 관광객 증가 등으로 주로 대도시의 상업지역 토지가 27년 만에 조금 올랐다고 한동안 난리였다. 하지만 우리는 제대로 알아야 한다.

우선 아래의 그래프 두 가지를 보자!

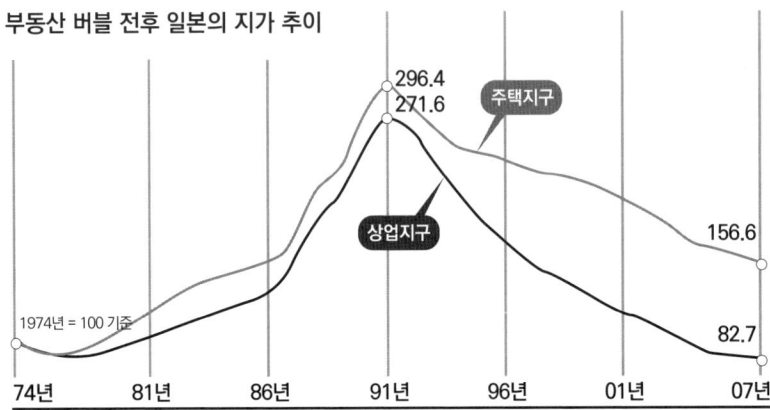

[그림 2] 1990년 거품붕괴 전후 일본 지가 추이(자료: 일본 국토교통성)

[그림 2]를 보면 우리가 필요로 하는 현재까지의 토지가격 변동치를 보여 주지 못하고 2007년까지만 제공된다. 이 그래프는 1974년을 100으로 본 그래프이다.

2007년 현재의 상업지역 토지가격은 1974년, 즉 45년 전의 시세와 비교해서도 약 17.3%나 하락한 가격이고 1991년의 최고치와 비교해서는 이 당시에도 69.6%나 폭락해 있음을 알 수 있다.

반면 주택용 토지는 34년 전인 1974년에 비해서는 56.6% 오른 가격임을 알 수 있다. 그러나 2007년 현재 아직도 1991년 최고 가격과 비교해서는 47.1%나 폭락한 가격임을 알 수 있다.

[그림 3]의 주택지수는 1993년부터 2018년까지 도쿄와 지바 신도시의 맨션(우리의 아파트에 해당)의 장기 가격 그래프이다.

주택가격(토지+건물)은 2010년과 비교해서는 2018년 현재 약 12.5% 올랐음을 알 수 있다.

참고로 [그림 2]와 [그림 3]은 논리 전개상 중요한 자료여서 《일본인의 눈물》 책에서 그대로 전제한다. 추후 자세히 출처를 밝힐 예정이다.

얼마 전 일본은 27년 만에 토지 가격이 올랐다고 호들갑을 떨었지만 도쿄와 지바신도시의 아파트가격은 버블붕괴 3년 후인 1993년 6월 시세와 2018년 6월 현재 가격을 비교해 보면 아직도 도쿄는 66.5%, 지바신도시는 47.2%나 폭락한 상태임을 [그림 3]으로 알 수 있다.

참고로 지바신도시와 도쿄의 주택지수는 1993년 6월 시세를 100으로 본 그래프이다. 우리는 한국 내의 일부 호사가들의 말에 현혹되지 말고 기사를 정확히 읽어야 판단을 그르치지 않게 된다. 일본의 부동산 대세 하락 시기는 1990.4.1일부터이므로 이 그래프마저 진실을 호도(糊塗)하고 있는 셈이다.

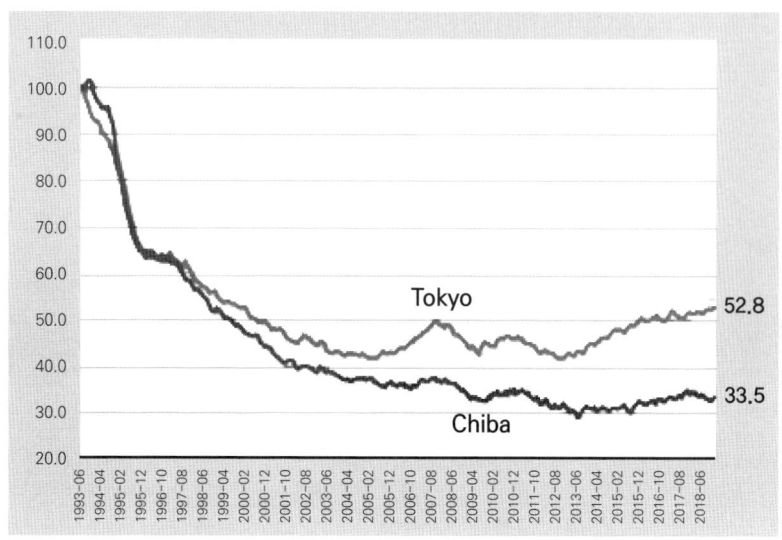

[그림 3] 도쿄와 지바신도시 아파트 가격지수. 1993=100(자료: 일본 부동산연구소)

일본은 금년이 버블붕괴 30여 년을 막 지난 해이다.
실제로 버블붕괴 시에는 부동산이나 주식은 약 3~5년 정도 큰 폭의 폭락 시세를 나타난다.

[그림 8]의 니케이 지수를 보면
1990년 1월 38,915
1995년 6월 14,517
2009년 2월 7,568로
1995년 6월에는 최고지수 대비 약 62.7%,
2009년 2월에는 1990년 최고지수 대비 80.5%나 폭락했음을 볼 수 있다.

몇 년 전 토지가격이 27년 만에 올랐다는 일본발 단신 기사는 비교한 기준시점이 언제이냐를 무시하고 비교한 착시 현상의 결과이거나 이를 간과한 일본 관급기사의 단순 전제 기사로 보아야 한다.

[그림 4]는 1929년 미국 대공황 당시의 다우존스 그래프이다. 1930년 4월 285.50포인트였던 다우존스 지수는 1932년 6월 불과 2년 3개월 만에 46.58포인트를 기록하여 83.7%가 대폭락하였음을 볼 수 있다.

1920년대 미국의 플로리다주는 토지 투기가 극에 달하여 1921년에 8백 달러였던 마이애미 비치의 땅이 1924년에는 무려 15만 달러가 될 정도로 투기가 극에 달하였다고 한다.

당시 다우지수 그래프를 보면 1929.10월 수직점선 ①처럼 최고지수인 362.35포인트를 기록했는데 이때와, 1932.6월에 기록한 최저지수인 수직점선 ③의 46.58과 비교하면 다우지수는 대 폭락하여 몰락 수준이었음을 알 수 있다. 즉, 다우지수는 약 2년 9개월 만에 무려 87.1%나 대폭락하였음을 볼 수 있다.

이런 경우에 이 자금을 현금 및 현금등가물인 맥쿼리인프라 펀드나 국채, 은행예금, 주택연금 등에 가입하였다면 남들의 부가 일시에 87.1%나 몰락해 갈 때 반대로 짜릿한 수익률을 올릴 수 있었음을 알 수 있다.

즉 상대 가치가 87.1% 폭등하고 절대 가치도 배당금 등으로 오히려 조금씩 늘어나고 금리가 내려 투자해 둔 현금 및 현금 등가물의 가격은 급등하여 부의 차이는 극대화될 것이다. 즉 롱텀 디플레이션을 대비한 투자자와 일반 투자자의 수익률 차이는 상상을 초월한 차이가 나게 된다.

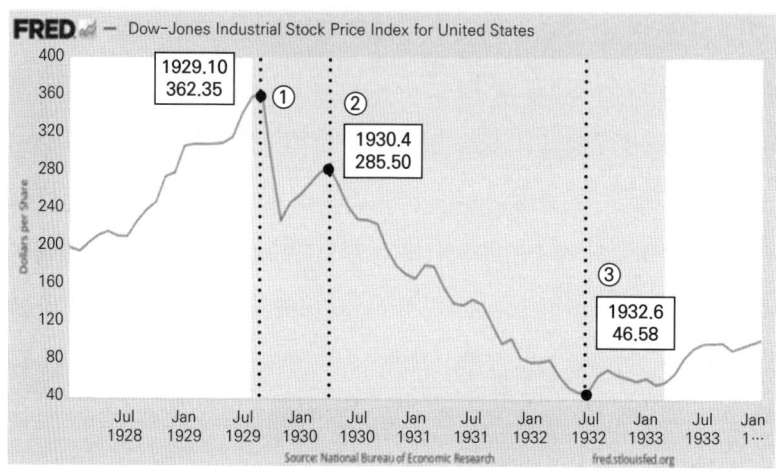

[그림 4] 다우존스 지수 그래프

이것이 바로

《한국의 눈물

한국도

일본처럼

투자할 곳이

완전히 사라진다》를 미리 읽고 롱텀 디플레이션에 관한 지식을 다져 놓아야 할 이유인 것이다.

이번에 찾아온 롱텀 디플레이션이야말로 노동자에서 자본가로, 빈자에서 부자로 대변신을 할 기회인 것이다.

저자가 주창하고 입증한 다이아몬드형 달러투자법에 따라 주식과 부동산의 가격변화율은 거의 같다.

따라서 롱텀 디플레이션이 왔음에도 지나온 70년간의 인플레 시절의 투자 방법처럼 재산을 그냥 장기간 보유하기만 해도 이제는 평균적으로 재산이 80~90%가 폭삭 줄어드는 것이다.

미국이나 일본처럼 재산 가격이 80~90%나 폭락할 때 살아남을 수 있는 사람은 아무도 없다. 현대인들은 은행융자금이나 신용을 쓰기에 자기자금은 누구나 거의 다 50% 이하이기 때문이다.

이 정도 폭락하면 자기투자자금은 이미 없어지고 은행 빚만 그대로 남은 상태가 된다.

완전한 깡통 투자자가 된다. 게다가 한·중·일은 빚을 갚을 때까지 대출자의 다른 자산까지도 임의 압류할 수 있는 소구형 주택담보대출 제도를 쓰고 있으므로 채무자는 빚을 다 완제하기 전에는 꼼짝할 수도 없다.

평소 공부하지 않고 상속이나 단지 부동산의 장기 보유로 부자가 된 기존의 단순한 부자들은 타성에 젖어 이런 사실을 익히지 못할 가능성이 훨씬 더 많다. 그들은 레버리지를 활용하여 단지 장기간 보유함으로써 재산을 성공적으로 불려 왔기 때문이다.

이르면 2021년 말까지, 늦어도 2023년 말까지는 모든 재산을 현금 및 현금등가물로 교체해 둬야 함을 알면서도 이에 대비하지 않는다면 가난뱅이가 되는 것은 당연하다고 하겠다.

이러한 사실들은 저자가 최초로 연구하고 증명하고 입증한 것들이다. 다른 책, 어느 누구에게서도 얻을 수 없는 정보란 뜻이다.

결론적으로 투자자는 이처럼 이미 지난 과거는 물론 안 보이는 미래도 미리 알고 대비할 줄 알아야 한다. 다시 말하지만 1929년의 미국 대공황이 진행되는 22년 간이나 재산가들의 주식은 최대 87.1%가 폭락하였다.

그러다가 1950년에야 지수 저항선을 돌파하였다. 당시 주택가격은 자료 미비로 자세히는 알 길이 없지만 주식과 비례하여 대몰락하였음에 틀림없다.

한편 일본은 1988.12월쯤에 롱텀 디플레이션에 진입하면서 약 1년간 달러와 주식, 아파트가 약 30%나 동시에 대 폭등세를 시현한 후 일본의 주식은 1990.1.4일부터 아파트 등 부동산은 1990.4.1일부터 30년 동안 약 80~90%나 대폭락하였다.

그 후 30년 동안 주식과 부동산을 그대로 보유한 일본인의 부는 80~90%가 대몰락하였음에 틀림없다.

이 정도의 폭락이면 도저히 일어설 수 없다!
이렇게 긴 기간 동안 가격이 회복되지 않으면 영원히 몰락한다!
지나온 미·일의 이 팩트들을 보고 누구나 다가오는 롱텀 디플레에 철저히 대비하지 않으면 안 되는 것이다!

그럼 롱텀 디플레이션의 원인은 무엇이고 어떻게 그 징후를 포착할 수 있으며 롱텀 디플레이션 중에도 성공하는 투자법은 무엇인가? 등등을 하나씩 살펴보자.

챕터 3

롱텀 디플레이션의
구체적 원인

디플레이션은 보통 호경기 뒤에 찾아오는 5년 이내의 불경기인 단순한 디플레이션 즉 숏텀 디플레이션과 5년 이상이나 디플레이션 상태가 지속되는 롱텀 디플레이션으로 나눌 수 있다.

저자는 이 두 가지 디플레이션을 분리해서 설명하고 대처해야 한다고 주장한다. 본 저서는 주로 롱텀 디플레이션에과 관한 이론과 투자방법을 다룬다.

첫째로, 롱텀 디플레이션의 가장 강력한 원인은 달러가격의 지속적인 하락이다. 원화가 강세로 가면 우리나라의 물가는 내려갈 수밖에 없다. 따라서 달러가격의 지속적인 하락이 디플레이션의 가장 강력한 원인이다.

달러가격의 3% 하락은 모든 수입 물가를 3% 하락시키므로 물가가 그만큼 싸지니까 월급도 3% 인하시킬 명분이 생긴다. 달러가격의 하락은 물가에 무차별적으로 적용되는 디플레이션율이 된다.

이와는 반대로 달러가격의 상승, 즉 환율의 상승은 수입품 가격을 상승시키고 수출품 가격을 상승시켜 수출하는 나라나 기업에 환율 상승으로 인한 초과이득을 가져다주기도 한다. 그러므로 지구상의 각 나라들은 고환율정책을 선호하게 된다.

그래서 미국은 의도적인 고환율정책을 시행하는 나라를 환율조작국으로 지정하기도 하고 관찰대상국으로 다소 느슨하게 관리하기도 한다. 모든 나라는 그들의 목적에 맞춰 경제정책을 펴지만 거의 모두가 고환율정책을 펴 나간다고 할 수 있다.

개발도상국의 입장에서는 환율을 조정하여 가장 손쉽게 해외에서 자국 제품들의 경쟁력을 확보할 수 있다. 이른바 국제적으로 가격경쟁력을 확보하는 가장 간단한 방법이 환율을 인상시키는 것이다.

중국이 처음으로 세계시장에 진출하여 경쟁력을 손쉽게 확보할 수 있었던 것은 바로 [그림 5]처럼 끊임없이 높여 간 위안화의 환율 덕분이었다.

즉 [그림 5]의 수직점선 ①처럼 중국은 개혁개방(1978.12) 초기 연도에 가까운 1981년 2월 1일 1.6179였던 달러와 위안화의 환율을 지속적으로 절상하였다. 개혁개방 14년 만인 1994년 2월의 위안화 환율은 ②처럼 8.7262였다. 무려 539.3%의 위안화 절하가 있었음을 알 수 있다.

거기에다가 13억 인구의 싼 인건비로 만든 제품의 가격경쟁력 확보로 세계시장에 성공적으로 진입하였다. 이 덕분에 전 세계는 인플레 없는 호황기를 근 40년간 지내 온 것이기도 하다. 그래서 중국은 1978년 개혁개방 이후 약 40년 만에 G2로 성장하였다.

우리나라도 처음 국제시장에 진출할 당시에는 역시 고환율정책을 통한 국제적인 가격경쟁력 확보를 통해 수출액을 늘리는 것이 목표였다. 그러나 수입상대국에는 적자가 쌓여 가므로 이러한 단계는 일정 기간이 지나면 적용하기가 쉽지 않다.

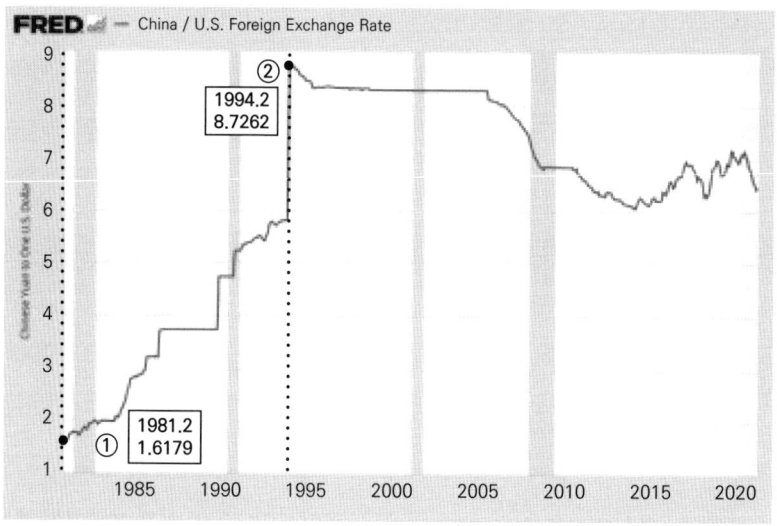

[그림 5] 위안 달러 그래프

가격경쟁력만으로 세계시장을 확보하는 것은 영구적이지도 않고 무한정 지속될 수도 없다. 인건비, 지대 등의 비용이 급등하기 때문이다.

중국이 값싼 제품과 위안화 절상으로 우리나라의 시장을 대체해 왔듯이 생산의 3요소, 즉 3M(자원, 사람, 자본) 중 일부가 절대적 우위에 있어야 국제시장에서 가격경쟁력 확보가 가능하다.

가격경쟁력이 추락하기 시작하면 이제는 품질로써 경쟁하는 품질경쟁력을 강화시키지 않으면 안 된다. 같은 제품이지만 가격대비 품질을 한 단계 업그레이드시켜야 국제시장에서 경쟁력 확보가 가능한 것이다. 요즘 말로 가성비가 맞아야 제품이 팔리는 것이다. 품질이 뛰어나면 환율 절하 시에도 가격 전가가 가능해진다.

다음으로 생각해 보는 롱텀 디플레이션의 원인은 해리 덴트가 말한 인구절벽이다. 한동안 해리 덴트의 인구절벽이란 단어가 온 세계를 풍미한 적이 있다. 이를 두고 생산활동가능인구(15~64세 인구)가 줄어 물건을 못 만들어 그런 것으로 오해하는 사람들이 많은 것 같다.

롱텀 디플레이션은 생산활동인구가 줄어들어 오는 것이 아니다. 생산활동가능인구의 부족은 자동화나 여성 인력으로 충분히 대체 가능하다.

15~64세의 인구를 생산활동가능인구(Working age)라고 부르는데, 이 말을 뒤집어 보면 소비활동가능인구도 된다. 인구는 단기간에 늘려 갈 수 없다.

즉 단순히 생산활동가능인구의 감소 때문에 전 세계 경기가 디플레를 향해 간다고 오해하면 안 된다. 지금 세계는 생산이 부족해서 디플레가 오는 것이 아니라 소비가 부족해서 디플레가 오는 것이다.

생산량의 부족은 자동화로 간단히 해결할 수 있다. 기계를 통한 자동화보다 생산과 소비를 동시에 늘려 주는 여성의 새로운 사회활동이 훨씬 더 중요하다. 새로이 사회활동을 시작하는 가정주부 등 여성 인력은 생산과 소비를 동시에 늘려 주기 때문이다. 즉 디플레의 원인은 과소소비라는 관점에서 봐야 한다.

맬서스의 인구론이 세상을 지배하던 시절 등소평은 "인구가 자산이다"라고 천명한 바 있다. 이제야 이 말이 먹히는 시대가 된 것이다. 어느 나라나 인구가 중요하다.

1930년대의 미국을 제외하면 현재까지는 전 세계 유일한 롱텀 디플레 국가는 일본이다. 1990년 이후의 일본의 주식, 아파트 등 자산 가격이 폭락했다. 가격이 폭락하는 자산을 피해서 투자하고 오히려 롱텀 디플레이션 기간 동안 올랐던 재산을 찾아서 투자하면 바로 롱텀 디플레이션하에서의 새로운 재테크 기법이 된다.

해리 덴트는 일본의 생산활동가능인구가 갑자기 줄어드는 이유를 단카이 세대의 은퇴 때문이라고 주장한다. 단카이 세대는 전부 은퇴하였고 연금 외에는 수입이 거의 없으므로 소비를 줄여 갈 것은 맞다.

하지만 절대인구가 줄어도 상대적으로 늘어나는 고령인구도 있다. 수요가 폭증하는 산업, 즉 제약, 바이오, 헬스케어 산업은 고령인구의 증가로 오히려 수요가 폭증한다.

당장 이 단카이 세대나 베이비부머 세대가 지구상에서 사라지는 것이 아니라 수입이 줄어 소비를 조금씩 줄여 갈 뿐이기에 해리 덴트의 걱정처럼 되지는 않는다.

하지만 달러가격의 하락은 디플레이션에 무차별적이다.
달러가격은 인구 감소로 인한 소비 감소에 따른 하락률보다 즉각적이고 무차별적이다. 반면 인구 감소에 따른 소비 수요 감소는 서서히 적은 비율로 반영된다고 보는 것이 타당하다.

따라서 인구 감소에 따라서 디플레가 온다는 분석은 과장된 것으로 보는 것이 타당하다. 한마디로 오버 인사이트(Over Insight)이다. 이에 관해서는 번외 1) 해리 덴트의 인구절벽론은 오버 인사이트다 편에서 다시 자세히 살펴보기로 한다.

셋째, 자본의 지속적인 유출이다. 환율이 지속적으로 하락하면 자연스레 자본 유출 유혹이 생기게 된다. 일본을 예로 들면 일본 국내 달러가격은 지속적으로 하락하므로 일본인이 미국 자산을 볼 때 자산 가격은 폭락한 것과 같지만 미국인 입장에서 미국 자산 가격은 그대로이다. 즉 움직임이 전혀 없는 상태다. 오르지도 내리지도 않았다.

하지만 달러가격 하락으로 일본의 자산 평가 가격을 폭등시켜 일본의 자본유출을 유혹하게 된다. 결국 일본의 GDP는 해외유출을 촉진하게 되어 국내 소비 감소를 유발시키고 이는 또다시 달러 유출의 유혹을 키워 악순환 과정을 밟게 된다. 결론적으로 지나친 경상수지 흑자, 즉 수출의 해악으로 엔화 강세가 나타나는 것이다.

일본인들은 해외투자 시에 달러의 최저점을 찾아서 그때 해외에 투자하지 못하면 결국 손해를 보게 된다. 그 후에도 달러가격이 계속 내리면 해외에 나간 달라는 국내로 반입하지도 못한다. 이른바 해외투자액은 점점 늘어만 가고 누적되는 것이다.

이는 아베노믹스가 성공한다면 완전한 대박을 맞게 된다는 뜻이기도 하다. 돈을 무작정 풀어 엔화 가치를 떨어뜨려 국제경쟁력을 확보하고자 함이 바로 아베노믹스였다.

만약 엔저가 아베노믹스로 찾아오고 미국 자산 가격이 상승하면 해외에 나간 일본 투자자들의 투자수익+환차익은 엄청나게 된다.

그러려면 일본의 국력, 국가경쟁력이 약해져서 엔화가 약해져야 한다. 결국 막대한 무역흑자가 일본을 망친 것이다. 일본이 살려면 무역흑자를 줄여야 하는 이상한 일이 생겨난다.
이것이 일본의 딜레마다.

일본은 롱텀 디플레이션으로 자산을 국내에 그냥 둬도 매년 가격이 내리고 있다. 대신에 미국으로 나가면 잘 빠지지는 않는다. 그러나 해외로 나갔던 돈은 엔화 강세로 일본 국내로 들여오면 환차손이 발생한다. 이것이 일본인들의 딜레마다.

1985년 9월 22일 플라자(Plaza)합의 때 약 2배 정도의 엔화 강세가 시현됐다. [그림 7]의 Diamond 달러투자법 이해도에 따라 일본의 부동산과 주식은 폭등한다.

실제로는 1986~1989년 사이에 300% 정도가 폭등했다. 버블과 역버블에 따라서 결국에는 균형점을 찾아가는 과정이었기에 최고 시세는 약 3배까지도 오른 것이다.

그러나 1990년 일본의 대붕괴 이후, 롱텀 디플레이션으로 이제는 80~90%가 폭락했다. 거품 붕괴와 달러가격 폭락, 인구 문제, 부채 문제 때문으로 그렇게 된 것이다.

넷째, 부채의 증가, 소구형 주택담보대출 제도의 시행으로 소비 여력이 없기 때문이다. 다음 기사 제목을 보자. 2020년 12월 25일 자 〈조선일보〉 기사이다.

"가계 부채 1940조, GDP보다도 많아져"

부채는 국가의 부채와 개인의 부채로 나누어 생각해 볼 수 있다. 한국은행은 금융안정보고서를 통해 9월 말 기준 가계 부채가 1천 940조 6천억 원으로 GDP(1천 918조 8천억 원)를 넘어섰다고 밝혔다.

가계 부채가 GDP를 넘은 것은 관련 통계를 작성한 2000년 이후 처음으로 GDP, 즉 소득 대비 더 높은 101.1%다. 빚이 이렇게 많은데 소비를 늘릴 여력이 없음은 당연하다고 하겠다. 따라서 사실상 디플레 경제의 완화책이 되는 것은 바로 가계 부채의 청산에 달려 있다고 본다.

기업 부채도 2천112조 7천억 원으로 GDP 대비 110.1%가 됐다. GDP(국내총생산) 대비 정부 부채 비율도 2019년 42.2%로 높아졌다. 전세금, 공기업 부채 등도 각 경제 주체별 부채 총액 파악 시에는 일치되지 않는 논란이 있다. 이는 차치하더라도 가계, 기업, 정부 세 경제 주체가 전부 빚에 짓눌리고 있는 것이다.

이 중 가계 부채가 가장 큰 문제인데, 한국은 이 가계 부채가 2043년쯤에나 해결될 것으로 보인다. 빚잔치를 하지 않고, 즉 미국형의 비소구형으로 주택담보대출제도를 소급해서 바꾸면 빚은 일시에 청산되고, 경제는 제법 활력을 되찾을 것이다.

그러나 지금 현재 한국이나 일본처럼 단지 빚을 연기하는 제도, 즉 소구형으로 계속 간다면, 채무자들의 자연스러운 도태가 생겨난 뒤에나 인플레 경제로의 회귀를 꿈꿀 수 있다. 그러나 더 큰 문제인 인구절벽이 앞을 막고 있다. 한마디로 앞으로 한·일은 희망이 거의 없다.

한·중·일 등 동양권의 소구형 주택담보대출 제도는 계속 경기에 영향을 끼칠 것으로 보인다. 즉 동양권도 이 2043년쯤의 부동산 상승 대열에서 탈락하지 않으려면, 주택담보대출제도를 미국식으로 개선해야 할 것이다.

빚으로 국민 생활에 고통이 따른다면 그 기간을 짧게 해야 한다. 2008년의 금융위기를 단기간에 극복한 미국식으로 빚을 일시에 처리하는 제도가 국민들의 고통을 오히려 줄여 주는 것이 될 것이다.

디플레 해결책으로 일본은 양적 완화를 채택했다. 이른바 아베노믹스다. 디플레는 대기업을 망가뜨린다. 반대로 중소기업을 부흥시킨다. 개인을 부유하게 한다. 이른바 저환율정책을 쓰는 것과 같은 효과가 있다.

[그림 6] 엔·달러 그래프

[그림 6]처럼 일본의 엔화는 1970년대 360엔에서 2014년 72엔, 단순히 계산하면 44년간 수입 물가는 80% 폭락했다.

단순하게 생각하면 일본 내의 모든 물건은 단순히 엔화 가격의 급등과 비례해서 44년간 80%가 떨어진 것이다. 이처럼 우리가 보통 10년마다 경험했던 숏텀 디플레이션은 일시적으로 자산가격이 폭락하지만 보통 2~3년 후면 언제 그랬냐는 듯이 곧 자산가치를 회복하곤 했다.

하지만 롱텀 디플레이션은 이처럼 적어도 10년 이상 아니 보통 20~30년 이상이나 자산가격이 끊임없이 내린다. 따라서 구분해서 대처하지 않는다면 기존 부자들의 부는 몰락하고 이동하여 마침내 새로운 부가 탄생할 수밖에 없는 것이다.

진정한 공포의 롱텀 디플레이션(Long Term Deflation)은 지금 오르고 있는 주식과 아파트가 앞으로 30~50% 더 폭등한 뒤에 터질 거품과 함께 시작되는 얘기다.

테이퍼링과 이어서 약 7조 달러 이상의 달러 자금회수로 인한 달러 강세 요인과 롱텀 디플레이션의 도래에 따른 달러 약세가 한판 대결을 앞두고 있다. 초반에는 달러 강세요인이 우세하나 결국엔 즉 향후 1~2년 이내에는 경기가 이길 수밖에 없다.

그 후는 모두 죽음이다.

즉 롱텀 디플레가 본격화된다. 다음 챕터에서는 얘기를 이어가서 숏텀 디플레와 롱텀 디플레를 구분해서 연구하고 대처해야 하는 이유를 알아보자.

챕터 4

숏텀·롱텀 디플레로 구분하는 이유

디플레이션을 숏텀 디플레이션(Short Term Deflation)과 롱텀 디플레이션(Long Term Deflation)으로 구분해야 하는 이유는 한마디로 디플레이션의 종류에 따라서 재테크 방법이 180도 다르기 때문이다.

두 가지 종류의 디플레에 따라서 달리 투자하지 않으면 완전 쪽박을 차게 된다. 그러하니 우선적으로 디플레를 롱텀 디플레와 숏텀 디플레로 정확히 구분해 내야 한다.

물가가 하락하고 경기가 침체되는 것을 디플레라고 한다. 통상적인 경기 변동(Business Cycle)은 호경기, 즉 인플레 5년과 불경기, 즉 디플레 5년으로 구성된다. 이 중 실질적인 인플레나 디플레는 각기 3년 정도로 추정된다.

즉 통상의 디플레이션은 최장 5년 정도의 기간 동안 물가가 하락하고 경기가 침체되는 현상인데, 이를 숏텀 디플레 아니면 그냥 디플레이션이라고 말한다.

반면 5년 이상 지속되는 디플레이션, 즉 일본처럼 30년간이나 지속되는 디플레이션도 있는데 저자는 이처럼 5년 이상 지속되는 인플레이션을 롱텀 디플레이션이라고 정의하고 따로 분리하여 분석, 설명한다.

숏텀 디플레이션 시의 투자 방법은 여태까지 여러분들이 투자하던 방법 그대로에다 달러투자와 국채투자의 과정을 추가한 것 외에는 별로 달라진 게 없다. 하지만 미국을 제외한 나라에서는 반드시 자산을 달러로 바꾼 후 투자하는, 즉 달러와 교체투자 순환과정을 반드시 거쳐야 한다는 것 자체만도 엄청나게 다른 점이다.

저자가 제시하는 순환투자법은 투자자금을 (1) 주식 → (2) 아파트 → (3) 달러 → (4) 예금 → (5) 국채의 순서대로 순환투자해야 한다는 것이다. 그래야 이익이 가장 커지므로 누구나 이 순서대로 투자자산을 순환시켜야 한다는 이론이다. 저자는 이 5단계 순환투자법을 'Big Cycle 순환투자법'이라고 명명한 바 있다.

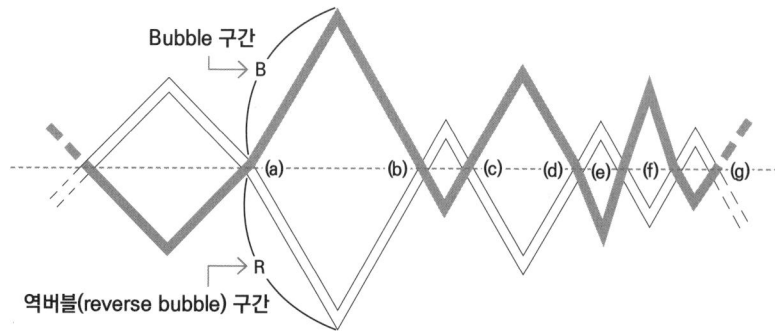

[그림 7] 숏텀 디플레 시 Diamond 달러투자법 이해도: 버블과 역버블 과정을 통해 달러와 자산 간 균형점을 찾아가는 과정도[1]

이 투자순서를 따르지 않고 투자하는 것이 바로 역주행 투자다. 역주행 하면 큰 사고가 나는 것처럼 Big Cycle 순서를 바꾸거나 역행해서 투자 하면 손실 폭이 늘어 대형사고가 난다는 뜻으로 역주행 투자라고 한다.

모든 자산은 3단계에서 달러로의 순환투자 과정을 거침으로써 단기간에 약 4배의 수익을 거둘 수 있는데, 이를 Diamond 달러투자법이라고 한다.

숏텀 디플레 시에, 즉 보통의 불경기에 국내의 부동산과 주식 등 자산시 장에 투자할 때에는 위의 [그림 7]처럼 달러가격과 자산 가격이 반비례 관계에 있으므로 반드시 다이아몬드 형태에 맞춰서 투자하고 회수해야 한다.

[그림 7]의 가운데 수평선이 달러와 자산 간(주식, 아파트, 금, 원유, 구리

---

1 손대식, 일본인의 눈물, 지식과감성, 2018

등등)의 균형선인데, 금융위기 등으로 이 균형점이 무너진 후에는 버블과 역버블 과정을 통해 달러와 자산 가격의 균형점을 찾아가는 과정을 수없이 반복하면서 평상시의 달러와 자산 간의 가격으로 수렴되어 가는 것을 설명한 그림이다.

[그림 7]의 흑색 선은 달러선이고 흰색 선은 아파트, 주식, 금 등 재화선이다. 첫 번째 다이아몬드 형태처럼 어떤 이유에서건 균형점이 깨지면서 달러가격이 내리기 시작하면 아파트, 주식, 재화 등은 이에 비례해서 오른다.

그 후 일시적으로 균형점을 찾았던 달러와 재화 가격은 다시 달러가 대폭 오름에 따라 아파트나 주식, 재화 등이 반비례해서 대폭락세를 시현하고 있는 것이 두 번째 다이아몬드형이다.

이런 식으로 다이아몬드형의 과정을 되풀이하면서 달러와 재화 가격 간의 버블(B)과 역버블(R)은 결국 해소되는 과정을 거친다. 지나치게 커졌던 두 번째 다이아몬드는 세 번째 다이아몬드에서는 크기가 줄어들며 균형점을 이룬다.

다음 다이아몬드에서는 또다시 다른 형태의 다이아몬드가 생성되고 지속적으로 변화되지만, 마침내 수평선에서 달러와 아파트, 주식과 재화 등은 균형점을 이뤄 가는 것을 볼 수 있다.

이렇게 버블과 역버블의 과정들을 계속해서 거치게 되면 마침내 금융위기 등이 없는 평상시의 달러가격에 대응한 아파트, 주식과 기타 재화의 적정가격이 형성된다.

결국 모든 재화의 가격은 달러와 반비례 관계가 형성되며 그 후 달러가격의 변동이 미미해지면 재화 가격은 달러가격에 따른 변동은 거의 없어지고 단지 수급에 의한 변동 요인만이 남게 된다.

미국에 거주하며 달러를 일상의 화폐로 쓰는 사람들을 제외하고 이 세상의 모든 재산은 달러의 상승 혹은 하락에 맞추어서 반대로 투자하고 회수해야 함을 알 수 있다.

이 다이아몬드 달러투자법은 숏텀 디플레 시 최적의 투자법이다. 만약 롱텀 디플레 시에도 이 다이아몬드 달러투자법에 맞춰 투자한다면 완전히 실패한 투자결과를 얻게 된다. 따라서 이것이 모든 디플레를 숏텀 디플레이션인가 혹은 롱텀 디플레이션인가로 구분해야 하는 가장 큰 이유가 된다.
다음의 [그림 8]은 약 48년이라는 긴 기간 동안 일본의 엔화 환율과 이에 따른 니케이지수와 일본 부동산 가격의 변동 관계를 분석한 그래프이다.

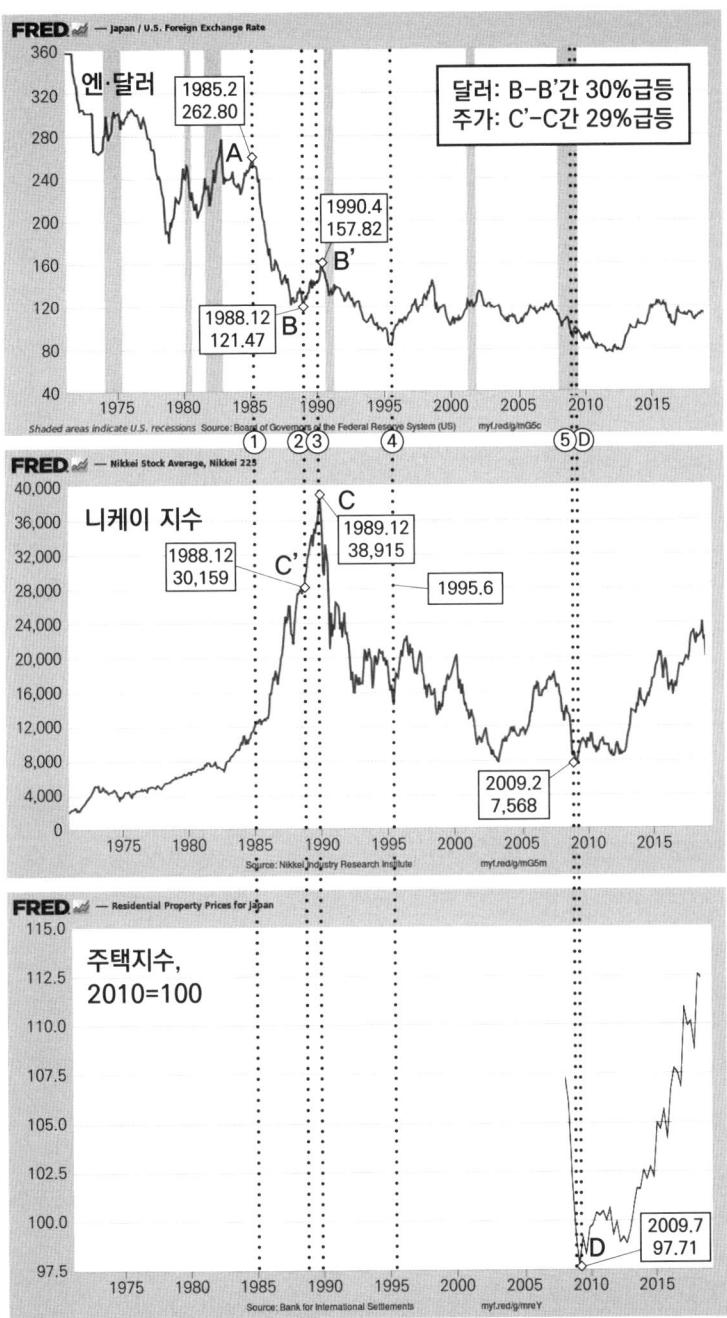

[그림 8] 48년간 엔·달러 변동에 따른 니케이지수, 일본 주택지수의 변동

본 저서의 어떤 수직점선의 아래나 위를 수직으로 보면 같은 해, 같은 월의 2자, 혹은 3자의 관계를 비교해 볼 수 있다. 그래서 이 그림으로 숏텀 디플레 시의 투자요령과 롱텀 디플레 시의 투자요령을 완벽히 익힐 수 있다.

48년은 긴 세월이므로 인플레이션 시대의 투자요령과 롱텀 디플레 시대의 투자 방법을 이 한 장의 그래프로 모두 익힐 수 있다.

그림 디플레이션 경우, 즉 평상시와 롱텀 디플레이션 시의 3자 관계 그래프를 통해 자세히 살펴보자.

우선 수직점선 ①을 살펴보면 1985년 2월의 엔화시세는 262.80엔이다. 즉 1달러를 사려면 262.80엔을 내야 한다. 1985년 9월에 플라자합의를 한 이후에도 엔화는 지속적으로 올라 1995년 6월에 달러는 대바닥을 시현한다.

맨 위 그래프는 엔·달러의 시세 그래프이다. 왼쪽 수직선이 엔·달러 환율이고 수평선은 연도이다.

B점인 1988년 12월까지 엔화는 지속적으로 올라 1달러당 121.47엔이 될 때까지 오른다. 무려 53.6%, 엔화의 대폭적인 절상이다. 이에 맞춰, 즉 엔화의 절상과 비례해서 니케이지수는 급등했음을 가운데 니케이지수 그래프를 통해 확인할 수 있다.

이것이 바로 다이아몬드 달러투자법에 맞춰 투자하면 투자에 성공하는 증거이다. 엔화 절상률에 맞춰 일본의 주택도 당연히 폭락했겠지만 유감스럽게도 맨 밑의 주택지수 그래프를 보면 개략적으로 2010년 이후에 급격히 오른 현상만을 확인 할 수 있다. 2010년 이전의 일본의 주택지수는 제공되지 않아 그 결과를 비교할 수 없어 아쉽다.

위의 3가지 그래프를 통해 엔화의 움직임에 따라 주식이나 아파트 등 부동산이 매일매일 반영되며 반비례 관계로 움직일 수는 없으나 중장기적으로는 반비례 관계임을, 환율이 내리면 주식도 오르고 부동산도 오름을 알 수 있고, 당연히 그 반대의 경우도 발생함을 알 수 있다.

주식은 거의 매일매일 환율의 변동이 주가에 반영됨을 투자자들은 경험으로 알고 있다. 수직점선을 아래위로 따라서 보면 이 점선은 같은 연도, 같은 월의 지표 변화를 나타냄을 알 수 있다. FRED에서 제공하는 그래프를 같은 연도와 같은 월로 맞춰 비교하도록 만든 것이다.

다음으로 수직점선 ②, ③을 동시에 살펴봐야 한다. 수직점선 ②에 있는 B점은 엔화가 절상된 단기간의 최저점이다. B점과 수직점선 ②를 이은 선은 다이아몬드 달러투자법을 그대로 따르면 엔화가 최고치이므로 니케이지수는 최고점이거나 그 근방이어야 한다.

같은 기간의 주택지수가 그래프에서는 제공되지 않지만 주택 가격은 당연히 최고 시세였을 것이다. 주택지수는 B점과 수직점선 ②에 있었을 것으로 추정되며 주식처럼 급등하고 있었을 것으로 추정된다.

단기 저점을 찍은 엔화는 최저점인 B점을 지나 오히려 상승하고 있고, 니케이지수도 급등하여 일본 역사상 최고점인 C점을 기록하고 있다. 이 당시 니케이지수는 38,915였고, 이때가 바로 대붕괴 직전인 1989년 12월의 일이었다.

수직점선 ②와 ③ 구간에서는 이들 지표가 정비례 관계로 변해 있다. ② 구간 이전의 기간 동안 전부 반비례 관계였음을 [그림 8]로 확인할 수 있다. 엔화가 오르면 주가는 폭등한다.

그러나 ②와 ③ 구간은 ② 이전 구간과는 다르다.
달러가 오르자 이에 맞춰 주식가격이 올랐다. 정비례 관계로 변한 것이다. 역시 마찬가지로 같은 기간의 주택지수는 제공되지 않아 비교할 수 없으나 ⓓ점 이후의 주택지수의 움직임을 보고 주식처럼 ②와 ③의 구간에서 폭등했을 것으로 추론할 수 있다.

즉, 수직점선 ②와 B선이 바로 롱텀 디플레의 시발점인 것이다.
다이아몬드 달러투자법이 반대로 작동되고 있는 것이다.
역(逆)다이아몬드 달러투자법이 적용되는 구간이라고 할 수 있다.

주가지수는 급등하고 있고 엔화 가치는 급락하고 달러는 급등하고 있다. 부동산도 급등했을 것이다. 그 이후에는 엔화의 방향과 주가지수의 방향과 움직임의 형태도 거의 같아진다. 물론 주택지수도 마찬가지일 것이다.

따라서 롱텀 디플레이션의 시발점을 이런 식으로 매일매일의 엔화와 주가지수의 움직임 방향을 통해서 찾아낼 수 있다.

이를 찾아냈다면 그동안 숏텀 디플레이션 시에 투자했던 방법과는 완전히 다른 반대의 방법으로 투자 방법을 바꿔야 한다. 달러와 재산들은 정확히 반비례하므로 이를 응용하여 달러이분법을 창안하여 재산을 100% 지켜 낼 수 있는 재산 수성법도 뒤에서 소개한다.

롱텀 디플레가 포착되면 달러 예금이나 해외투자에 나서면 절대로 안 된다. 롱텀 디플레 시에는 위의 [그림 8]의 맨 위 그림의 B'이후처럼 달러가격은 계속해서 내려가기 때문이다. 일본의 경우 일본 내의 달러가격은 약 80% 이상 내려갔다.

주식투자, 부동산투자에도 나서면 절대로 안 된다. 그 이유는 역시 [그림 8]의 니케이지수와 주택지수의 그림으로 확인할 수 있다. 30년 동안 일본의 주식과 부동산, 즉 양대 자산이 약 80~90%씩 내렸다.

[그림18]은 [그림8]의 1988.12~1989.12(B-B'구간, 30%급등)과 같은 구간이지만, 한국의 환율은 687.40→681.40으로 거의 변동이 없었다는 놀라운 사실이다.

롱텀 디플레이션 시의 달러가격 하락에 따라 한국도 똑같은 현상이 나타난다. 지금의 디플레이션이 숏텀 디플레이션인가 혹은 롱텀 디플레이션인가를 알아내는 것은 이처럼 투자결과를 반대로 결정지으므로 반드시 알아야 한다.

삼자는 정확히 반비례한다. 이를 통해서 지금 비이성적으로 오르는 금값의 장래를 볼 수 있다. 뒤에서 금가격의 장래를 예측해 본다.

적어도 상당 기간 저환율 시대가 찾아올 것은 거의 확실하다.
따라서 내 아파트와 내 주식, 달러 예금, 미국 배당투자 주식과 미국 리츠에서 어떤 결과가 나올까는 이미 정해졌다. 금년, 즉 2021년 혹은 2023년에 환율이 급변동할 것으로 예측한다.

달러는 미국인 입장에서는 그냥 현금이므로 항상 안전자산이지만 그 밖의 나라에서는 안전자산이었다가 가격이 급격히 변동되는 괴물자산이었다가 하는 괴물이다.

이 달러의 움직임에 따라 주가, 아파트, 달러, 국채의 순서에 맞춰 순환 투자를 해야 부자가 되는 것이다. 환율은 단기 예측도 중요하지만, 중·장기간의 달러의 등락에 따른 내 재산 가격의 변동을 미리 예상해서 투자하지 않으면 큰 부자가 될 수 없다.

그렇다면 롱텀 디플레이션으로 전환되는 시점을 포착하는 것이 가장 중요하다. 자동적으로 찾을 수 있는 방법이 없어 아쉽기만 하지만 매일매일의 관찰을 통해 찾아내는 요령을 다음 챕터 5에서 알아본다!

그리고 한 국가에만 롱텀 디플레이션이 도래한 경우와 전 세계에 동시에 찾아온 롱텀 디플레이션을 판별해 내는 요령은 완전히 다르다.

또한, 롱텀 디플레와 숏텀 디플레 시의 투자법은 완전히 달라야 한다. 180도 투자법이 다르다. 그래서 이런 것들이 롱텀 디플레이션과 숏텀 디플레이션을 반드시 구분해야 하는 이유가 된다.

챕터16의 빅사이클(Big Cycle) 순환투자법에서 롱텀 디플레 때와 숏텀 디플레 때에는 주식과 아파트 달러에 각각 달리 투자해야 하는 이유를 자세히 설명한다. 이 방법들은 저자의 독창적인 연구결과이며 본 저서를 통해서 처음으로 독자들에게 공개되는 것이다.

챕터 5

디플레이션의
징후 포착법

A. 숏텀 디플레이션(일반적으로 불경기라 부름) 징후 포착방법

우리가 흔히 경험해왔던 불경기 즉 일반적인 디플레인 숏텀 디플레이션 때에는 달러가격이 오르면 주가나 아파트는 반비례해서 내린다.

그래서 숏텀 디플레이션의 징후를 포착하는 요령은 다이아몬드 달러투자법이 제대로 작동되는 것만 확인하면 된다. 우리가 흔히 겪어온 주기적인 불경기를 생각하면 된다.

그러므로 달러가격이 오를 것으로 판단되면 주식이나 아파트를 팔아야 한다. 우리가 겪었던 IMF나 2008년 금융위기나 코로나 사태 등을 생각하면서 간단히 기억해 낼 수 있어야 한다.

어느 나라의 국내 달러가격과 주가지수, 아파트, 금, 원유 등의 반비례 관계를 이용한 투자법이 바로 저자가 오래전에 주창한 Diamond 달러 투자법이다.

이 투자법은 미국을 제외한 어느 나라든 국내달러 상승률과 하락률은 어느 나라의 모든 재산들의 개별 상승률과 하락률과 같으며 서로 반비례 관계임을 이용하는 투자법이다.

B. 롱텀 디플레이션 징후 포착방법

그러나 이 다이아몬드 달러투자법 이론이 전혀 먹히지 않는 현상이 생겨나면 경제가 롱텀 디플레이션에 진입한 것으로 판단하는 것이다. 롱텀 디플레이션이 되면 이처럼 금가격과 달러가격은 반비례가 아니라 정비례 관계로 변하며, 이렇게 변하는 이유는 아직까지 밝혀진 게 없다.

롱텀 디플레이션하에서는 달러가격과 주식가격, 아파트가격이 같은 방향으로 움직인다. 롱텀 디플레이션이 아직도 진행 중인 일본의 이 3가지의 지표들이 과거에 얼마나 비슷하게 움직였는가를 싱크로율 그래프를 통해서 우선 살펴보자.

[그림 9]는 2009~2019(11년간) 일본의 엔·달러가격과 니케이지수, 주택지수와의 싱크로율을 보기 위해 한 그래프 안에 같은 연월의 3자의 관계를 비교해 본 그래프이다.

일견하면 이들 3가지 지표들의 움직임이 놀라울 정도로 유사함을 알 수 있다. 따라서 앞으로 설명할 롱텀 디플레이션 시대의 투자 방법도 [그림 9] 등의 싱크로율 그래프를 분석.응용해서 도출해 낸 결론이니까 정확히 맞다고 할 수 있다.

주택지수가 표시되기 시작하여 주택가격과의 관계도 동시에 살펴볼 수 있는 [그림 8]의 D 이후 혹은 [그림 16]의 수직점선 ② 이후의 같은 연월의 엔·달러 시세와 니케이지수와 일본의 주택지수를 약 11년간 비교해서 보기 바란다.

[그림 9] 일본 롱텀 디플레(2009~2019) 중 엔, 니케이지수 주택지수의 싱크로율

[그림 8]의 수직점선 ①과 ③, ④는 엔화 가치와 니케이지수, 주택지수의 관계를 비교해 보기 위한 것이다. 3가지 자산의 관계, 즉 3가지 그래

프의 모양이 흡사해 보임을 알 수 있다.

결론적으로 롱텀 디플레이션이 진행 중일 때에는 달러가격이 내리면 주식도 아파트가격도 내리며, 달러가격이 오르면 주식가격도 오르고 아파트가격도 오른다.

이는 그동안의 상식, 즉 다이아몬드 달러투자법과는 완전히 반대되는 결과이니 롱텀 디플레이션이 진행되는 동안 투자할 때에는 특히 유의하여야 함을 알려 주는 가장 중요한 증거이다.

이는 기존의 경제학자나 경제연구소 경제분석가 등등도 제시하지 않은 저자의 독창적인 주장이지만 이 주장, 즉 롱텀 디플레이션 시에는 달러의 오르내림 방향과 주식, 아파트의 오르내림 방향이 같다. 즉 반비례 관계가 아니라 정비례 관계로 움직인다는 사실을 항상 기억해야 한다.

물론 각종 원자재도 마찬가지이다. 따라서 각 경제 주체는 달러의 방향과 주식, 아파트, 주요 원자재의 움직임 방향이 언제 같아지는가를 판단해 내면 롱텀 디플레이션의 시발점을 찾은 것이 된다.

다시 말하지만 위의 그림은 2009년부터 2019년까지 약 11년간의 일본 엔·달러의 시세 및 이에 따른 니케이지수의 변화와 일본 주택지수의 변화를 같은 연월의 상황을 비교한 그래프이다.

3가지 그래프들이 대체로 흡사하지만 2012년 이후를 보면 훨씬 더 흡사한 모양을 보여 주고 있다. 즉 싱크로율이 상당히 높아졌음을 알 수 있다. 2012년은 아베노믹스 시행 첫해이다. 이를 보면 2012.12월에 총리로 취임했던 아베의 경제정책이 전혀 효과가 없었던 것은 아니고, 못 이룬 꿈으로 끝나는 것 같다.

이때부터는 달러와 자산들의 투자 방법을 완전히 거꾸로 해야 한다. 이 증거는 저자의 이 주장을 완전히 믿어도 된다는 뜻이기도 하다.

이를 보면 아베노믹스의 롱텀 디플레이션 퇴치 시도 방향은 옳았다. 2008년 서브프라임 사태 이후의 미국 FRB의 버냉키 의장의 조처를 보고 배웠지만 아베노믹스의 방향은 옳았었다.

근 30년 만에 저자만이 찾아낸 롱텀 디플레이션 대처법이다. 결론적으로 엔화 가치를 떨어뜨리려는 아베노믹스는 아직도 진행형이긴 하지만 실패한 것으로 보인다.

왜 이런 현상들이 나타나는가를 분석해 내면 롱텀 디플레이션의 퇴치 방법을 찾게 되는 것이다. 이를 통해 롱텀 디플레이션이 진행 중일 때에는 기존의 투자 방법과는 180도 다른 투자 방법을 좇아 투자해야 된다는 것을 알게 된다.

타성에 젖어 예전의 인플레이션 시절 즉 숏텀 디플레이션 시절처럼 부동산이나 주식을 장기간 보유하기만 하면 부자가 되던 시절에만 젖어 있는 투자자는 약 30년 후 지금 자산 가격의 약 10~20%로 폭락한 자기 재산을 보게 될 것이다.

이렇게 시간이 지나면 지날수록 투자자산들이 폭망해 가는 투자를 피하고 오히려 재산을 10배 이상으로 불려 줄 투자법을 찾는 것이 이 책의 목표이다. 2009년 이후의 일본 내의 달러가격과 니케이지수 및 일본 주택지수는 전부 오름세이다.

정상적인 경제하에서는 달러가격이 오르면 주식과 부동산 원자재 가격은 내려야 하는데도 아직은 롱텀 디플레이션이 진행되고 있으므로 달러가격도 오르고 주식도 오르고 부동산도 오르는 기이한 현상이 지속되고 있는 것이다.

일본의 롱텀 디플레(2009~2019) 중 엔과 니케이지수, 주택지수의 싱크로율은 [그림 9]처럼 2009.12부터 상당히 더 높아졌음을 알 수 있다.

아베노믹스란 결국 엔화의 하락을 유도하는 것인데 엔·달러가격은 2012년부터 일시적으로 약세를 나타낸 적이 있으나 그 이후 다시 엔화는 강세를 지속 중이다. 2021년 6월 초 1달러는 아직도 109원대이다.

헬기로 돈을 퍼부어도 엔화는 아직도 강세를 유지하고 있다는 이 사실은 바로 아베노믹스가 실패했음을 의미하는 것이다. 또한 이 말은 아직도 일본의 롱텀 디플레이션이 진행 중에 있음을 의미한다.

롱텀 디플레이션(Long Term Deflation)이 보통의 디플레이션, 즉 경기순환에 따라 10년에 한 번 정도 주기적으로 찾아오는 숏텀 디플레이션과 달리 공포의 'D'가 되는 이유는 투자자산에 미치는 영향이 엄청 크고 장기간이며 투자 방법도 완전히 반대이기 때문이다.

다시 롱텀 디플레이션의 징후를 더 자세히 포착하기 위해서는 어느 국가에만 찾아오는 경우와 전 세계에 도래하는 경우를 나눠서 생각할 필요가 있다.

1) 국지적인 롱텀 디플레이션의 포착법

첫째로 어느 국가만의 롱텀 디플레이션의 발발을 찾아내는 방법으로는 달러와 주가지수 관계가 다이아몬드 달러투자법이 적용되지 않기 시작하는 때, 즉 달러와 주가간에 반비례 관계가 정비례 관계로 변하는 때를 찾으면 된다.

그다음으로 주택지수와의 관계를 살펴보면 되지만 주택지수는 매년 발표하지도 않고 심지어 발표하지 않는 나라도 있으므로 주가지수와의 관계만으로 판단하면 된다.

이는 [그림 8]의 수직점선 ②와 ③을 통해 설명할 수 있다.

한마디로 수직점선 ② 이후에는 평상시의 투자요령인 다이아몬드 달러투자법이 적용되지 않는다.

만약 ② 이후에도 다이아몬드 달러투자법을 적용해서 투자하면 큰 손해를 보게 됨을 그래프를 통해 알 수 있다. 이 구간에서는 달러도 오르고 주가도 아파트도 오른다. [그림 16]으로는 더 자세히 다이아몬드 달러투자법이 전혀 적용되지 않음을 또 한 번 확인해 볼 수 있다.

[그림 8]은 장장 48년간의 일본 엔화 추이와 니케이지수의 변동과 일본 주택지수의 변동을 같은 해 같은 월의 변동이나 서로의 관계를 한눈에 파악할 수 있게 대응시킨 그래프이다.

[그림 16]은 약 11년간(2009~2019)의 엔화 환율의 변동에 따른 니케이지수의 변동과 주택 가격의 변동을 일목요연하게 파악할 수 있게 해준다. 2009년 이전의 엔화 추이와 같은 기간의 주택지수 및 니케이지수 그래프는 BIS(국제결제은행)에서 제공되지 않아 48년간의 엔·달러 변동에 따른 니케이지수의 변동, 주택지수의 변동을 살펴볼 수 없는 것이 아쉽다.

그래서 부득이 주택지수가 제공되기 시작하는 2009년부터 2019년까지 엔·달러와 니케이지수, 주택지수를 동시에 비교할 수 있는 [그림 16]을 통해 다시 자세히 살펴보는 것이다. 살펴보면 달러와 타 지표 간에 반비례 관계였던 것이 서로 비례관계로 변해 있음을 볼 수 있다.

숏텀 디플레이션이나 평상시에도 달러가격이 올라서 주식가격이 내리는 것인지, 주식을 팔고서 주식을 판 외국인 등의 환전수요로 달러가 오르는 것인지는 불분명하지만 결과를 보면 달러와 주가지수는 반대 방향으로 귀착된다.

어느 순간 이 방향이 같은 방향이 된다면 이제는 숏텀 디플레이션에서 롱텀 디플레이션으로 변환되는 것이다.
[그림 8]의 ②와 ③ 구간에서 보듯이 달러가 올라가고 있는데도 주가가 같은 상승률로 오르고 있다. 하루 이틀의 움직임이 아니라 환율과 주식의 움직임으로, 즉 추세적인 움직임의 방향으로 파악해야 하는 것은 확실하다.

일본의 1980년대의 양자의 움직임을 보면 주가지수가 대세 상승을 지속 중임에도 어느 순간, 즉 1988년 12월경이 되자 주가지수가 폭등이 지속됨에도 달러가격도 지속적으로 상승하고 있음을 볼 수 있다.
여기가 바로 롱텀 디플레이션의 시발점이다.
이것이 바로 롱텀 디플레이션의 가장 특징적인 현상이다.

놀랍게도 주식시장의 대세 하락, 즉 대붕괴 약 1년 전에 이미 롱텀 디플레이션이 출발했다는 점이다.
기존의 다이아몬드 달러투자법이 반대로 적용되기 시작하는 때가 바로 롱텀 디플레이션의 시작되는 때이다. 즉 역(逆)다이아몬드 달러투자법이 적용되기 시작하는 곳부터 롱텀 디플레이션이 시작되는 것임을 다시 한 번 강조한다.

니케이 주가지수가 대세 하락을 시작하는 1990년 1월 4일까지 주가지수는 계속 급등하고 1990년 1월 4일부터 달러가격도 니케이지수 급락과 함께 내리고 있다.

역시 해당 기간의 일본의 부동산지수가 제공되지 않아 부동산 가격과 달러가격과 주가지수의 관계를 정확히 확인할 수 없지만, Diamond 달러투자법에 따라서 약 5개월의 시차를 두고 니케이지수의 움직임과 같은 방향과 폭으로 변동되고 있었을 것으로 추론할 수 있다.

대세하락시에는 항상 주식시장이 먼저 붕괴된다. 주가지수가 5개월에 30%정도 폭락하는 기간에도 부동산은 5개월 정도 폭등한 후에야 비로소 대세 하락을 시작한다. 부동산은 항상 주식시장을 5개월 후행하기때문이다. 한국은 항상 6개월 후행한다.

자산간 수익률의 차이가 나는 것은 합리적이지 않다. 왜냐하면 돈은 이윤 동기에 따라서 수익이 많이 나는 곳으로 알아서 이동하기 때문이다. 중장기적으로 주식과 부동산의 상승률은 거의 같다고 보면 된다.
그러면 저자의 과거 주장대로 곧 닥쳐올 2021년 6월쯤 혹은 2023년 6월쯤 전 세계에 찾아올 것으로 예상되는 주식시장 및 부동산시장의 거품 대붕괴가 시작된다면 이것이 숏텀 디플레적 현상이냐 아니면 롱텀 디플레적 현상이냐를 구분하는 것이 무엇보다 중요함을 알 수 있다.

정확한 것은 지나 봐야 알 수 있지만, 재테크를 하는 우리로서는 예측해서 미리 투자해야 큰돈을 벌 수 있다. 그 이유는 숏텀 디플레이션에서의 투자법과 롱텀 디플레이션 때의 투자법이 전혀 다르기 때문이다.

2021년 현재의 코스피지수와 달러가격의 변동 후에 올 경기변동이 숏텀 디플레이션, 즉 통상의 불경기라고 생각할 수 있는 이유는, 일본의 플라자합의로 엔화는 단 하루 사이에 240엔에서 160엔으로 약 33.3% 급등했기 때문이다.

지금 현재 달러가격은 앞으로 30~40% 더 서서히 내릴 것이라고 많은 전문가들이 예측하고 있다. 저자도 이미 2018년 1월에 발간된《자식들에게만 전해주는 재테크 비밀수첩》에서 추세적인 달러 약세를 예상했었다.

2021년 6월 말까지 혹은 2023년 6월까지 추세적인 달러가격의 하락이 예상되긴 하지만, 아직 일본의 [그림 8]의 ② 이후, 즉 1988년 12월~1989년 12월처럼 달러가격과 코스피지수의 동시 급등 현상이 나타나지 않았기에 숏텀 디플레이션이 먼저 올 것으로 보는 것이다.

다이아몬드 달러투자법의 이론으로서의 위력은 [그림 21]의 한국의 IMF, [그림 22]의 한국의 IMF 직전인 1986~1988년까지의 일본 엔화의 움직임, [그림 23]의 영국의 브렉시트, [그림 21]의 한국의 IMF와 2008년 금융위기를 통해서, 또한 [그림 19]의 달러와 원유 가격의 반비례 관계, [그림 10]의 달러와 원유 금가격의 반비례 관계 등등을 통해서 이미 입증되어 있다.

또한 저자의 책《일본인의 눈물》에 달러투자로 단기간에 재산을 4배로 불리는 방법을 통해서도 자세히 증명되어 있다.

[그림 8]에서 롱텀 디플레이션으로 판정할 수 있는 가장 중요한 포인트는 역시 달러환율과 아파트, 주식의 가격 변동 관계이다.

1988년 12월 이후의 일본의 엔화의 방향과 니케이지수의 방향, 일본 니케이지수의 방향이 같은 쪽으로 움직인 것이다. 이것이 바로 롱텀 디플레이션 현상이다.

여태까지 아무도 이 사실은 알지 못하고 있고 저자가 이런 현상을 FRED가 제공하는 자료를 활용하여 독창적으로 분석하고 장기간의 그래프를 통해 입증한 것이다.

한국도 이번 대세 상승기 이후에 롱텀 디플레이션이 본격화된다면 일본처럼 달러와 코스피지수의 움직임 방향이 같아질 것이다. 매일매일의 관계가 아니라 추세적으로 방향이 같으면 롱텀 디플레이션의 시발점으로 보는 것이 옳다.

만약 달러와 코스피지수의 움직임 방향이 거의 같아진다면 일본에서 아직도 진행중인 롱텀 디플레이션이 한국에서도 본격화되는 시작점으로 판단되며 이때부터 재테크 방법을 완전히 바꿔 줘야 한다.

즉 대세 상승이 끝난 이후에도 숏텀 디플레이션 시에 투자하던 달러와의 교체매매는 생략해야 한다는 점을 명심하여야 한다.

왜냐하면 코스피지수가 내리면 달러가격도 같이 내리고 반대의 경우에도 움직임이 같은 방향으로 움직이게 된다. 즉 숏텀 디플레처럼 다이아몬드 달러투자법을 따르면 역주행 투자가 된다.

여기서 한 가지 더,
일본의 경우 1990년 1월 4일 주식시장의 대세 하락 시기보다 약 1년 전에 달러의 급등과 니케이지수의 급등이 나타났는데, 한국도 약 1년 전에 이런 동조 현상이 나타나야 이번의 디플레이션을 롱텀 디플레이션으로 인식할 수 있느냐이다. 이것은 아니라고 본다.

1985년경의 전 세계는 막 불어닥친 3저 현상으로 주식과 부동산이 전부 급등한 후 한국은 1989년부터 대세 하락을 시작했지만, 일본은 한국보다 약 1년 동안이나 더 니케이지수가 급등하였다. 이런 현상은 1985년의 플라자합의에 따른 외화의 일본시장 본격 공략 때문으로 보인다는 점이다.

즉 롱텀 디플레이션의 시작점을 포착하기가 여간 까다로운 게 아니라고 본다. 저자가 주장했던 2021년 6월쯤 혹은 새로 고쳐 주장하는 2023년 6월쯤이 이번의 대세 하락 시점이 바로 롱텀 디플레이션의 시발점이 될 수 있다고 본다. 그렇다면 달러 교체매매 과정을 생략해야 한다. 실수하면 역주행 투자가 됨은 물론이다.

이는 일본처럼 앞으로 약 20년 이상의 기간 동안 국내외에 달러투자를 해서는 안 된다는 뜻이다. 즉 국내에서는 달러현찰 보유나 달러 예금을 하지 말아야 한다.

'나는 보유한 달러가 없어'라고 간단히 생각하지 말고 달러기축통화제도 하에서는 전부 달러를 활용하여 국외로 송금하여 투자하기도 하고 국내로 반입하기도 하므로 해외에 투자했다면 바로 달러를 보유한 것과 같은 것이다.

앞으로 국내 달러는 점진적으로 860원 이하로 빠질 것이기에 우리 국민들이 해외에 투자한 돈도 유령달러가 될 운명이다. 따라서 우리나라에도 엔화의 저주처럼 원화의 저주가 서서히 나타나게 된다.

보통 숏텀 디플레 시의 최선의 재테크 방법은 현금을 보유하는 것이다. 그러나 미국 밖의 나라에서는 롱텀 디플레이션 때의 달러는 전혀 투자 대상이 아니다. 달러는 미국 거주 미국인에게는 현금이지만 즉 미국인들은 롱텀 디플레이션 대비책으로도 숏텀 디플레 시에도 달러 현금을 보유하면 된다.

하지만 기타의 나라에서는 롱텀 디플레이션 시에는 달러는 현금이라기 보다는 재산에 가깝기에 이미 자세히 살펴본 대로 달러를 절대로 보유해선 안 된다. 폭락하기 때문이다. 그래서 달러는 괴물이다.

2) 세계적인 롱텀 디플레이션 징후 포착법

이제는 롱텀 디플레이션이 전 세계에 찾아올 경우 그 징후를 포착하는 요령을 알아보자!.
의외로 간단하다.
국제시장에서 거래되는 금가격과 달러인덱스 가격이 반비례 관계에서 정비례 관계로 변하는 시점을 찾아내면 된다. 그때가 바로 세계적인 롱텀 디플레이션이 시작되는 때이다.

달러가격과 국내 자산시장의 가격 결정 원리를 간편하게 정리한 것이 바로 [그림 7]의 다이아몬드 달러투자도이다. 막연하게 달러와 자산 가격이 반대로 움직인다고 생각하는 것을 명확히 정리한 것이 바로 다이아몬드 달러투자도이다.

[그림 7]과 [그림 10]을 보면 버블과 역버블 과정에서 서서히 또는 급격히 달러에 대응한 금과 원유 가격이 균형점을 찾아가는 모습을 볼 수 있다. 특히 [그림 10]은 달러가격이 변동됨에 따라서 원유 가격과 금가격이 달러와 반비례로 움직이고 있음을 실제로 구체적으로 볼 수 있다.

[그림10]의 수직점선 ①②③④는 같은 년월일의 금가격과 원.달러가격, 원유가격을 비교해 볼수 있는 수직점선이다.

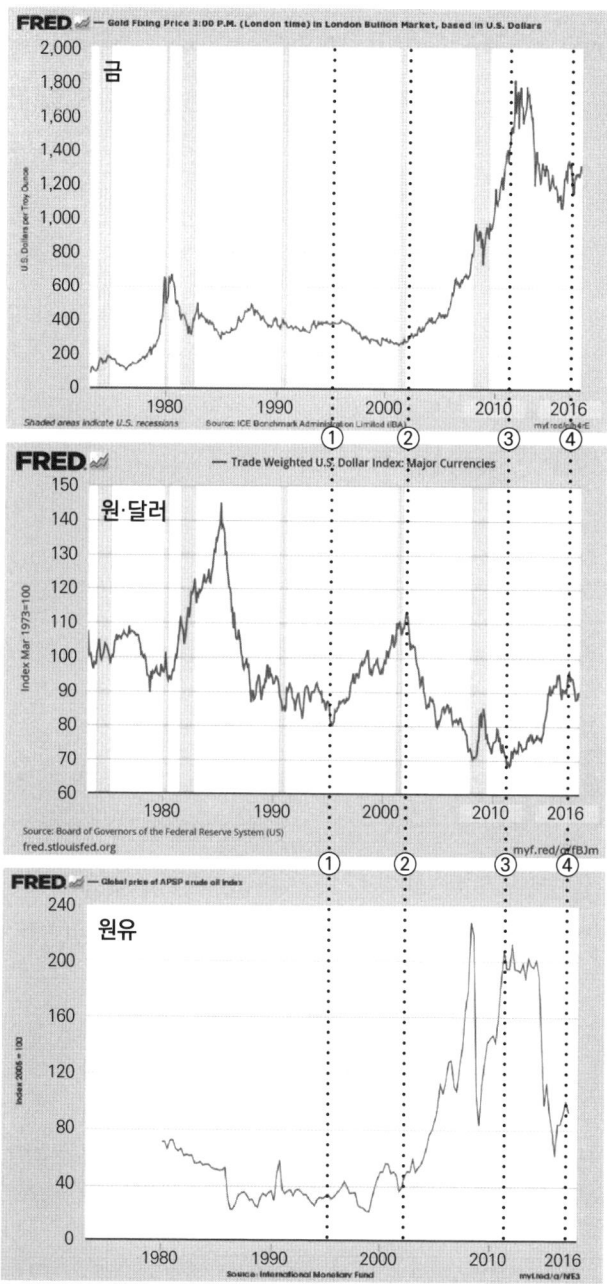

[그림 10] 원·달러와 원유, 금가격의 반비례 관계

달러에 대한 반응 속도는 금이 원유보다 약간 더 빠름을 알 수 있다. 하지만 원유도 결국에는 달러가격과 연동되어 반비례 관계가 됨을 알 수 있다.

이를 실전투자에 응용하면 금이나 원유에 대한 투자, 더 나아가 각종 국제 원자재 투자 시에 이 달러가격과 모든 원자재는 반비례 관계임을 알고 이에 맞춰 투자하면 중장기적으로 실패할 경우가 없음을 간접적으로 알 수 있다.

이 도형에 따른 매매법은 미국 밖의 어느 나라, 어느 시대에도 그대로 적용된다. 환율 하락은 무차별적으로 부동산과 주식 등 재산의 폭등을 유발시킨다는 사실은 아주 중요한 투자 포인트이다.

다만 롱텀 디플레이션이 진행 중인 나라에서는 절대로 따라 하면 안 된다는 사실을 설명한다. 여기서 한 가지 유의해야 할 점이 나타났다.
[그림 10]의 수직점선 ④까지는 금가격과 달러의 관계는 다이아몬드 달러투자법의 법칙에 따라 서로 반비례 관계였음을 볼 수 있다.

수직점선 ④, 즉 2016년 1~2월 이후가 문제다.
2016년 1월 이후에는 금과 달러의 관계가 반비례 관계가 아님을 알 수 있다. 문제의 2016년 1월 2일부터 2021년 2월 26일까지 약 6년간 달러와 금의 관계가 비례 관계로 변해 있음을 볼 수 있다.

달러와 금이 반비례하는 것이 아니라 돌연 정비례 관계로 변했음을 [그림 10]을 통해서 확인할 수 있다. 변곡점은 [그림 10]의 수직점선 ④ 이후이다.

일본의 롱텀 디플레이션의 시발점은 [그림 8]의 수직점선 ②와 ③처럼 달러와 주가의 정비례 관계가 시작된 곳이라고 설명한 바 있다.

국제 원자재인 금과 달러의 반비례 관계가 정비례 관계로 변한 시기가 2016년 1월 수직점선 ④ 이후 부터이다. 바로 이 시점을 국제적인 롱텀 디플레이션이 시작된 시기로 봐야 한다.

저자는 이번에 찾아올 롱텀 디플레이션은 전 세계에 전부 해당되며 특히 한국은 피할 수 없는 상황으로 판단하고 있다.

[그림 11]과 [그림 12]로 이 금가격과 달러인덱스의 정비례 관계를 봐도 이미 전 세계적인 롱텀 디플레가 시작된 것으로 보인다. 1988년의 일본을 예로 들면 달러와 주요 재산 특히 니케이지수와 부동산 등 모든 재산 간에 다이아몬드 달러투자법과는 반대로 [그림 8]처럼 정비례 관계가 시작되는 기이한 상황은 일본 국내에서만 일어난 현상이었다.

금은 국제 원자재이며 나라 간 가격 차이는 주로 세금 때문이지 다른 이유는 없다. 그런데 이제는 국제 원자재인 금가격과 달러가격이 정비례 관계로 변해 있음을 볼 수 있다.

[그림 11] 2016년 1월 2일~2021년 2월 28일(6년) 간 달러인덱스와 국제 금가격의 정비례 관계

[그림 11]의 첫 번째 그림은 달러인덱스 그래프이고 두 번째 그림은 금의 국제 시세를 나타낸 것이다. 금가격과 달러의 정비례 현상은 [그림

10]과 [그림 11]의 ④ 이후에 나타나기 시작했다.

1988년 12월부터 실제적인 롱텀 디플레가 시작돼 일본은 그 후 계속해서 역다이아몬드 달러투자법(달러와 주식, 아파트 등 자산 간에 정비례 관계로 움직이는 현상)에 따라 달러와 주식 주택지수가 정비례 관계로 움직여 왔음을 [그림 8]을 통해서 확인할 수 있다.

* 어느 나라의 국내 롱텀 디플레이션 시작 여부는 국내 달러가격과 국내 주가지수, 국내 주택지수와의 관계로 판단하는 것이 맞다.
  [그림 10]은 한국 내 달러가격과 국제 금, 국제 원유가격과의 상관관계로 판단해 본 것이다. 국내 롱텀 디플레이션 시작 여부를 판단하는 보다 간략히는 국내 달러가격의 움직임과 국내 주가지수의 움직임 한 가지만을 반비례에서 정비례로 변하는 시기를 포착하면 된다.

* 세계적인 롱텀 디플레이션의 시작은 국제 원자재인 금과 달러의 비례 관계 혹은 반비례 관계 한 가지만으로 판단해야 옳다.

[그림 10]으로 확인했듯이 금가격은 2016년부터 이미 달러와 정비례 관계로 변해 있다. 바로 이 방법을 이용해서 전 세계적으로 이미 국제적인 롱텀 디플레이션이 도래했음을 알 수 있다.

다시 한 번 더 자세히 살펴보자.
[그림 11]의 달러와 금이 최고시세를 형성한 시점을 인위적으로 일치시켜

민든 그래프가 [그림 12]이다. [그림 12]를 보고 저자의 주장 즉 롱텀 디플레이션시에는 달러와 금가격이 반비례 관계가 아니라 정비례 관계가 된다는 주장이 맞음을 한눈에 다시 확인할 수 있다.

금과 달러인덱스 가격의 정점일 이전과 이후를 보면 달러 움직임과 금의 움직임은 많이 닮아 있음을 알 수 있다. 여기에서 더 나아가 [그림 12]는 저자가 국제달러가격과 국제금의 최고시세를 연월일을 무시하고 임의로 최고시세를 같이 맞춰서 이들의 추세를 살펴본 것이다.

살펴본 결과 [그림 12]의 윗 그래프와 아래 그래프에서 최고치를 나타낸 연월일이 약 5개월 차이가 난다는 사실이다. 국제 달러가 먼저 최고가를 형성한 후 국제 금가격도 최고가를 형성하게 된다. 하지만 달러가격과 금가격 사이에는 '약 5개월의 시차가 난다'는 결론이다.

[그림 12]에 비교하기 쉽도록 수직점선 3개를 임의로 그어 두었는데 국제달러가격과 국제 금가격의 동조화 현상도 확인할 수 있다. [그림 12]의 윗그림은 2016.1.2일 이후의 달러국제가격을 나타낸 그래프인데, 달러 최고가격은 2020.3월에 기록한 126.5236이다. 아래 그림은 2016.6월 이후의 국제 금가격 그래프이다. 국제 금가격의 최고시세는 2020.8월에 기록한 2061.500달러였다.

이 [그림 12]를 보고 달러국제가격 최고시세를 기록한 날과 국제 금가격이 최고시세를 기록한 날짜는 약 5개월의 차이가 난다는 사실을 항상 기억하기 바란다.

[그림 12] 약 5개월 전의 달러국제가격 궤적을 국제 금가격이 그대로 따라가는 현상
(2016.1.2.~2021.2.28., 6년간 비교)

달러가 먼저 움직이고 이에 맞춰 금이 같은 궤적을 그리며 움직이는 것으로 보인다. 달러가격 변동에 따른 금가격의 변동과의 시차는 약 5개월이다. 이 팩트를 통해서 투자자들은 2가지의 투자 포인트를 잡을 수 있을 것이다.

첫째로 세계경제가 롱텀 디플레이션에 도달한 경우, 혹은 롱텀 디플레이션이 본격화되기 시작하면, 국제 금가격은 달러인덱스의 궤적을 약 5개월 후행하면서 그대로 추종한다는 사실이다. 이 5개월 선행한 달러의 궤적을 먼저 보고 금에 투자하면 될 것이다.

둘째로 저자는 그동안 다른 저서에서 주가가 먼저 움직인 후 일본은 약 5개월 후에, 한국은 약 6개월 후에 부동산이 같은 방향으로 움직여 왔다고 수차례 설명한 바 있다. 부동산에 투자시에는 이에 맞춰 투자해야 한다고 주창한 바가 있음을 기억하기 바란다. 여기에 추가하여 달러가격이 움직인 후 국제 금가격도 약 5개월 후에 달러와 같은 궤적을 그리며 가격이 변한다는 것을 추가로 주창한다.

하지만 원유는 금과 달리 2016.1.2~2021.2.28일까지 약 6년간의 같은 기간 동안을 비교해 봤을 때 [그림 19]처럼 아직은 정비례 관계가 아니라 반비례 관계이다. 그러나 원유와 달러인덱스의 관계도 면밀히 계속 살펴봐야 한다.

미국의 통화 증발로 인한 달러의 약세를 전문가들은 예측한 지 오래다.

즉 앞으로 달러가 계속 약세를 띠게 된다면 롱텀 디플레이션이 도래하여 이미 정비례 관계로 변한 금도 계속 내린다는 신호이다. 이는 앞으로 금 투자를 해서는 절대로 안 된다는 뜻이다.

따라서 지금이 바로 보유자산의 51% 이상을 롱텀 디플레이션에 대비하여 리셋해야 할 시점이다. 이제는 자산 포트폴리오를 재구성해야 한다.

[그림 13] 1989년 10월 1일~1991년 1월 1일까지 엔 국내 시세와 금 국제 시세의 정비례 관계

[그림 11]을 자세히 살펴보면 달러 국제 시세가 114.15달러에서 126.52달러로 약 10.8% 오르는 사이에, 국제 금가격은 1,072.70달러에서 2,061.50달러로 92.2%나 급등하였다.

또한 [그림 12]의 수직점선 (A)선과 (C)선을 비교하면 달러가 10.8% 오르는 사이에 금가격은 69.5%가 올라 정확한 비례관계가 아님을 알 수 있다.

즉 롱텀 디플레이션이 진행 중이어도 금가격과 달러가격은 상승이나 하락의 움직임 방향은 거의 같고 궤적도 거의 흡사하게 약 5개월의 시차를 두고 같은 형태로 움직이지만, 가격은 서로 정확한 비례관계로 움직이는 것은 아니라는 사실이다.

이는 금에 대한 지나친 초과수요로 보이며 언젠가는 바로잡힐 것으로 보인다. 다음으로 일본의 롱텀 디플레이션의 시작점으로 판단되는 1988년 12월 즈음부터 1990년 1월 일본 붕괴 이후의 일본 국내 달러환율의 움직임과 국제 금가격의 관계도 살펴보자.

엄밀히 얘기하면 일본 국내 달러가격과 국제 금 시세를 비교하는 것이므로 [그림 11], 즉 달러인덱스 지수와 국제 금가격의 관계처럼 똑같을 수는 없을 것이다. 그러나 결과가 큰 차이가 있을 수는 없다.

만약, 롱텀 디플레이션이 발발된 1988년 12월의 일본에서도 저자의 주장처럼 달러의 일본 내 가격 움직임과 국제 금가격의 움직임이 비례 관계로 변했다면 저자의 주창을 다시 한 번 더 검증해 주는 것이 된다.

또한 [그림 10]의 (4)선 이후를 보면 한국에도 2016년도에 이미 롱텀 디플레이션이 도래했음을 알 수 있다. 그러나 인구상으로는 우리나라의 핵심경제활동 인구가 감소하기 시작한 것은 2013년이다.

바로 이때가 한국의 롱텀 디플레이션이 시작된 시기라는 주장이 있다. 그래프상으로 증명된 롱텀 디플레이션 도래시기는 약 3년의 차이가 있는 2016.1월이다.

다행히 한국의 롱텀 디플레는 아직 본격화되지는 않았다. 이렇게 판단하는 이유는 아직 한국에서는 다이아몬드 달러투자법이 그대로 적용되기 때문이다. 그래서 한국도 롱텀 디플레이션이 도래한 2016년 1월 이후에는 달러와 주가의 변동이 정상적인지 아닌지를 매일 살펴봐야 한다.

[그림 13]은 1989년 10월 1일부터 1991년 1월 1일까지 일본 국내 달러의 움직임에 따른 국제 금가격의 움직임을 나타낸 그래프이다.

같은 연월일로 위 그림과 아래 그림이 맞춰져 있어 아래위로 수직점선만 그으면 같은 연월일의 일본 내 달러 시세와 국제 금가격의 상관관계를 알 수 있다.

우선 아래의 [표 1]을 보자.

수직점선 ①, ②, ③은 각각 같은 연월일의 일본 내 달러가격과 국제 금가격의 상관관계를 나타낸 선이다.

일자	일본 내 달러가격	국제 금가격
점선 ① 1989.10.11.	144.80	361.05
점선 ② 1990.1.4.	146.25	394.95
점선 ③ 1990.8.23.	146.60	415.70

[표 1] 특징적인 연월일의 일본 내 달러가격과 국제 금 시세 가격

국제 금가격이 거의 최고치를 기록한 [그림 13]의 ③은 1990년 8월 23일이다. 이후의 그래프를 보면 약간의 시차를 두고 두 그래프의 움직임이 거의 비슷하거나 비슷한 방향으로 움직였음을 알 수 있다.

이를 보면 일본 투자자(기관, 외인, 개인)들은 처음 경험하는 롱텀 디플레이션하에서 금에 투자할 것인가 달러에 투자할 것인가를 바로 정하지 못했으나 곧 시행착오적 방법으로 올바른 투자 방법을 찾아낸 것으로 보인다.

결론적으로 비교하는 달러가격이 [그림 10]처럼 원·달러가격이든, [그림 13]처럼 엔·달러든, 달러인덱스든 달러와 주가지수 및 각종 원자재와의 관계는 같을 수밖에 없다. 달러인덱스와 각국의 달러가격 사이에는 보이지 않는 손에 의해 저절로 달러가격이 조정되기 때문이다.

다시 세계적 롱텀 디플레이션의 포착법을 조금 더 살펴보자!
2020.3월의 달러인덱스 최고가격에 금 최고가격일인 2020.8월의 고점을 일치시킨 그림이 [그림 12]이다.

이를 보면, 최고점을 일치시킨 월의 앞과 뒤의 싱크로율이 거의 100%에 가까움을 알 수 있다. 즉 [그림 12]를 통해서 세계에는 이미 롱텀 디플레이션이 도래했음을 정확히 확인할 수 있다. 이 그림을 보면 달러가격이 움직인 궤적을 따라 약 5개월 늦게 금이 같은 궤적을 그리며 시세가 변동된다는 것도 알 수 있다.

[그림 14]는 5개월의 시간차에 따른 가격차이를 보다 더 자세히 비교해 보기 위하여 즉 금년 2021.7.30일 이후의 금가격을 예측해 보기 위해서 달러가격에 금가격을 5개월 앞당겨 대응시킨 그래프이다.

그리하면, 달러인덱스 가격의 5개월 뒤 가격이 금가격이 된다.
5개월 후의 금가격이 달러가격과 정확한 비례관계에 있진 않지만 추세는 거의 100% 일치한다. 달러인덱스와 금가격이 정비례 관계임은 물론이고 약 5개월 전에 이미 기록한 달러가격의 궤적을 금가격이 그대로 따라가고 있음을 알 수 있다.

놀라운 발견이다.
이를 활용하면 금투자가 한결 쉬워질 것이다.
앞으로 금투자는 땅 짚고 헤엄치듯 쉬운 일이 될 것이다.

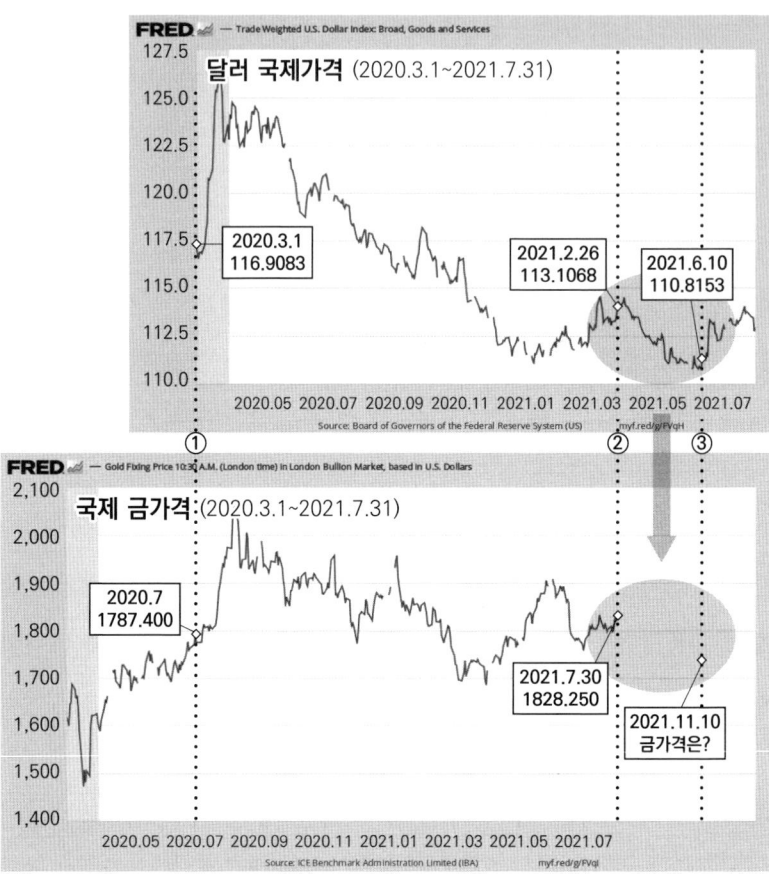

[그림 14] 2021.8.1. 이후의 미래 국제 금가격 예측도

이 2가지 방법만큼 확실하게 어느 나라에만 도래한 롱텀 디플레이션과 전 세계에 닥친 롱텀 디플레이션을 정확하고 간단하게 포착하는 방법은 없다고 본다. 전부 저자의 독창적인 진단법이다.

국지적인 롱텀 디플레이션은 달러와 주가지수와의 관계로 판단하고, 세계적인 롱텀 디플레이션은 달러와 금가격이 정비례가 시작되면 롱텀 디플레가 시작된 것으로 판단하면 맞다.

이렇게 하면 롱텀 디플레이션의 시작시기가 정확히 맞는 이유를 저자도 알 수 없다. 이는 경제연구소나 학자들이 장차 연구해야 할 일이고 투자자인 우리들은 이렇게 변화하는 현상을 이미 알고 있으므로 이에 맞춰 투자하면 실수 없이 대박을 맞게 된다는 사실이다.

2016년에 롱텀 디플레이션이 이미 발생한 한국은 아직 일본처럼 롱텀 디플레이션의 본격화까지는 진전되지는 않았다고 본다. 왜냐하면 아직도 한국은 Diamond 달러투자법이 통용되기 때문이다.

그러나 [그림 11]과 [그림 12] 등을 보면 세계적으로는 달러와 금이 이미 정비례 관계가 되었으므로 전 세계는 한국보다 훨씬 더 롱텀 디플레이션이 진척된 것으로 본다.

금명간 있을 FRB의 테이퍼링이 2016년에 이미 발발된 세계의 롱텀 디플레이션 본격화와 함께 세계 경제는 궤멸될지도 모른다. 어떻게 될지 궁금하다. 지금 현재 재산의 50% 정도는 롱텀 디플레이션을 대비한 투자여야 한다고 본다.

이를 다시 간략히 요약해 보면,
첫째로 어느 나라에만 롱텀 디플레가 시작되면 달러가격과 주가지수, 주택지수, 금가격은 반비례 관계에서 정비례 관계로 바뀐다.

둘째, 국제적인 롱텀 디플레가 시작되면 달러인덱스 가격과 국제 금가격이 정비례 관계로 변한다. 정비례 관계는 5개월 후에 거의 100% 싱크로율을 나타내기 시작한다.

셋째, 달러가격은 한국과 일본 영국처럼 주가에 즉각적으로 반영된다. 부동산 가격에 반영되는 시기는 일본은 5개월, 한국은 6개월 뒤에 반영된다.

또한, [그림 14]처럼 타임래그 처리한 두 그래프를 활용하면 5개월 후의 국제 금시세를 거의 정확하게 맞출 수 있다. 매일매일의 정확한 가격을 맞출 수 있는 것은 아니지만 추세적인 흐름은 거의 100% 맞출 수 있다.

이는 금년 연말(2021.12.31.) 금시세를 5개월 전인 8월 초에 미리 알 수 있다는 뜻이 된다. 이를 이용하여 금 선물이나 금 ETF, 인버스 2X 금선물 ETN에 투자시 수십 배의 안전한 투자수익을 취할 수 있다고 본다.

숏텀 디플레, 롱텀 디플레 포착법과 같이 밝혀진 달러인덱스와 금의 관계를 활용한 타임래그(Time Lag) 금투자법은 확실하고도 안전한 금투자 재테크 방법이므로, 새로운 부의 탄생을 위해서 적극 활용하면 좋을 것이다. 따라서 [타임래그 금투자법]이란 제목으로 한 챕터 11을 신설하여 계속해서 세계에 첫 선을 보이는 100% 승률의 안전한 금 투자기법의 설명을 이어 가기로 한다.

일본은 1988년부터, 한국은 2016년부터 두 나라 전부 롱텀 디플레이션하에 있지만 일본은 롱텀 디플레이션이 30년을 넘어서도 계속 진행 중이고, 우리나라는 아직 본격적인 롱텀 디플레이션이 발생하지 않은 상태이다. 전 세계는 이미 롱텀 디플레이션이 진행 중에 있다.

그러나, 이제는 우리나라도 매일매일 예의 주시해야 할 상황이다.
다음 챕터에서는 우리나라도 일본식 롱텀 디플레를 피해 갈 수 없는 이유를 하나하나 살펴보고자 한다.

챕터 6

한국도 일본식 롱텀 디플레를
피해 갈 수 없는 이유

1980년대 들어 3저 호황으로 부동산과 주식 투기 열풍이 전 세계에 불게 되었고, 일본은 1985년 플라자합의로 인해 엔화 가치가 급등하면서 경기가 갑작스럽게 침체되자 경기부양을 위해서 대출 규제를 완화하여 금리를 신속하게 끌어내리게 된다.

호황 시절에 소니는 미국의 자존심이랄 수 있는 미국 영화사인 컬럼비아픽처스를 인수하고 파나소닉은 유니버설 픽처스를 인수하였다. 일본의 부동산 재벌은 뉴욕의 상징인 엠파이어스테이트 빌딩을 인수하였다.

특히나 미국 자본주의의 상징이었던 '록펠러센터'가 넘어갈 때는 미국인들은 제2의 진주만 공습이라고 말할 정도로 충격적으로 받아들였다. 당시에는 전 세계 억만장자 중 70%가 일본인이었다.

뉴욕의 플라자합의 약 5년 후인 1990년 1월 4일. 주식시장이 열리자

마자 니케이지수는 폭락하기 시작했다. 이후 1990년 4월 1일부터는 부동산이 대폭락을 시작하였다. 집을 팔아도 대출금을 갚지 못하는 깡통주택이 대량으로 발생하면서 유탄을 맞은 은행이나 보험회사, 증권회사 중 다수가 부도 처리되었다.

[그림 8]처럼 니케이지수는 급등한 후에 약 80~90% 폭락했음을 그래프로 확인할 수 있다. 거기에다가 롱텀 디플레이션으로 30년 이상 장기간 저성장 시대가 도래했으므로 주식은 철저히 차별화되었다.

[그림 2]처럼 토지지수는 약 90% 폭락했다. 2009.7월 이전의 토지지수는 [그림 8]에 같이 제공되지 않아서 비교가 안 되지만 엔·달러나 니케이지수처럼 폭락했을 것으로 추론할 수 있다.

반면에 엔화 가치는 지속적으로 올랐다. 이에 따라 해외에 투자되었던 약 3조 5천억 달러는 환차손으로 일본 국내로의 반입이 거의 불가능해졌다.

[그림 15]처럼 일본의 GDP는 2008년 금융위기 전까지는 박스권 내에서 오락가락하며 큰 변동이 없었음도 확인할 수 있다. 1990년부터 잃어버린 30년 동안 일본의 실질평균 임금은 거의 제자리 수준인 18만엔(4.4%) 증가에 그쳤다. 같은 기간 한국의 실질임금은 약 1.9배 올라서 2015년에 PPP 기준으로 사실상 일본을 추월했다고 IMF가 발표했다.

IMF가 발표한 명목 GDP를 봐도 최근 30년 동안 중국은 37배로, 미국은 3.5배로, 독일은 2.3배로 명목 GDP가 성장한 데 비해, 일본은 1990년에 도래한 롱텀 디플레이션으로 겨우 1.5배 늘어나는 데 그쳤다.

2016년에 롱텀 디플레이션이 도래한 전 세계와 한국의 실질임금 상승률과 명목 GDP는 롱텀 디플레이션 기간 동안 즉 10~30년씩이나 성장이 거의 멈춘다는 뜻이다.

일본의 몰락은 일본 내 달러가격의 지속적이고 끊임없는 하락, 생산활동 경제인구의 감소, 정부 부채 때문이다.

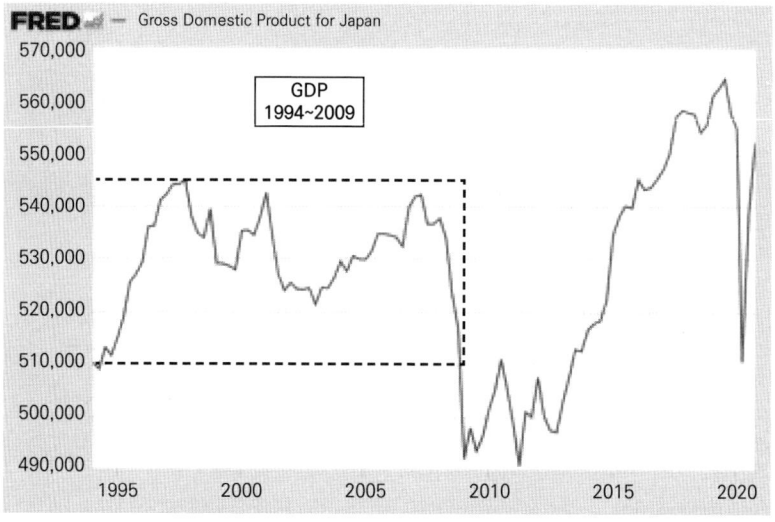

[그림 15] 일본의 GDP 추이

2020년 9월 16일, FOMC(연방공개시장위원회) 회의에서 제롬 파월 미국 연방준비제도(Fed, 연준) 의장은 2023년까지는 제로금리(현재 0.00~0.25%)인 기준금리를 유지하겠다고 공언했다.

기간, 즉 언제부터 언제까지라고 정확히 정해서 밝히진 않았지만 1년 혹은 1년 이상 물가상승률(인플레율)이 2%를 넘지 않는 한 금리 인상은 없다고 발표한 것으로 보면 된다.

인플레율 2% 이상이 12개월 지속되어야 평균 2%가 되므로 월 기준으로는 2%가 넘는 물가상승률도 용인된다. 즉 선제적으로 대응하지 않는다고 말했다. 그동안 인플레를 막기 위해서 선제적으로 올렸던 금리 인상 조치는 공언한 대로 연준위원들 중 다수인 13명이 2023년까진 그럴 것이라고 답했다.

결국 2023년까진 현재 금리를 유지한다는 뜻이다.
미국 연준은 이제 인플레 파이터에서 디플레 파이터로 방향 전환을 하게 된 것이다. 유럽도 미국과 마찬가지로 돈을 쏟아부었지만, 이 기사들의 제목만 봐도 다가올 경기침체는 실감이 난다.

"돈 쏟아부었지만, 유럽 'D의 공포'"(하현옥, 〈중앙일보〉, 2020.09.03.)

"루비니 교수 '미중, 아시아 국가에 누구편이냐 압박할 것'"(권영미, 〈news1〉, 2020.05.23.)이라는 제목의 기사에서는 "코로나로 10년간 경기침체 올 것"이라고 주장한 바 있다.

성장률 전망은 1929년 대공황 수준이다. 전문가들은 거의 다 코로나의 영향 때문이라고 진단한다. 그러나 저자의 시각은 많이 다르다. 물론 코로나가 경기를 더 위축시켜서 롱텀 디플레의 본격화를 앞당겼을 수는 있었어도 오롯이 코로나 때문에 전 세계에 디플레가 찾아오는 것은 아니다. 공교롭게 이 두 현상이 겹치게 된 것이다.

더 이상 인플레가 진전될 수 없을 지경에 이르러서 그런 것이다. 즉 이미 전 세계가 롱텀 디플레에 들어와 있는 데다가 코로나가 더해져 경기침체의 속도를 가속화하고 있다. 인플레가 더 이상 진전될 수 없는 이유는 빚이 너무 많기 때문이다.

각국 중앙은행에서 본원통화를 무한정(?) 공급해도 시중 은행들이 더 이상 신용을 창조할 수가 없을 만큼 이미 돈은 풀려 있는 상태인 것이다. 은행은 받을 수 있는 사람에게만 돈을 빌려준다. 중앙은행에서 아무리 돈을 풀어도 받을 수 없을 만한 사람에겐 절대로 빌려주지 않는다. 즉 통화량이 늘어나지 않는다.

코로나 이전에 이미 전 세계는 이 위치에 와 있었다. 더 이상 돈을 빌려줄 회사나 사람이 없어진 것이다. 그래서 미국의 금융위기 시에 4조 5천억 달러를 풀었지만 이 돈은 다시 미국 연방준비은행으로 되돌아온 것이다.

코로나 여파로 트럼프 대통령 시절에 9천억 달러를 푼 이후 바이든 대통령 초기에 1조 9천억 달러를 또 풀었다. 전문가들은 바이든 정부에서 연이어 2조 달러를 풀고 또 2조 달러를 더 풀 것으로 예측하고 있다.

인류는 미국 대공황 이후 약 70년간 인플레 경제를 즐겨(?) 왔다. 은행들은 담보를 잡아야 돈을 빌려줄 수 있는데, 그동안 잡힐 수 있는 모든 담보는 전부 은행들 손에 들어가 있어, 정부에서 돈을 풀어도 담보능력(담보능력+신용능력)을 갖춘 곳이 전부 없어져 돈을 빌려줄 수 없는 것이다. 즉 신용창조가 되지 않는다.

물론 정부의 규제도 돈이 필요한 사람의 담보력을 줄이는 데에 한몫한다. 바로 DTI, LTV로 제한시켜 놓았다. 이를 풀어 준다고 해서 무작정 유동성이 늘어나지도 못한다. 바로 담보 부족과 상환능력 부족 때문이다.

일본의 롱텀 디플레는 엔화가 올라도, 즉 달러가 꾸준히 내려도 수출은 여전히 잘되며 국내 물가도 계속 내리고, 장기적으로 물가는 폭락한다. 경제가 정상이라면 달러가 내리면 부동산과 주식이 올라야 하는데 부동산도, 주식도 같이 폭락하였다.

1990년 1월 1일, 보다 더 정확히는 1988년 12월경에 불현듯 닥친 일본의 롱텀 디플레 현상은 [그림 8]을 통해서 바로 확인할 수 있다.

기존 숏텀 디플레, 즉 일반적인 불황 때의 이론과는 완전히 다르다. 이런 현상들은 기존의 경제학 이론으로는 설명할 수도 해결할 수도 없다. 그래서 일본의 30년 이상이나 지속되는 롱텀 디플레이션을 아직도 해결하지 못한 것이다.

해리 덴트의 《2018 인구절벽이 온다》이란 책에서 그가 주장하는 인구절벽만으로 세계적 디플레가 온다는 주장은 너무 지나치다. 인구절벽도 당연히 소비 감소로 인해서 디플레적 요소가 발생되긴 하나 이 인구 감소 하나만으로 일본의 롱텀 디플레가 30년간 진행되고 있는 것은 아니다.

현재 일본 롱텀 디플레이션의 가장 큰 원인은 무엇보다도 일본의 전 산업, 전 제품을 무차별적으로 내리게 하는 지속적인 엔화 강세인 것이다.

엔화 강세, 즉 달러 약세는 일본 내 모든 물건의 가격을 무차별적으로, 일률적으로 내리게 만든다. 해리 덴트가 놓친 것은 바로 이것이다. 인구감소로 인한 비용감소분, 즉 디플레는 아주 미미한 것에 불과하기 때문이다.

일본만 빚이 많은 것이 아니라 작년 말 현재 전 세계의 빚은 약 30경 원으로 전 세계 200여 개국의 GDP의 3.65배나 된다. 전 세계인이 버는 돈을 3년 8개월간 한 푼도 안 쓰고 갚아야 할 정도다.

현재는 빚과 자산 가격이 동시에 늘어나고 있지만, 곧 일본처럼 버블붕괴와 함께 전 세계가 원화의 저주, 공포의 롱텀 디플레이션 전쟁으로 진입하게 된다고 본다. 특히, 일본식(日本式) 롱텀 디플레를 한국(韓國)도 피할 길이 없는 이유를 살펴보자.

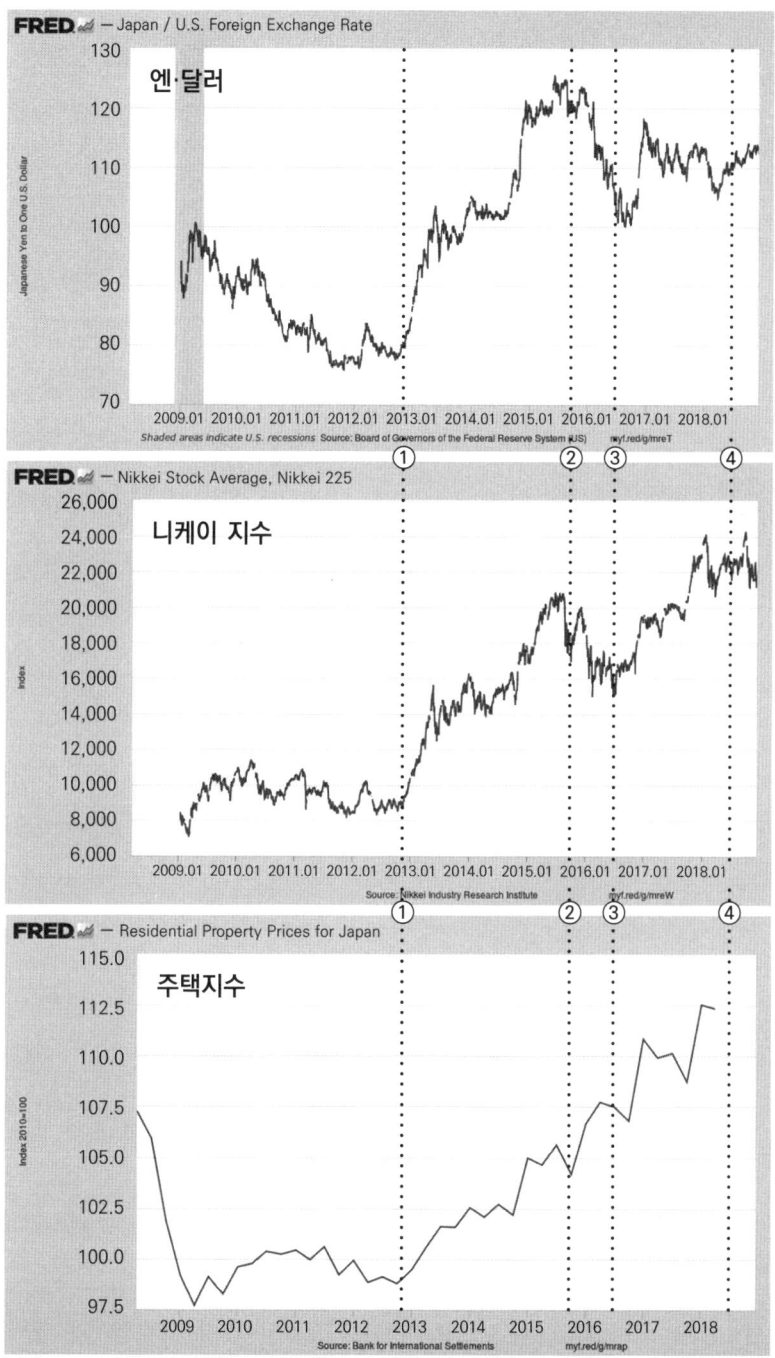

[그림 16] 11년간(2009~2019) 롱텀 디플레 중 니케이지수와 엔화환율, 주택지수의 변동

첫째, 원화 강세가 제일 큰 이유이다.

원화 강세의 원인과 강도는 〈챕터 8. 부의 이동은 환율변동이 주요인이다〉에서 설명한다. 일본의 엔화 강세처럼 한국의 원화 강세도 지속적으로 우리 경제를 괴롭힐 것으로 보인다.

둘째로는 역시 생산활동가능인구의 감소 문제임은 말할 것도 없다. 그러나 단어 그대로가 아니라 소비활동가능인구로 이해해야 한다.

마지막으로 역시 빚 문제이다.

우리나라 정부와 기업, 가계 부채를 합치면 약 5천조 원으로 GDP의 약 2.8배나 된다. 가계 부채는 GDP의 100.9%로 미국의 81.2%, 주요 선진국의 78%보다 높은 수치다. 문제의 일본은 266%다. 가계 부채가 커지면 원금과 이자를 갚아야 하니 이 또한 소비를 줄여 갈 수밖에 없는 요인이다.

버블이 꺼져도 빚은 그대로 남으니 이 빚으로 다시 침체된다. 이것이 부채디플레이션을 초래하게 된다. 이는 전 세계적인 현상이 되어 전 세계가 불황에 빠져들게 된다.

현재 국내 GDP 대비 전 세계 부채 수준이 2008년 금융위기보다 높다. 이번 위기는 충격이 너무 클 것으로 본다. 챕터 3에서 설명한 대로 소구형 주택담보대출 제도가 더 큰 문제다.

가계, 기업이 채무불이행 때는 늘 그랬듯이 은행 등 금융권부터 타격을 입을 것은 당연하다. 맥킨지 보고서를 참조하면 2024년까지 은행권은 2~4조 달러의 수익손실을 볼 것이라고 예측한 바 있다.

다가올 롱텀 디플레이션의 그림자를 시장은 이미 읽고 있는지도 모른다. 은행, 증권, 보험 등 금융권이 현재에는 수익을 내고 있지만 주가는 힘이 없는 것처럼.

[그림 16]을 자세히 보자. 엔화가 오르면 니케이지수도 오르고 일본 주택지수도 올랐다. 거의 비례 관계로 올랐다. 그동안 다이아몬드 달러투자법에 따라서 투자하면 되었던 엔화의 가격 변동에 따른 주식과 부동산에의 투자기법과는 완전히 반대로 해야 함을 알 수 있다.

일본 분석으로 향후 30년 정도의 한국의 아파트와 주식 등의 가격을 FRED의 초장기 그래프를 통해서 투자수익을 예측하고 검증할 수 있다. 장장 75년간 일본을 분석하여 한국에 대입하여 한국의 아파트 주식의 미래 가격을 예측할 수 있다.

일본의 이 사항들은 한국에 다가온 원화의 저주 시절에 이를 감안해서 투자해야 성공함을 알려 주고 있다. 기존의 고정관념을 완전히 버리고 투자해야 살아남고 큰 투자수익을 거둘 수 있다.

어느 누구도 이렇게 롱텀 디플레 시절의 투자기법과 숏텀 디플레 시절의 투자기법이 180도 달라져야 함을 알지 못한다. 왜냐하면 저자가 처음으로 분석하여 찾아내서 분석한 결과이기 때문이다.

[그림 8]과 [그림 16]을 같이 연상하며 기억해 두어야 할 것이 있다. [그림 8]을 통해 48년간 일본의 엔·달러, 니케이지수, 일본의 주택지수의 3자의 관계를 초장기 비교를 할 수 있다. [그림 16]은 11년간 일본의 엔·달러, 니케이지수, 일본의 주택지수와의 3자의 관계를 분석한 그래프이다.

이렇게 그래프를 [그림 8]과 [그림 16]으로 2개로 나눠서 비교해야 하는 이유는 일본의 주택지수가 2009년부터 집계되고 발표되었기에 48년간 일본의 엔·달러환율, 니케이지수와 주택 가격의 변동을 비교할 일본의 주택지수가 없기 때문이다.

혹자는 이렇게 묻는다. 그 많은 나라 중에서 왜 가장 사례가 안 좋은 일본과 한국의 장래를 비교하느냐고….

전 세계 3050 회원 정도가 되어야 진정한 선진국이며 그 정도가 되어야 경제정책과 인구정책 등이 제대로 먹히는지 분석 가능하기도 하거니와 인구 문제, 부채 문제 등을 비교 대상으로 삼을 수 있는 나라가 된다.

즉 한국과 일본은 가장 좋은 비교 대상이다. 게다가 같은 제조업 기반 국가이며 모든 면에서 경쟁 상대이다. 흔히 일반인들과 지식인 중 일부 학자들은 불문곡직하고 우리는 일본과 다르다고 말한다.

민족, 섬과 육지, 언어 등등은 당연히 다르다. 하지만 경제기반, 즉 엔화 강세와 원화 강세, 인구 변화문제, 부채 문제 등등이 비슷하다. 이 정도로 비슷해야 비교 대상이 된다.

이번 파동을 끝으로 재산을 현재 형태대로 그대로 두면 재산 가치가 10~20%로 줄어들지만 제대로 대처하면 10배 이상으로 불릴 수 있는 것이 바로 롱텀 디플레이션이다. 일본을 읽고 30년의 시간차 공격이 필요한 것이다.

따라서 진정한 공포의 D는 지금 오르고 있는 주식과 아파트가 2023년까지 앞으로 30~50% 더 폭등한 뒤, 거품 붕괴와 함께 롱텀 디플레가 본격화된다.

폭락할 때 대처하면 될 듯하지만, 미리 투자 방향과 방법을 연구해 두지 않으면 대처할 수 없다. 그래서 미리 공부해 두고 투자 결행을 다짐해 둬야 한다.

일본에는 이제 투자할 곳도 없다.
부동산, 주식은 평균 80~90%가 폭락한 후 아베노믹스로 30년 전 시세를 회복 중이다. 일본의 현재 은행 예금 이자는 0%대다. 대출이자도 0%대에 불과하다. 국채이자는 마이너스이고 사고 싶은 국채도 매물이 없다.

곧 한국도 일본처럼 투자할 곳이 사라진다.

한국의 제로금리(대출이자, 예금이자) 시대는 2023년이 원년이 될 것 같다. 제로금리라니까 은행에서 무이자로 돈을 빌려 월세투자를 하면 수익성 부동산이 돈이 될 것 같지만 일본이 30년간 그랬던 것처럼 이는 죽음에 이르는 길이 된다는 사실을 미리 안내한다.

롱텀 디플레가 30년 이상 지속되고 있는 일본과 한국의 상황은 살펴본 것과 같이 너무나 비슷하다. 그래서 한국도 일본식 롱텀 디플레이션을 피해 갈 수 없다.

반면에 이번의 대위기는 노동자에서 자본가로 변신할 수 있는 마지막 한 번의 기회다. 본 저서를 통해서 롱텀 디플레이션 지식으로 무장된 근로자들은 이번 기회를 적극 활용하여야 한다.

1990년 이후의 일본의 주식, 부동산, 해외투자의 경제 흐름을 48년간 시계열 분석해 보면 지금 미래의 한국에서의 투자요령이나 베스트 투자처를 미리 알 수 있다.

바로 1990년에 일본에서 '엔화의 저주'가 생겨났듯이 이제 곧 한국에서는 '원화의 저주'가 나타난다. 이르면 2021년 연말이고 늦으면 2023년이다. 똑똑한 재벌은 이미 이를 알고 있기에 부동산을 처분하고 현찰을 준비하고 있다.

일본을 보고 미리 롱텀 디플레 시의 투자학을 공부하여 대처하면 월급쟁이와 가난뱅이가 노동자에서 자본가로 변신할 수 있는 신분 상승의 기회가 온다.

폭염 때 겨울을 준비해 둬야 한다. 지식으로 준비하지 않은 자에게는 롱텀 디플레는 기회가 아니라 공포의 'D'가 된다는 사실을 잊지 말아야 한다.

챕터 7

한국의 눈물,
한국도 일본처럼 투자할 곳이 완전히 사라진다

일본에서는 약 30년에 걸쳐서,
주식은 80% 폭락했다.
아파트도 90% 폭락했다.
달러도 90% 폭락했다.
예금이자도 대출이자도 0%대로 폭락했다.
이렇게 일본 국내에선 투자할 곳이 완전 실종되었다.

왜 그렇게 되었나?
바로 롱텀 디플레이션(Long Term Deflation) 때문이다.

그래서 할 수 없이 전문가·금융회사들 권유에 따라 해외주식투자, 해외배당주투자를 했더니 이제는, 돈이 남기는 커녕 지속된 엔화강세(달러약세)로 돈을 일본으로 들여오면, 환차손이 너무 커서 들여오지도 못하는 유령달러가 되었다.

이렇게 일본인들은 30년 전부터 투자할 곳이 국내·해외가 완전히 다 없어졌다. 투자처가 모두 증발되어 버렸다.

한국도 일본의 1989처럼 원화 환율 급등에 따른 순자산가치(NAV) 반영으로 주식과 아파트의 30~50%의 폭등을 끝으로 투자할 곳이 완전히 없어진다. 어쩌면 일본하고 이렇게 투자처 실종 순서까지 같은지….

이 마지막 폭등은 은행융자를 완전히 막아도 폭등하는 것이어서 정부의 은행융자 규제책도 소용없다. 원화급등에 따른 순자산가치(Net Asset Value. NAV)의 반영이기 때문이다. 즉 달러자금 유입으로 인한 급등이다. 이번 이후에는 우리나라도 일본처럼 투자할 곳이 완전히 사라진다.

국제 금융시장을 유령처럼 떠도는 이 유령화된 이 유령달러를 쳐다보며 세계 경제가 위기가 올 때마다 귀국을 노린다. 이것이 엔화의 저주다. 지금 막연한 기대로 해외로 나가는 한국인의 돈도 곧 원화의 저주로 변한다.

즉 한국인의 투자금도 해외로 나가면 다시는 한국으로 들여오지도 못하게 된다고 본다. 말한 것처럼 일본인들은 30년 전부터 투자할 곳이 완전히 사라졌다. 일본은 [그림 8]을 통해 주식과 부동산의 폭락현상이 확인 가능하다.

이처럼 주식, 부동산, 꼬마빌딩, 은행예금, 달러예금, 금 등 전부 투자하면 투자할수록 30년 이상 손해는 쌓여만 갔다. 투자할 곳이 완전히 사라졌다. 이것이 롱텀 디플레이션 현상이다. 롱텀 디플레이션은 10~30년 정도로 장기간 모든 경제를 망가뜨린다.

그래서 일본인들은 이제는 월세용 주택은 물론 살 집도 사기 싫어한다고 앞에서 말한 바 있다. 주식도 국내 주식은 포기하고 외국 주식을 사기 위해 주로 해외로 나간다.

이미 해외에 나가 있는 돈이 3조 5천억 달러로 일본 GDP의 2년치다. 3조 5천억 달러면 일본 GDP의 약 2년치에 해당하는 엄청난 금액이다. 이제는 일본은 물론 한국도 무역흑자가 지속되는데, 소비재 수요나 달러 수요가 지속적으로 더 감소하여 엔화 강세나 원화강세가 실현되고 무역흑자가 지속되는 현상이 바로 불황형 흑자이다.

이는 롱텀, 즉 장기디플레이션의 또 다른 단면이다. 저자는 《일본인의 눈물》이란 저서에서 해외에 투자되었던 일본인들의 투자자금이 일본으로 귀환도 못 하고 국제 금융시장을 떠도는 이 돈을 유령달러(ghost dollar)라고 명명한 바 있다.

해외로 투자될 당시의 환율은 최고 360엔대부터 75엔대까지 골고루 있지만 지금 일본으로 귀국하면 평균적으로 외화 환산 손실만 평균적으로 투자금액의 50~80% 이상이다.

미국 버클리대 배리 아이켄그린(Barry Eichengreen) 교수가 처음 주장했던 '안전통화의 저주'라는 단어는 금융위기 등이 발생할 때마다 국제적으로 안전통화로 대우받고 있는 엔화의 수요가 증가하는 현상을 말한다.

금융위기 등으로 인해 달러나 유로 등의 가치가 폭락함과 동시에 엔화의 가격도 추락해야 맞으나 오히려 엔화는 달러나 유로에 비해서 가치가 약간 상승하거나 하락폭이 미미한 현상을 말한다.

통화가치가 경제상황을 반영하지 못하는 일본 '엔'화의 사례에서 이 안전통화의 저주라는 단어가 비롯된 것이다. 가까이는 2008년 금융위기 시절, 유로화가 폭락하고 파운드화도 브렉시트로 폭락할 때에 엔화와 엔화 표시 국채는 오히려 올랐다.

즉 엔화는 투자자들의 다른 투자 대상이자 출구였다. 2008년 이후 엔은 무려 75엔대까지 급등했었다. 이런 현상은 잃어버린 30년, 즉 롱텀 디플레이션에서 빠져나오려는 일본의 아베노믹스 정책을 하루아침에 물거품으로 만들었다.

아베노믹스란 것은 결국 엔화 가치를 떨어뜨리려는 것이다. 하지만 이루

지 못한 꿈이다. 유령달러는 세계 경제위기 등으로 엔화가 조금이라도 오르는 시기를 틈타서,

즉 외환차손이 조금이라도 줄어들기를 기다렸다가 일시에 많은 돈이 일본 국내로의 반입을 시도하기 때문에 세계 경제위기시에도 엔화는 생각처럼 하락하지 않고 오히려 약간의 강세까지 띠는 것이다.

엔화의 저주의 원인을 '엔화는 안전자산이기 때문이다'라고 말들 하지만 이것이 전부가 아니다. 왜냐하면 엔화만 안전자산이 아니고 달라, 파운드도 안전자산이기 때문이다. 일본 내의 달러가격은 계속해서 360엔에서 75엔까지 내린 적이 있고 지금은 110엔대다.

일본은 1980년대의 대폭등 후 주식과 부동산이 공히 약 80~90% 정도 폭락했었다. 한국도 이렇게 된다. 우리는 일본과 다르다고 정부와 일부 학자들은 희망사항을 섞어 말한다. 즉 한국에서는 부동산 가격 폭락이 없으며, 디플레도 없다고 말한다.

그러나 한국도 전 세계도 일본 같은 자산시장의 폭락은 피할 수 없다. 일본식 롱텀 디플레이션을 한국도 피할 길이 없는 이유들을 설명하고 이에 맞는 투자 방법을 안내하는 것이 본 저서의 목표다.

자산시장의 일시적 폭등 후 이어지는 폭락 사태는 거품 붕괴로부터 출발한다. 우리나라의 원화는 국제통화가 아니지만 위기 시마다 찾아오는 일

본의 엔고 현상에 빗대서 앞으로 우리나라 통화도 원화의 저주에 걸릴 수 있기에 '원화의 저주'란 단어를 제목의 일부로 쓰게 되었다.

최근 경제상황의 악화 속에서도 달러·원 환율이 내려가자 우리나라도 엔화와 같은 저주에 빠져든 것이라는 주장이 나온 바도 있다. 전문가들은 글로벌 금융시장에서 아직 원화는 안전자산이 아니라고 보기 때문에 엔화의 저주처럼 원화의 저주는 생겨나지 않는다고 말한다.

그러나 세계 제일의 제조업 경쟁력을 기반으로 튼튼한 경제와 막대한 외환 보유고 및 캐나다, 스위스 등 기축통화국과의 무제한 통화스와프 협약 등을 감안하면 향후 원화도 변동 폭이 작은 통화가 될 것으로 보이며 위기 시에는 오히려 강세를 띨 것으로 보인다.

일본인들은 국내 금융시장에는 투자할만한 금융상품이 전부 사라졌으므로 정부와 전문가들과 증권회사들의 권유로 해외투자로 나섰지만, 30년 이상 지속되는 엔고로 해외투자한 돈은 환차손이 커져서 아무 때나 귀국도 못 한다.

나갈 때와 현재의 엔화 환율 차이 때문에 애써 번 해외투자금의 본전까지 까먹는다. 따라서 환차손으로 인해서 내 돈을 귀국시키기가 너무나 거북하다.

몇 년 전에 한국은 일본에서 오래전에 유행했던 수익성 자산 투자열풍을 배워서, 아직도 월세용 주택과 상가를 기웃거린다. 지금은 숫자상으로만 더 높은 수익률에 대한 막연한 기대와 금융회사나 전문가들의 권유로 해외로 나가는 한국인의 돈도 일본인들의 엔화처럼 곧 원화의 저주로 변한다.

위기탈출을 위해 엄청나게 풀린 달러가 자산시장을 부풀려 억지로 밀고 올라가고 있다. 그러나 이번 30~50%의 폭등을 끝으로 한국도 1990년대의 일본처럼 대붕괴를 하게 된다.

이번의 롱텀 디플레이션과 이에 처한 일본을 완벽히 이해하고 눈치챈 한국 재벌은 삼성이 유일하다고 본다. 그들은 선대부터 이른바 동경구상을 통해 몇십 년간 일본 공부에 정성을 들인 재벌이다.

삼성은 롱텀 디플레를 대비하여 심지어 선대의 얼이 깃든 본관까지 팔아, 현찰 100조를 LTD 대비용으로 만들어 보관 중이다. 무섭도록 대단한 기업이다. 곧 한국도 일본처럼 될 수밖에 없는 현실을 파악하고 전부 현찰에 베팅한 것으로 보인다.

또 우리나라 큰손들도 투자할 곳이 완전히 사라지는 롱텀 디플레이션이 왔음을 이미 눈치챈 것 같다. 왜냐하면 10억 이상 예금이 급격히 늘어나 2020년에 이미 617조나 된다. 큰손들은 눈치 빠르고 이익에 가장 민감하다.

추정컨데 롱텀 디플레로 온 세상이 난리일 때, 즉 향후 10년 이내에 판금액의 10~20% 정도로 사정하는 매수자를 도와주듯이 하면서 팔았던 삼성 본관을 되사게 될 것으로 본다. 물론 보관 중인 100조도 제대로 투자될 것이다.

일본의 대공황 즉 롱텀 디플레이션은 아직도 아무도 해결 못 한 상태다. 우리나라도 생산활동가능인구의 감소, 가계부채의 과다, 소구형 주택담보대출 제도 등이 일본과 꼭 같아 그 충격은 엄청날 것이다.
피할 수 없다.

누구나 알듯이 디플레 시대에는 현금이 왕이다. 디플레 기간이 길고도 긴 롱텀 디플레 때에 현금의 위력은 가히 폭탄급이다.

기존 투자 자산들은 모두 무차별적으로 80~90%까지 폭락한다!
저서에서 안내한 투자재산들은 오히려 80~90%는 폭등한다. 왜냐하면 맥쿼리인프라 펀드, 국채는 금리가 1% 내림에 따라 그 가격이 최소 7~14%가 폭등하기 때문이다.

따라서 이번 기회를 잘 활용한 월급쟁이와 가난뱅이도 노동자에서 자본가로 바로 신분상승까지 할 수 있는 기회가 온다. 90% 폭락한 자산을 90% 급등한 자산을 팔아 10배 이상으로 재산을 불려 갈 수 있는 천재일우의 기회다.

게다가 한국의 롱텀 디플레는 일본의 롱텀 디플레보다 더 강력하고 신속히 진행된다. 그 이유는 바로 인구에 있다. 한국의 베이비붐 세대 숫자와 총 인구 대비 비율로 알 수 있다.

일본의 단카이 세대(1947~1949년생, 680만 명)는 한국의 베이비붐 세대(1955~1963년생, 720만 명)보다 인구도 40만 명이 더 적다. 총 인구 비중으로 보면 일본은 한국의 14.4%보다 더 낮은 5.7%로 1/3 수준이다.

숫자상으로만 계산하면 그리고 해리 덴트의 주장처럼 인구가 가장 큰 디플레이션 사유라면 일본의 디플레 속도보다 한국의 인플레 진행속도가 2.5배나 빨리 진행될 수 있다는 뜻이다.

한국에서는 일본의 잃어버린 30년의 부작용이 불과 12년 만에 나타날 수 있다는 뜻이다.

일본의 인구는 한국의 5천만 명보다 약 2.5배 정도가 많은 1억 2천만 명이나 되기 때문이다. 이것마저도 빨리빨리 현상이 나타날 것도 우려한다. 한마디로 한국은 일본보다 더 급격한 롱텀 디플레가 온다.

한국도 이번 30~50%의 폭등을 마지막으로 일본처럼 투자할 곳이 완전히 사라진다는 사실을 꼭 명심하고 미리 대비하여야 한다. 미리 대비하지 않은 부는 타인에게 이동된다.

타인에게 자신도 몰래 부가 이동되는 것을 피하기 위해서는 누구나 본 저서를 2~3회 정독하길 권한다. 사실 롱텀 디플레이션을 본격 연구한 책은 저자의 《한국의 눈물, 한국도 일본처럼 투자할 곳이 완전히 사라진다》 이 책이 유일하다고 본다.

롱텀 디플레이션 시에는 투자할 금융상품은 몇 가지 되지도 않는다. 최근에 인버스 ETF 상품들이 몇 가지 출시되었지만 그전에는 공매도 기회마저 박탈당한 일반 투자자들은 대세하락 시에도 사실상 속수무책으로 떨어지는 주가를 그대로 받아들이거나 전부 팔고 호경기를 기다려야만 했었다.

인버스 ETF상품들로도 롱텀 디플레이션 시에는 주가가 장기적으로 폭락하므로 큰 이익을 볼 수 있으나 배당금이나 이자가 별도로 나오지 않으므로 수시로 매도하여 수익을 실현해야 된다는 불편함이 있다.

롱텀 디플레이션 시에 재산을 확실하게 늘려 갈 수 있는 투자상품으로, 맥쿼리인프라펀드, 국채와 주택연금을 차례대로 소개한다.

제 2 부

CONTENTS

챕터 8	부의 이동은 환율변동이 주요인이다!	149
챕터 9	디플레이션 시대의 성공투자 전략	160
	A. 숏텀 디플레 시의 투자전략	
	B. 롱텀 디플레 시의 투자전략	
챕터 10	디플레를 이기는 대안투자법	169
	A. Diamond 재산 二分法: 1조 재산도 영원히 지킨다	
	B. 맥쿼리인프라 펀드	
	C. 국채	
	D. 주택연금	

제2부

부의 이동

국민들의 부가 계층 간에 이동하는 시기는 전쟁, 금융위기, 인플레, 디플레 등이다. 선진국이 될수록, 즉 사회가 정적인 단계에 접어들면 계층 간 부의 이동은 거의 일어나지 않는다. 말을 바꾸면 가난과 부는 거의 다 그대로 세습된다.

어찌 보면 로또만이 유일한 희망이 되는 것이다. 그러나 로또보다 더한 부의 이동 기회가 왔다. 바로 롱텀 디플레이션으로 모든 실물 자산의 가격이 10년 이상 급전직하로 추락하는 단계에서 현금 및 현금등가물을 가진 자의 부는 예금이자 등으로 절대적 가치도 늘어나지만 현금 등의 상대적인 가치는 기하급수적으로 늘어난다.
즉 디플레이션 시의 부는 실물 자산(부동산, 주식, 금 등) 보유자에게서 현금자산 보유자에게로 저절로 이동한다.

인플레이션 시에는 이와는 반대의 현상이 나타난다. 그동안 우리가 지켜보아 왔던 토지 신화나 부동산의 지속적인 상승이 바로 이 현상이었다.

디플레이션 중 롱텀 디플레이션의 경우는 역시 일본의 예를 들지 않을 수 없는데, 잃어버린 30년 동안 실물 자산은 현금에 비해 약 80~90%나 하락하였다. 약 1/5 가격으로 폭락한 것이다.

1929년 대공황 당시의 미국의 예로 다시 확인해 보자. 미국에서도 상대적인 가치가 87.1%나 변동되었음을 챕터 2에서 확인할 수 있다. 전부 상대적인 가치의 변동으로 인한 부의 이동이다.
이를 보면 부의 몰락이 오기 전에 부를 현금 및 현금등가물로 이동시켜 두는 것이 현명함을 알 수 있다.

따라서 5년 이상 지속되는 디플레이션인 롱텀 디플레이션의 도래를 미리 알고 디플레를 이기는 투자수단으로 투자해 두면 재산을 4~10배로 늘려 가면서, 대처하지 못한 투자자들에 비해 세월이 갈수록 재산이 폭증하게 됨을 알 수 있다.

롱텀 디플레 시에는 한마디로 '역(逆)다이아몬드 달러투자법'과 '빅사이클 순환투자법'에 따라서 투자해야 한다.

우리나라도 이미 부의 몰락은 시작되었다. 재산 가격의 변동은 시세의 변동도 그 원인이 되지만 주로 달러가격의 변동이 가장 큰 원인이 됨을 알아야 한다.

챕터 8

부의 이동은
환율변동이 주요인이다!

앞으로 부의 이동은 가파른 속도로 일어나며, 사회적인 혼란도 당연히 더욱 많아진다. 부의 이동은 주로 통화의 증발이나 환율 폭등, 환율 폭락 시에 생겨난다. 이 중 심각할 정도의 부의 급격스런 이동은 역시 하이퍼인플레이션과 롱텀 디플레이션 시에 생겨난다.

달러를 일상의 화폐로 쓰지 않는 나라에 존재하는 모든 물건 즉 부동산, 주식 등의 가격은 달러가격 즉 환율이 그 가격을 결정 혹은 변동시켜 준다.

달러가격에는 국제 가격과 국내 가격이 존재한다. 달러의 국제 가격은 바로 달러인덱스 가격을 말한다. 6개국 통화와 미국 달러화와의 평균적 가치를 대비한 수치가 바로 달러인덱스이다.

6개국 통화 비중은, 유로 57.6%, 엔 13.6%, 파운드 11.9%, 캐나다 달러 9.1%, 크로네(스웨덴) 4.2%, 프랑(스위스) 3.6%이다.

달러환율은 국가마다 다르기 때문에 달러가치가 절대적으로 올랐는지 내렸는지를 판단하려면 달러인덱스로 판단하는 것이 정확하다고 할 수 있다. 달러인덱스 가격은 1973년 3월을 기준점(100)으로 보고 FRB에서 작성·발표한다.

따라서 달러의 국제 가격과 국내 가격은 큰 관계가 없으며 일본 엔화의 비중은 13.6%이므로 엔화가격도 국제 달러가격과의 관계는 별로 없다고 할 수 있다.

유로화가 비중이 절반이 넘으므로 유로화가 가장 큰 영향을 끼친다고 할 수 있다. 한국의 원화는 6개국 통화에도 들지 못하므로 달러인덱스에 전혀 관계가 없다고도 할 수 있다.

[그림 17] 달러의 국제 가격: 달러인덱스(1973.1.~2019.12.)

[그림 17]과 [그림 18]을 통해서 달러의 국제 가격과 국내 가격을 살펴보자.

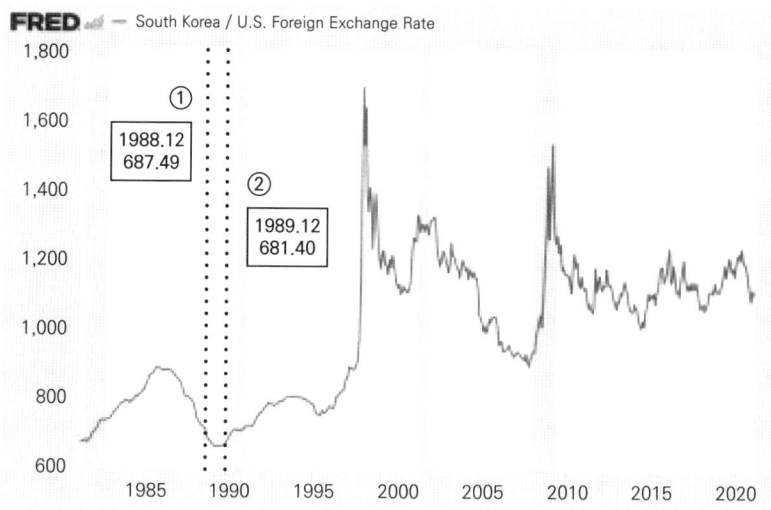

[그림 18] 달러의 한국 내 가격(1981.4.~2021.4.)

환율 예측은 쉽지 않지만 앞으로의 추세 변동을 판단하는 기준으로 달러 인덱스 그래프를 보면 달러의 국제 시세는 거의 지속적으로 하락해 왔음을 알 수 있다. 앞으로도 달러는 하락 추세일 것으로 예측한다.

하루 1.5% 정도의 큰 변동을 추세방향의 변곡점으로 쓰면 맞는다고 저자는 경험적으로 알고 있다. 앞에서 설명한 대로 롱텀 디플레이션이 진행되는 동안 당사국의 달러가격은 폭락한다.

그 이유는 경제학자들이 연구할 과제라는 것도 이미 말한 바 있다.

어쨌든 롱텀 디플레이션이 30년 이상 진행되고 있는 일본을 보면 환율의 대폭락 현상을 볼 수 있다. 저자도 원화의 급등과 달러의 하락을 예상하고 있다. 다른 보도를 통해서도 발표된 달러가격 하락을 예측하는 기사들을 살펴보자.

(1) 2020년 6월 19일 자 〈BUSINESS plus〉의 "달러 '특권시대' 끝났다"라는 제목의 기사를 보면, 달러값 35% 추락은 불가피함을 알 수 있다.

(2) 〈한국경제〉의 2020년 9월 2일 자 "추락하는 美 달러값… '앞으로 40% 더 떨어질 것' 관측도"라는 기사를 보면, 달러값은 2024년까지 유로화 대비 40% 더 떨어질 것으로 예측할 수 있다.

(3) 〈조선일보〉 2020년 8월 20일 자 "달러 가치 10% 빠지고 금값 35% 뛰었다"란 제목의 기사를 보면, 코로나로 인해 달러 가치가 떨어지면서 달러패권이 흔들리고 있음을 파악할 수 있다.

이처럼 많은 전문가들이 달러의 가격 하락을 예측한다.
[그림 17]처럼 실제로 달러인덱스 그래프를 따로 떼어서 봐도 달러값이 장기적으로 하락추세임은 분명하다. 달러 가치가 하락한다는 뜻은 각국의 화폐가치는 오른다는 것을 의미한다.

게다가 영국의 BP(British Petroleum)는 2020년 7월 초 중국에 이라크산 원유 300만 배럴을 인도하면서 중국 통화인 '위안화'를 받았다. 세계 주요 석유회사 중 원유를 '달러화'가 아닌 위안으로 거래한 첫 사례다.

"중국, 예상보다 5년 더 빨리 미국 제치고 세계 1위 경제대국 된다"란 제목의 2020년 12월 26일 자 〈뉴스1〉 기사를 보면, 영국 싱크탱크 경제경영연구소(CEBR)는 연례 전망보고서를 통해 중국이 예상보다 5년 더 빠른 2028년 미국을 제치고 세계 1위의 경제 대국이 될 것이라고 전망했다.

그러나 IMF에 따르면 각국 중앙은행들의 외환보유액 중 위안화 비중은 아직은 2%에 불과하다. 달러 62%, 유로화 20.1%, 엔화 5.7%, 파운드 4.4%로 위안화는 제일 꼴찌이다.

한편, 중국 중앙은행인 인민은행은 세계 처음으로 '디지털 화폐'를 발행했다. 디지털 위안화는 미국의 달러패권에 대한 중국의 도전장으로 보인다. 그러나 지금은 미국의 금융시스템을 벗어나서는 아무도 달러를 이용한 금융거래를 하지 못한다.

한마디로 중국의 도전은 아직은 아니다.
하지만 장기적으로 중국의 디지털 화폐 기술이 확산되면, 중국과 거래하는 나라와 기업은 미국 금융시스템을 이용하지 않아도 되어 달러시스템이 약해지게 되므로 미국은 이를 예의 주시하고 있다.

미국에서는 달러의 거래와 교환이 자유로우며 환율과 금리를 조작하거나 달러의 처분을 규제하지 않는다. 그래서 세계인들이 달러를 믿고 투자하는 것이다.

반대로 중국 위안화는 중국이 G2 국가이지만 기축통화는커녕 투자 대상으로도 꺼림칙하다. 힘들게 모은 전 재산이 정부의 규제로 하루아침에 사라질 수도 있기 때문이다.

월가에선 달러 가치가 지금보다 더 떨어질 것이라는 데 이견을 다는 전문가가 별로 없다.

앞으로 달러가격이 떨어진다면 [그림 11]을 보면 알 수 있듯이 앞으로 금가격도 더 떨어질 것이라고 예측하는 것과 같다.

관건은 달러가격은 앞으로 얼마만큼, 언제까지 하락할 것이냐이다. 그러나, 미국을 대적할 나라는 100년 안에는 출현하지 못할 것이다. 중국은 미국과 무역이 단절되면 경제와 금융이 대혼란에 빠져 몇 달 버티지도 못한다.

미국은 전 세계 부의 1/4을 생산하고 인구는 4억에 가까우며 태평양과 대서양을 장악하고 있다. 또한 미국은 150여 개국에 군대를 파견하고 있을 정도로 막강하다. 달러는 거의 유일한 국제통화이다.

우리는 달러의 움직임과 주식, 아파트 금 등등 다른 재화의 움직임을 비교하여 앞으로의 경기가 디플레이션이냐 인플레이션이냐를 예측할 수도 있다. 다이아몬드 달러투자법에 따르면 달러가격이 모든 물건값을 결정한다.

미국 달러는 미국 국내에서는 현금이지만 미국 밖에서는 제일 중요한 재산 중 하나이다. 미국 밖에서는 평상시에는 현금이지만 위기가 닥치면 달러는 돌연 재산적 성격이 더 강해진다.

국제간의 모든 거래는 거의 다 달러로 거래된다. 즉 미국 달러가 전부다. 달러를 알아야 재테크든 국가 경영이든 성공한다.

달러가 진정 전부인 곳은 아르헨티나이다.
아르헨티나 국민들은 그들의 국내 부동산을 매매할 때에 그들의 화폐인 페소가 아니라 달러로만 거래한다.

단순히 환율 변동에 따른 가격 변동이 부동산의 가격에 더 큰 영향을 주므로 그들은 순수하게 수요와 공급에 따른 가격 변동분만 부동산에 반영하기 위해 이제 달러로만 부동산을 거래하는 것이다. 그만큼 아르헨티나 국민들은 현명해진 것이다.

같은 남미국가인 베네수엘라는 모든 생필품을 달러로만 거래하기 시작했다. 생필품에 적용되는 원리 또한 아르헨티나 부동산 거래 시에 적용되는 달러가격 변동분을 제외하고 거래하는 원리와 같다.

달러가격 변동이 극심한 나라들에서는 단지 달러가격의 하락과 상승에 따른 재산들의 가격 변동은 무시하고 단순히 수요와 공급에 따른 가격 변동만을 반영하여 재화를 거래하기 시작한 것이다.

대중은 현명하다. 그들이 옳은 것이다.
정부에서 시킨 것이 아니라 경험을 통해서 알게 된 것이다.

롱텀 디플레이션하에서는 특히 역주행 투자를 하기 쉽다.
평상시, 즉 숏텀 디플레이션과 인플레이션하에서 재산 가치가 있는 모든 것들은 달러의 방향과 반대쪽으로 가격이 형성되는 사실을 롱텀 디플레이션 시에도 그대로 적용해서는 안 된다.

숏텀 디플레 시, 모든 투자는 달러의 방향과 반대로 투자해야 한다고 주창하였다. 주식과 아파트, 달러, 국채 등등 전부 다 그렇다. 금, 은, 원유도 마찬가지다. 그러나 롱텀 디플레이션에서 투자 방법은 또다시 반대로 바뀐다. 롱텀 디플레하에서는 달러의 방향과 같은 방향으로 투자해야 살아남을 수 있다.

이 사항은 경제전문가들도 모르는 일이다.
이른바 금과옥조다.

바로 일본의 1990년 이후 약 40년간 달러와 다른 재산과의 관계를 추적해서 도출한 결론이다. 국내 달러가격 등락에 따라 내 투자재산에 엄청난 변화를 초래한다는 사실을 항상 명심해야 한다. 달러가격 변동 즉 환율변동으로도 나의 부가 나도 몰래 남에게로 이동된다.

달러가 오르면 전 세계의 모든 주식과 아파트 금 원유 등은 비례해서 내리고 달러가 내리면 전 세계의 모든 주식과 아파트, 금, 원유 등 실물은 비례해서 가격이 오른다.

그 이유를 간단히 설명해 보자.
삼성전자 주식을 사고 싶은 어떤 미국인이 있다고 치자. 삼성전자 주식의 가격은 변동이 안 된다고 생각하고 얘기를 풀어 보자.

삼성전자 1주 59,000원… 환율 1,100원… 미국인을 포함, 외국인이 살 경우 53.6$로 한 주를 살 수 있다.

삼성전자 1주 59,000원… 환율 800원… 미국인을 포함, 외국인이 살 경우 73.75$로 한 주를 살 수 있다.

같은 삼성전자 주식 1주를 사는데, 환율이 내리면 미국을 포함한 외국인들은 달러의 국내 가격이 내려서 73.75-53.60=20.15$를 더 주고 사야만 한다.

환율 변동에 따라 실제로 한국 내에서는 삼성전자 가격이 오르지도 내리지도 않는다고 가정했으니까 실제로 환율이 내렸을 때 즉, 국내 달러가격이 싸졌을 때 사면 외국인은 삼성전자 1주당 20.15$를 더 줘야 살 수 있는 것이다. 환율이 내리면 한국 내에서 삼성전자 주식은 가격을 20.15$만큼 올려 받아야 제 가격을 받는 것이 된다. 따라서 한국 내에서 삼성전자 가격은 1100/800×100%=37.5%가 급등하지 않을 수 없다.

기업 내용이 아무런 변동이 없는데, 단지 환율 급락으로 37.5%를 더 주고 삼성전자를 살 외국인이 있겠는가? 결국 원화 강세는 한국 자산가치를 높여 주고 외국인 투자자에게 환차익을 가져다준다.

원화 강세가 추세적이라면 외국인들은 환차익의 매력 때문에라도 우리나라 주식을 안 살 수가 없다. 1985년 플라자 합의 이후 일본 자산시장에 불어닥친 달러 자금의 돌풍을 생각해 보면 알 수 있다.

흔히들 원화 강세는 국제경쟁력 약화 때문에 수출에 부정적이라고 말들 하지만, 이제 한국도 옛날의 한국이 아니다. 사실상 제조업 국제경쟁력 1위 국가로 본다. 품질경쟁력으로도 당당히 세계 1위 아니면 2위다.

따라서 환율 급등을 걱정할 이유가 없고 품질경쟁력 확보로 환율 하락에 따른 가격 전가도 가능한 수준이 되었다. 인플레이션이든 하이퍼 인플레이션이든 달러가 유리함은 당연하다. 그러나, 롱텀 디플레이션 시에는 달러는 아니다.

롱텀 디플레가 발발한 나라의 국내 달러는 일본처럼 폭락한다. 우리나라에도 2016년에 이미 롱텀 디플레이션이 도래해 있음을 앞에서 설명하였다. 이것이 원화강세의 가장 큰 원인이 된다.

그 강도 또한 막강함을 [그림 6]으로 확인할 수 있다.
롱텀 디플레가 계속되고 있는 일본 내의 국내달러가격 추이를 보자.

1989.12월에,   1달러를 사려면 143.80엔을 내야 했다.
1990.4월에는,   1달러를 사려면 158.85엔이었다.
1995.4월에는… 1달러에 84.40엔이면 1달러를 살 수 있었다.
대세하락 5년만인 1995.4월까지 일본 국내 달러는 46.9%가 폭락했다.
엔화의 초강세였다. 아직도 강세 중이다.

롱텀 디플레이션이 도래한 국가에서의 달러는 대폭락세를 맞을 운명인 것이다. 롱텀 디플레이션의 주요 현상이 바로 발생국 국내달러가 폭락하고 주가와 아파트도 폭락하는 것이다.

우리나라에도 이미 롱텀 디플레가 도래해 있으며, 단지 본격화만 아직 안 된 상태임을 알아야 한다.

챕터 9

디플레이션 시대의
성공투자 전략

숏텀 디플레이션이든 롱텀 디플레이션이든 그 징후를 포착했다면 투자할 때에 이를 적용해서 성공한 투자로 이끌어야 함은 당연하다. 그 전략들을 검토해 보자.

과제는 호경기 시절이 아니라 막 불경기에 들어서면서부터의 투자기법을 정리하는 것이다. 즉, 우선은 우리 생애 마지막일지도 모르는 자산시장의 마지막 폭등세 혹은 상승세 후에 찾아올 거품 붕괴가 예전처럼 숏텀 디플레이션으로의 진입할 것인가, 아니면 우리나라도 사상 최초로 롱텀 디플레이션이 본격화되느냐를 판별하는 것이 가장 중요하다.

왜냐하면 그 결과에 따라 투자 방법이 달라지기 때문이다. 우선 숏텀 디플레이션과 롱텀 디플레이션으로 구분하는 요령은 앞 챕터 5에서 설명한 바 있다.

사실 숏텀 디플레이션이냐 롱텀 디플레이션이냐를 포착하는 것은 쉬운 일은 아니다. 그러나, 디플레이션에 진입하면서 처음부터 롱텀 디플레이션으로 진입한 일본의 경우가 있고, 숏텀 디플레이션이 진행되다가 갑자기 롱텀 디플레이션으로 진행되는 경우도 있을 수 있기 때문이다.

정상적으로 달러가격과 주가지수가 정상적으로 움직이다가 움직임이 이상해지면 판단해 보아야 한다. 우선은 가장 손쉬운 포착방법은 매일매일의 주가지수 움직임과 달러의 움직임을 살펴보는 일이다.

코스피가 급등하면 달러가격은 폭락하는 것이 보통의 주식시장의 움직임 패턴이며 이런 거래가 정상적인 움직임이다. 이것이 바로 우리가 늘 봐 오던 평상시의 주가와 달러의 관계이다.

이런 경우에는 항상 다이아몬드 달러투자법에 따라서 매매하면 된다. 숏텀 디플레, 즉 통상의 경기나 불경기하에서는 모든 자산은 달러와의 반비례 관계가 성립한다. 달러와 주가, 아파트, 금 원유 등의 관계는 반비례한다.

그러다가 어느 순간 이런 반비례 관계가 무너지기 시작하면 주의 깊게 살펴야 한다. 이것이 숏텀 디플레이션의 진입여부를 판단하는 가장 편한 판단법임은 앞에서 이미 설명한 바 있다.

그리고, 앞에서 왜 마지막일지도 모른다고 말을 하느냐 하면, 저자는 이번의 경기하락이 롱텀 디플레이션의 본격 진입으로 보고 있고 이 롱텀 디플레이션은 2043년쯤에야 끝나리라고 저자는 보고 있기 때문이다.

A. 숏텀 디플레 시의 투자전략

따라서 숏텀 디플레이션인 경우에는 다이아몬드 달러투자법이 그대로 적용되므로 통상의 투자 방법대로 투자하면 된다. 거품이 터지는 순간 주식을 팔고, 빅사이클(Big Cycle) 순환투자법에 따라서 달러로의 교체매매 순서로 진입하면 가장 적절한 투자가 된다.

저자가 주창한 Diamond 달러투자법에 따라 투자하면 단기간에 재산을 4배로 불려 갈 수 있으며, 내 재산 가격의 미래를 전부 다 예측하면서 매매할 수 있다.

[그림 19]를 보면 원유 가격과 달러가격은 다이아몬드 달러투자법에 따라 반대로 움직임을 알 수 있다. [그림 19]의 위 그림은 달러 국제 가격이고 아래 그림은 원유 국제 가격이다.

달러국제 가격은 2006년 1월을 100%로 본 백분율 그래프이므로 달러와 원유, 금 등의 상관관계를 살펴보기에 훨씬 더 편리하다.

[그림 19] 2016년 1월 2일~2021년 2월 28일(6년)간 달러인덱스와 원유 가격의 반비례 관계

두 그림을 관통하는 수직점선 ①과 ②는 같은 연월의 달러가격과 원유 가격을 볼 수 있는 점선이다. 환율이 오르면 원유가 내리는 것을 볼 수 있다. 달러가 내리는 경우에는 원유가 급등한다. 폭등률과 폭락률도 거의 같다.

결국 달러의 국내 가격을 예측할 수 있다면 자신의 미래 재산 가격 예측까지 가능하다. 따라서 일반 투자자들은 하루하루의 환율은 외환딜러들에게 맡기고, 장기간의 환율은 긴 안목으로 예측해서 스스로 투자에 나서야 한다.

B. 롱텀 디플레 시의 투자전략

지금까지 전 세계적으로 롱텀 디플레이션을 본격적으로 연구한 학자나 연구소 등이 없음은 주지의 사실이다. 달러와 재산 가격이 역다이아몬드 달러투자법대로 움직이는 이런 현상은 저자가 제일 먼저 밝혀낸 가장 대표적인 롱텀 디플레이션 현상이다.

우리나라도 이미 2016년에 롱텀 디플레이션에 진입해 있음을 [그림 10]으로 설명한 바 있다. 단지 아직은 본격화가 되지 않은 상태라는 점이다. 롱텀 디플레이션에 이미 진입된 것은 맞지만 다이아몬드 달러투자법이 계속 유지된다면 참 애매한 경우가 된다.

왜냐하면 롱텀 디플레와 숏텀 디플레는 투자 방법과 퇴치 방법이 완전히 달라지기 때문이다. 즉 롱텀 디플레이션을 숏텀 디플레이션으로 오해하고 순환매 순서에 따라서 달러를 사면 절대로 안 된다. 롱텀 디플레이션의 본격화로 판단된다면 바로 모든 자산을 팔고 현금을 보유하거나 현금보다 더 좋은 국채 등을 보유해야 한다는 점이 크게 다르다.

사실 숏텀 디플레이션에서 롱텀 디플레이션으로 진입하는 순간을 포착하는 것은 쉽지 않다. 그러나 약 10 거래기간 중에 6~7일간 달러가격의 변동 방향과 주가지수의 변동 방향이 같다면 롱텀 디플레의 시작으로 보면 될 것 같다.

전 세계에서 최초로 롱텀 디플레이션을 겪고 있는 일본의 '잃어버린 30년'을 보면, 주식도 내리고 아파트도 내리고 달러도 내린다.

단순하게 사고 싶었던 주가와 아파트가 많이 내렸다고 사거나, 달러와 금이 싸졌다고 투자해서는 절대 안 되는 것이 바로 롱텀 디플레이션 시의 투자요령이다. 롱텀 디플레이션이 도래하면 모든 재산은 폭락한다고 수차례 이야기한 것을 기억해야 한다.

롱텀 디플레이션 시에는 오르는 재산이 아무것도 없음을 알 수 있다. 롱텀 디플레이션 기간에는 예금금리도 대출금리도 제로수준까지 심지어 마이너스 금리까지도 내려간다. 즉 모든 것이 다 내려가므로 더 이상 국내에는 투자할 곳이 사라진다.

그래서 일본인들은 해외투자로 약간의 투자이익을 얻었더라도 지속적인 엔화 강세로 일본 국내로 반입을 시도하는 순간 엔화로 환산해 보면 엄청난 손실을 보고 있음을 알게 된다.

우선 롱텀 디플레 시대의 한 단상으로 맛보기 기사들을 살펴보자.

"'아파트가 부러워'… 2.9억 쇼핑점포, 경매서 1,777만 원에 낙찰" - 신도림테크노마트 점포, 13회 유찰 끝 겨우 낙찰(김미영, 〈이데일리〉, 2020.08.17.)

롱텀 디플레 시대가 되면 이런 연이은 유찰 사태가 일반화된다. 루비니 교수도 "코로나로 10년간 경기침체 올 것(권영미, 〈news1〉, 2020.05.23.)"이라고 말했다.

2020년 7월 2일 자 〈한국경제〉 기사에서는 "日 경제, 코로나 수습돼도 230조엔 손실… 영원한 마이너스 가능성도" 있다고 보도했으며, 일본은 내년에도 저성장이 이어져 2029년 이후에는 영구적으로 마이너스 성장을 이어 갈 것으로 분석됐다.

디플레이션 시대의 최고의 성공투자 전략은, 숏텀 디플레인가, 롱텀 디플레인가를 구분하고 결과에 따라서 반대로 투자하면 된다.

1988년 일본에서는 약 1년간 30%의 달러가격 급등과 니케이지수의 29% 급등을 끝으로 거품붕괴와 함께 달러는 급락하고 니케이지수도 급락했다. 즉 일본의 경우에는 달러와 주가의 급등부터 롱텀 디플레이션이 출발하였다는 사실이다.

그런데, 달러가격이 다른 통화에 비해 서서히 추세적으로 30~40% 더 내릴 것으로 외신들은 보도하고 있기 때문에, 외신들 말대로 완만하게 달러가격이 내린다면 롱텀 디플레이션으로 바로 진입하는 것이 아닐 수도 있다고 보는 것이다.

저자도 이미 2018년 1월부터 《자식들에게만 전해주는 재테크 비밀수첩》이란 저서에서 달러의 급락보다는 지속적인 달러 약세를 주장한 바 있다.

지금 현재에도 세계적인 롱텀 디플레이션이 이미 2016년부터 도래해 있다. 미국에 거주하는 사람들이 보유한 달러는 현금이므로 여타 자산이 폭락함에 따라서 현금 가치는 저절로 폭등한다. 따라서 미국 거주자는 달러 현금(달러)을 많이 보유할수록 부를 쌓게 된다.

그러나 롱텀 디플레이션이 세계적으로 본격화되면 미국 거주자인 경우를 제외하고 롱텀 디플레이션이 본격화된 국가에서는 달러는 더 이상 현금이 아니라는 점이다. 미국 거주자가 아닌 경우 롱텀 디플레 국가에서는 달러는 현금이 아니라 투자자산이 되므로 투자하면, 즉 보유하면 안 된다.

즉 미국 거주자가 아니라면 달러는 롱텀 디플레이션이 발발한 기간 동안에는 현금이 아니라 재산이 되므로 폭락하게 된다. 일본 국내의 달러가격 폭락상황을 보면 얼마나 심각할 것인지를 알 수 있다.

1988.12월의 일본내 달러가격과 현재의 일본 내의 달러가격을 [그림 6]으로 개략적으로라도 확인해 보라! 결국, 롱텀 디플레이션 시대에는

현지의 현금과 현금등가물이 왕이라는 사실을 항상 잊지 말아야 한다.

이때는 달러는 아니다. 달러도 폭락함은 이미 설명한 바 있다. 결국 롱텀 디플레이션을 이기는 투자법은 다러는 제외한 현금과 현금등가물에의 투자이다. 이에 관해서는 다음 챕터에서 자세히 알아본다.

챕터 10

디플레를 이기는
대안투자법

전통적으로 재산을 지키는 방법, 즉 재산보전법으로 재산 3분법이 전해져 오고 있다. 재산을 부동산, 주식, 예금으로 3등분해서 보관하면 재산의 안전성과 수익성, 유동성 3가지를 동시에 지킬 수 있다는 방법이다. 그동안 가장 인기 있던 전통적인 재산보전법이다.

결국 부동산 33%+주식 33%+예금 33%로 나누어 두면 안전성과 수익성을 유지시켜 주므로 재산을 보전한다는 뜻이다. 그런데 현재 우리나라 사람들은 아마도 부동산으로 90% 이상을 보관하고 주식이나 예금으로는 10% 이하를 보유할 것이다.

한국도 3050클럽에 7번째로 가입하여 이제는 실제적인 선진국이다. 선진국이 되면 재산 포트폴리오 중 금융자산 비중이 늘어난다. 보통 10년 이상씩 금융자산으로의 머니무브(Money Move) 현상이 일어난다. 통계에 따르면 자기 나이만큼 자산의 포트폴리오가 금융자산으로 이동한다고 한다.

70세면 자산의 70%를 금융자산으로 구성하는 것이 선진국 시민들의 자산 포트폴리오다. 우리나라도 현재 롱텀 디플레 시대를 맞았으니 선진국형으로 재산 포트폴리오를 구성할 절호의 찬스를 맞은 것이다.

그냥 예전처럼 재산 3분법 혹은 재산 2분법에 따라 버티기만 하면 재산이 보전되는 것은 인플레 경제하에서만 통하는 방법이다. 롱텀 디플레이션하에서는 부동산, 금, 은 등 실물 자산의 부는 몰락 과정을 거쳐 현금성자산 보유자에게 자동적으로 이동된다는 점이다.

흔히들 축성(築城)이 어려우냐 수성(守城)이 어려우냐를 가지고 왈가왈부한다. 재산이 5천억 혹은 수조쯤 되는 사람이 재산을 완전하게 100% 지킬 방법도 바로 재산 2분법이다.

저자가 Diamond 달러투자법의 원리를 응용하여 창안한 재산이분법과 전통적인 재산보전법 중 재산 이분법이 또 하나 더 있다. 이는 부동산과 현금이나 주식, 예금 중 또 한 가지를 더하여 재산을 이등분하여 보관하면 재산을 지킬 수 있다는 이론이다. 이 전통적인 재산이분법은 유용성이 많이 떨어져서 별 인기가 없는 재산보전법이다.

저자의 독창적인 연구 결과물인 재산 2분법은 전통적인 재산 이분법과 명칭을 달리해야만 한다. 사람들이 헷갈리지 않게 Diamond 재산이분법이라고 명칭을 바꿔서 사용하기로 한다.

A. Diamond 재산 二分法: 1조 재산도 영원히 지킨다

즉, Diamond 재산 이분법은 달러 50%와 달러 이외의 개별재산 혹은 개별재산의 합을 50%로 나눠 놓으면 어떤 경우에도 재산을 100% 영원히 지킬 수 있는 재산보전법이다. 이 방법은 인플레 경제와 숏텀 디플레 시대하에서만 100% 통하는 재산보전법이다.

바로 다이아몬드 달러투자법에 따라 재산을 배분하는 방법이다.
달러와 부동산, 주식 등 자산과는 반비례 관계가 성립되기 때문이다. 다시 한번 [그림 7]을 머릿속에 저장해 두자!

재산을 보전하는 일이, 즉 평상시와 숏텀 디플레이션 시에 재산을 수성하는 일이 다이아몬드 달러투자법 때문에 너무나 간단명료하게 정리된다. 물론 Diamond 재산 2분법에 의한 재산보전법은 달러를 일상통화로 쓰는 사람과 나라에서는 안 된다. 즉 다이아몬드 달러투자법은 미국 내에서는 통하지 않는다.

이 재산 2분법을 안다면 축성과 수성 중에서 단연코 축성이 더 어려움을 간단히 알 수 있다. 수성은 이 Diamond 재산 2분법으로 너무나 완벽하게 간단히 확보되기 때문이다.

사람들이 흔히 말하는 4대 안전자산에는 금, 달러, 프랑, 엔화가 들어간다. 안전자산이란 재산 가치가 안전하지 않을 때, 즉 자산시장이 불안할 때 투자자들이 선호하는 자산을 말한다.

허공에 떠 있는 금값을 생각하면 세계인이나 한국인이나 안전자산으로 금을 선호하는 것 같다. 하지만 결국에는 롱텀 디플레이션을 맞아 대폭락을 맛보게 된다.

인플레 경제하에서는, 즉 숏텀 디플레이션 시대에는 Diamond 재산 2분법이 그대로 적용되지만 일본처럼 5년 이상 지속되는 롱텀 디플레이션하에서는 Diamond 재산 2분법도 위력을 발휘하지 못함을 유의하여야 한다. 이 재산이분법은 재산을 100% 지켜주긴 하지만 늘려주지는 못하는 결점도 있다. 즉 축성과 수성 중에서 하나를 선택할 경우에 유용한 재산보전법이다.

한국도 이미 롱텀 디플레이션에 진입하였음을 앞에서 누차 설명한 바 있다. 숏텀 디플레이든 롱텀 디플레이든 디플레 시의 최고 강자는 역시 현금이다. 현금 그 자체여도 되고 현금등가물이어도 된다.

현금과 현금등가물이면서 수익을 창출해 주는 맥쿼리인프라 펀드나 국채가 있다. 주택연금은 현금보다도 더 좋은 전통적인 현금등가물 투자법이라고 할 수 있다.

최근에는 KODEX인버스와 국채, 금, 곡물 등 각종 인버스 ETF 상품들도 생겨났다. 국채나 곡물, 원유, 달러등의 인버스 ㅌㅏ 상품들도 활용하면 모든 가격이 내리는 롱텀 디플레이션 시에도 수익을 창출할 수 있다.

인버스 ETF류의 상품들이 탄생하기 전에는 디플레이션 시에는 정말로 투자할 상품이 없었다. 주식, 아파트, 금, 원유 등등 가치가 있는 것들은 전부 가격이 폭락했고, 일반인들은 기관들과 달리 공매도 막혀 있었다. 대응할 방법이 전무했다고 해도 과언이 아니다.

그럼 이제 숏텀이든 롱텀이든 디플레이션이 도래했을 때 투자하기에 좋은 상품을 알아보자.

재산보전보다 재산을 크게 불려갈 수 있는 상품들을 소개하기로 한다. 이 상품들은 숏텀 디플레 시에도 투자하기에 유용하지만, 롱텀 디플레시에 훨씬 더 수익을 많이 가져다주는 상품들이다.

주택연금은 아파트가격이 폭락해도 연금액수는 처음 계약과 같아서 처음 계획대로 생활에 전혀 지장이 없는 것이 최대 장점으로 부각되기 시작한다.

맥쿼리인프라 펀드와 국채의 가격은 롱텀 디플레이션이 진행되는 동안 내내 일본처럼 근 30년간 이상도 금리가 지속적으로 많이 내릴 것이기에, 금리 인하율에 따라서 저절로 천정부지로 뛰어오른다. 일본 등 서구의 여러나라들의 국채금리는 심지어 마이너스 금리까지 내린 적이 있음을 기억해야 한다.

B. 맥쿼리인프라 펀드

국내 사회간접자본에 투자해서 앞으로 매년 675~900원의 분배금(상장회사의 배당금과 같다)을 지급하는 맥쿼리인프라(코드번호: 088980) 펀드라는 상품이다.

주식시장에 상장되어 있으며 1주 단위로 사고팔 수 있다. 우리나라에만 있는 사회간접자본 펀드다. 매년 2회, 6월 말과 12월 말을 분배기준일로 하여 2차례에 걸쳐 이익금을 분배한다.

이 펀드는 호주 맥쿼리은행이 조성, 관리한다. 2043년에 해산하는 시한부 펀드이며, 국채보다도 훨씬 분배금(배당금)이 많고, 이 주식은 MRG(Minimum Revenue Guarantee)로 한국 정부가 최소 수익률을 보장한다.

여기서 MRG란 SOC(Social Overhead Capital, 사회간접자본) 사업에 민간투자를 유치하기 위해서, 사업시행자의 운영수입이 당초 약정한 추정수입의 일정 비율에 미치지 못할 경우 사업시행자에게 재정 지원을 약속하고 부족액을 정부가 지급해 주겠다는 보증 계약이다.

결국 맥쿼리인프라 펀드가 기존에 투자한 모든 사회간접투자사업은 수익성이 보장되는 땅 짚고 헤엄치는 식의 사업들뿐이라는 뜻이 된다. 즉, 사회간접자본인 인천공항 고속도로, 지하철 등에 투자되어 있고 투자 시에 예상 이용률 등을 감안해서 투자된 자금이다.

몇 년 전 국회에서도 MRG는 지나친 혜택이라고 거론된 바도 있을 정도로 큰 혜택이 주어져 있다.

IMF 시절에 생겨났고, 어떤 경우에도 국제적 신인도 때문에 한국 정부는 최저수익률 보장 등 약속을 깨트릴 수도 없는, 일종의 부동산 리츠 같은 성격도 지닌 펀드다.

기부 채납식으로 약 30년이 지나면 투자된 시설이나 사회간접자본을 국가에 반납해야 하는 구조다. 즉 2043년에는 강제 해산되는 시한부펀드다.

이 맥쿼리인프라 펀드는 디플레 등으로 이용이 저조해서 최저 수익률만을 받을 경우도 상정해 봐야 하지만, 금리가 오르면 시세, 즉 가격은 내리고 금리가 내리면 가격이 오른다. 즉, 금리와 역의 관계에 있음은 국고채와 같다. 구태여 따지면 맥쿼리인프라는 2043-2021=22년짜리 국고채와 같다.

한 가지 고려사항은 이 분배금은 예상 분배금이고 경영 실적에 따라서 약간씩 달라진다. 그러나 최저 분배금은 MRG로 이미 정해져 있고, 이익금을 매년 90% 이상 분배하지 않으면 모든 수익은 국고로 환수되므로 이익이 나기만 한다면 배당액은 항상 이익금의 90%가 보장되는 구조다.

국채와 다른 점은 만기 시에 첫 발행가인 5천 원을 일시에 반환하지 않고 3회에 걸쳐서 강제적으로 미리 분할 지급한다는 점이다.

지급 내역을 보면,
2024년에 주당 1,300원,
2032년에 주당 1,300원,
2042년에 주당 2,400원이 강제적으로 반환된다.
2040년까지는 배당 예상액이 연간 675~900원으로 예상된다.

국채나 국채의 성격을 띤 맥쿼리인프라 펀드 등에 투자할 시에는 금리변동 추이분석이 가장 큰 영향을 끼친다. 앞으로 금리 인상을 몇 차례 하면서 가격이 내릴 경우도 미리 상정해서 판단해 봐야 하는데, 이 경우 단기적으로는 가격 손상을 약간은 입을 것이다.

하지만, 월세처럼 배당금을 목표로 한다면 만기 시까지 보유한다고 해도 인플레 경제로 회귀하면서 지속되는 금리 인상만 없다면, 아무런 가격 변동도 없는 것이 된다. 즉 배당금은 같다.

다만 2043년 정도까지는 롱텀 디플레이션 경제가 진행되고, 그 후에 인플레 경제로 회귀하여 향후 70년 이상을 지속하고 금리의 꾸준한 인상시기가 도래할 것으로 보인다. 이때에는 맥쿼리인프라도 기세를 다하는 타임이 될 것이다.

이 경우, 파는 것이 유리하지만, 시세 차익만을 노리는 게 아니라 월세 같은 분배금(배당금)을 위한 투자라면 인플레 경제로 회귀하면서 다시 판단해 보아야 할 타임이 된다.

배당액에서 약 15.4%의 세금을 내야 하며, 금융소득 종합과세나 종합소득세 문제도 같이 검토하여야 한다.

일정 연령 이상이라면 비과세종합저축 한도인 5천만 원을 가입하여 이 펀드를 사면 전액 면세 처리된다. ISA를 가입하여 맥쿼리인프라 펀드를 구입하면 일정 금액(연간 200만 원 혹은 400만 원)까지는 면세 처리된다.

다가오는 롱텀 디플레이션 시대는 현금이 왕인 시대다. 디플레이션 시대에는 현금보다 더 좋은 투자수단은 거의 없다. 그중의 제1이 바로 맥쿼리인프라 펀드이고, 차선책이 국채다.

소득 없이도 매월 고정수입으로 살기를 원하는 경우 롱텀 디플레가 지속되는 한, 이처럼 좋은 투자수단은 없다. 개략적으로 1억당 세전 70만 원 정도의 월수입이 보장된다. 부동산처럼 관리비용도, 큰 거래비용 등도 필요 없으니 이보다 더 좋을 순 없다.

증권 거래세도 면제 대상이다. 한 번 매수하면 이후에는 매도, 매수도 필요 없다. 20년 이상 그대로 보유하며 분배금만을 받으면 되는 자산이니 적극 권한다.

C. 국채

매월 손쉽게 들어오는 월세만으로 살아간다면 누구나 행복하여 인생은 항상 즐거운 것이 될 것이다. 월세보다도 더 편하고 안전하게 국채 이자로 살아가는 방법도 있다.

채권은 국가에서 발행하는 국채와 회사에서 발행하는 회사채, 지자체에서 발행하는 지방채 등등 종류가 많지만 제일 좋은 것은 역시 나라가 망하기 전에는 원금과 이자를 지급하는 국채(국고채)가 무위험 자산임은 누구나 안다. 즉 최고의 채권은 국채다.
그러나 다른 채권에 비하여 이자가 적다.

미국 국채는 달러와 같고 이자도 나오는 것이어서 각국 정부는 외환 보유고(달러)를 보관하는 한 방법으로 미국 국채를 사 두기도 한다. 요즘은 해외에 재산을 투자하는 것이 유행이어서 미국 국채를 사 두는 국내 개미투자자들도 있는 것 같다.

국내에서는 증권사들이 RP 형태로 미국 채권을 상품으로 팔기도 한다.

현재 미국 국채 금리는 약 3%여서 연간으로 환산해 보면 1억 투자 시 이자로 연간 300만 원이 나온다. 여기에서 역시 세금을 15.4% 공제하고 나면 253.8만 원이 된다.

월평균 소득이 21만 원인 셈이다.
흔히들 2인 가구 월 최저생활비로 270여만 원이 필요하다고 하니까 국채 이자로만 살아가려면 적어도 국채를 12억 원어치를 사 놓아야 월 소득 270만 원을 달성하는 것이 가능하다.

이렇게 큰돈을 현찰로 가진 사람도 거의 없을 것이고, 곶감 빼먹듯이 이렇게 투자하는 사람도 거의 없다. 미국과 달리 한국은 나라의 빚이 적어 국채 발행액도 많지 않고 2년물, 5년물, 10년물, 20년물, 30년물 등으로 다양하지도 않다.

거래량이 적어 시세 또한 제대로 형성되지도 않는다. 매매는 역시 증권회사에서 할 수 있는데, 거래량도 미미하여 거래가 쉽지 않다. 현재 우리나라의 30년물 국채금리는 약 2% 정도로 미국 국채보다도 이자가 적다. 국채는 평상시에는 가격 변동이 거의 없기도 하다.

그래서 여러 가지로 개미투자자들에게는 맞지 않는 상품으로 이해하기도 한다. 즉 평상시에 국채는 투자 대상이 아니라고 말할 수 있다. 그러나 개미투자자들도 국채를 꼭 사야 할 때가 있고 꼭 팔아야 할 때가 있다.

국채가 최고라니까, 미국 국채 사러 달려가는 사람이 있을까 봐서 겁난다. 이 경우의 국채에는 미국 국채나 해외 다른 나라의 국채는 해당되지 않는다. 그 이유는 미국 국채는 바로 해외 투자이자 달러투자가 되기 때문이다.

한국의 롱텀 디플레이션은 2013(혹은 2016)년에 시작되었고, 이미 9년 차에 접어들었다. 단지 우리가 아직 피부로 느끼는 정도가 약할 뿐이며 롱텀 디플레가 진행 중에 각국의 양적 완화로 약한 인플레가 한국에도 잠시 진행 중인 것으로 보인다.

롱텀 디플레이션이라고 자타가 인정하게 되면 이미 늦은 것이고, 대개의 경우 우리는 지나가고 나서나 진척이 한참 되고 나서야 알 수 있는 것이다. 따라서 누구나 이번에 마지막으로 찾아온 주식시장, 부동산시장의 대세 상승 기회를 잘 활용하여야 한다.

그 후 양 시장의 대세 하락이 시작됨과 동시에, 즉 롱텀 디플레경제가 본격적으로 피부로 느껴지기 시작하는 때에는 오로지 현찰이 최고라고 것은 누구나 알고 있는 사실이다. 맞다. 오로지 현금만이 자산을 유지시켜 준다. 그런데, 사실 현금보다 더 좋은 자산은 맥쿼리인프라 펀드, 그 다음으로 국채다.

국가에서 발행한 채권이므로 국채는 현금과 마찬가지다. 대한민국이 망하지 않는 한 분기마다 매번 이자를 준다. 만기 시에는 원금은 100%

돌려준다. 보통 이자율은 1~2% 사이이지만 금리가 오르면 채권 가격은 폭락하고 금리가 내리면 폭등한다.

10년짜리 국채라면 금리가 1% 오르고 내림에 따라 채권 가격이 약 7%씩 폭등하거나 폭락한다. 이 7% 정도의 가격 변동에 왜 폭등과 폭락이라는 단어를 쓰느냐 하면 전 재산을 베팅해도 될 만큼 안전해서 국채투자 시에는 큰 금액을 투자하고, 평상시에는 가격 변동도 거의 없는 자산이기 때문이다. 따라서 투자금액이 크므로 1%의 금리 변동에도 단기 매매 차익이 크기 때문이다.

사실 시중에는 국채나 회사채 투자에 관한 두꺼운 책들이 많이 발간되어 있지만, 책 한 권을 읽어 봐야 얻어 낼 수 있는 정보는, 금리가 1% 내리면 10년물의 채권 가격은 7%가 오른다는 사실. 이것이 바로 채권투자의 핵심 정보인데, 이것마저 알려 주지 않는다.

20년물은 금리가 1% 하락하면 당연히 14%가 오르고, 30년물은 21%가 급등한다는 것이 핵심정보다. 반대의 경우는 비례하여 내림은 물론이다.

따라서 이 정보는 중요하므로 개인투자가들은 영원히 잊지 말아야 한다. 어느 나라 어느 시대에도 금리와 수익률의 관계는 같다. 사실 이 정보마저도 공개하지 않는 채권투자 관련 책들이 더 많다.

이 정보는 채권평가 전문회사와 기관투자가들만 공유한다. 한국에는

3~4 곳의 채권평가, 즉 신용평가 전문회사들이 있다.

롱텀 디플레이션(Long Term Deflation)이 진전되면 진전될수록 금리는 꾸준히 내릴 운명이 된다. 보통 국채는 발행금리가 1~2% 이하의 물건이 주류를 이루고 시세, 즉 채권 수익률도 현재에는 0% 정도다.

우리나라도 모든 물건이 값이 내리는 롱텀 디플레이션이 적어도 10년, 일본처럼 길어지면 20년 이상이나 진척되므로 현금의 상대적인 가치는 계속 오르는 것이나 마찬가지가 된다.

즉 현금이 실제로 오르는 것이 아니라 다른 물건, 즉 부동산, 주식, 생필품, 금, 은 등 세상의 모든 물건은 값이 내리니까 현금의 구매력이 더 커진다는 것이다.

그래서 현금이 최고라고 하는 것이다. 이렇게 현금은 액수가 늘지 않아도, 즉 이자가 거의 없이도 최고라는 말을 쓰는데, 국채는 이자에다가 가격까지 오르니 어떤 게 더 좋은가는 불문가지다. 맥쿼리인프라 펀드도 채권 가격과 같이 이자율에 따라서 시세가 변동된다.

증권시장에 채권시장이 별도로 열리고 있는데, 즉 거래되고 있는데, 한국 채권시장은 거래량도 많지 않고, 시세도 제대로 제공되지 않는데, 어떻게 국채를 사느냐고 반문할 수 있다. 이럴 경우를 대비하여 증권시장에는 국채 ETF가 상장되어 있다.

이를 통해서 매매하면 국채 실물을 보유한 것과 같은 효과가 있다는 것도 알아 두어야 한다. 단기채 ETF 국고채, 3년물 ETF 국고채, 5년물 ETF 국고채, 10년물 ETF 국고채, 20년물 ETF 국고채 등등이 상장되어 거래되고 있다.

얼마 전에는 브라질 국채가 시장에서 인기를 끈 적이 있다. 전액 비과세이며 이자도 10%나 된다. 브라질 화폐가치가 아무런 변동이 없었다면 연간 10%의 브라질 국채는 최고의 투자자산이 된다. 한국의 정기예금 금리가 2%에 불과한 현실과 비교해 보면 금방 알 수 있는 사실이다.

하지만 '그렇게 좋은 투자상품이라면 증권회사에서 자기 자금으로 투자해 두고 채권 만기 때까지 수익을 누리지 왜 일반 고객들에게 팔겠는가?'를 생각해 보면 피할 수 있는 투자자산이었다.

물론 증권회사들은 선취수수료 3% 정도를 챙기고 수조 원어치를 멍청한 국내 투자자들에게 팔았다.

투자의 세계는 정글과 같다. 제로섬 게임이다. 누구도 믿어서는 안 되고 스스로 공부하고 체득하여 실천하여야 한다. 국제적으로 시각을 돌려보면 아르헨티나, 그리스, 터키 등 국채 가격이 폭락(국채 수익률 폭등)한 나라들도 많다.

그리고 어느 나라의 국채의 수익률이 6%가 되면 국가 부도로 치는 국제

관행이 있다. 즉 국채 이자가 6% 정도면 어느 나라, 누구에게서도 달러 자금 조달이 불가능해진다는 뜻이다.

이런 나라들은 IMF의 구제금융을 통해서만이 국제통화인 달러를 조달할 수 있다. 국제적으로 관행적인 국채 최고 이자율은 6%라는 뜻이다. 국채 중 미국 국채는 달러이니까 다르지만 다른 나라에의 국채 해외투자는 달러와 현지 화폐의 환율 예측에 실패하면 브라질 국채처럼 끝이다.

마지막으로 6% 이자율의 의미를 확실히 해 보자.
이 정도 이자가 나오는 국채라면 평생 가져가도 되는 이자율이다. 무위험 이자율이니까, 이 정도로 매년 재산을 늘려 갈 방법은 거의 없다.

인플레가 전후 70년간 진행되었다지만 70년간 6%씩 인플레가 진행된 것이 아님은 당연하다. 그러니까, 이 경우 국채에 투자하여 복리의 마법을 쓰면 돈을 기하급수적으로 늘릴 수 있다. 전혀 위험이 없는 상태이고 확정 수익률 아닌가?

국고채 10년 만기물 1매당 1만 원, 보통 이자율 2%로 발행된다고 치자. 금리 상황에 따라서 이 국고채는 3천~1만 2천 원 등으로 변동될 수 있다. 더 이상의 아래위 진폭도 물론 가능하다. 국고채 1만 원짜리가 3천 300원에 거래되어야만 수익률이 6%가 된다. 수익률은 투자액 대비로 계산되는 것이다.

즉 이자액(200원)/투자액(3,300원)×100%=6.06%의 수익률이 되는 것이다. 이 정도의 100% 안전한 무위험 수익률이라면 전 재산을 베팅해도 된다. 복리표로 간단히 계산해도 투자금을 배로 늘리는 데에 소요되는 기간은 불과 12년이면 족하다.

이자율이 내릴 경우도 계산해 보자.
금리가 1% 내리면 이 국채는 1만 700원에 거래되고, 2% 내리면 1만 1천 400원에 거래된다. 일본처럼 디플레이션으로 마이너스 1% 금리가 된다면…. 1만 2천 100원이 된다.

그러나 사실상 거래 가격은 부르는 것이 값이 된다. 왜냐하면 디플레이션이므로 현금 구매력은 매년 급등하는데, 국채는 이자까지 나오는 현금과 같기 때문이고 만기 때까지 아무도 팔지 않을 것이기 때문이다. 즉, 일본 국채처럼 가격 산정이 불가능해지는 상태가 된다.

결국 낮은 이자율이지만 국채를 반드시 사야 하는 경우와 반드시 팔아야 하는 타임을 이해하길 바란다. 즉, 이자가 내리면 국채를 사고, 이자가 오르면 국채를 팔아야 한다.

단, 일회성으로 판단하지 말고 금리가 2~3번 오를 때 Three Times Principle에 따르는 것이 좋다. 지금까지 설명한 것이 국채투자요령의 요체다.

국채는 이자율 변동에 따라서 이 같은 요술을 부려 주는 무위험 수익성 자산이며 만기가 10년 이상인 국고채는 분리과세 대상이기도 하다. 또, 국고채는 사실상의 무기명 채권이며 그냥 자녀에게 현물로 전해 주면 되므로 상속·증여세를 탈루하는 수단으로 악용되기도 한다.

이자율 변동으로 수익성 자산의 월세 이상의 이자율이 확보되는 장기 국채라면 이보다 더 좋은 투자 대상은 많지 않다.
게다가 한국은 곧 롱텀 디플레이션에 본격적으로 진입하여 적어도 10년 이상 어쩌면 20년 가까이 지속될 가능성이 아주 크다.

D. 주택연금

주택연금은 연금이라는 명칭을 도입했지만 사실은 변동금리 장기대출상품이다. 연금이라는 단어로 포장이 잘 된 대출이다. 현재 적용금리는 약 6% 정도이다.

게다가 가입 시에는 주택 가격의 1.5%를 보증 비용으로 내야 하고 해약하면 이 비용은 고스란히 날아간다. 인플레 헤지가 안 되므로, 국민연금과도 다르다.

연금을 받다가 주택 가격이 올라도 연금을 올려 주지는 않는다. 이 경우는 해약하고 다시 가입하면 연금 액수가 늘어나지만 초기 비용들은 고스란히 손해를 감수해야 한다.

10월 23일 자 〈뉴시스〉 기사 제목을 보라.
"'미친 집값'에 서울 거주자 주택연금 중도해지 속출"이라는 제목의 기사다. 이는 주택연금 가입 시기를 잘못 선택한 결과다.

주택연금은 집값이 올랐다고 중도해지 후 바로 재가입이 되는 것이 아니고 3년 이후에 재가입이 가능하다는 점을 알면 가입 시기가 얼마나 중요한지를 알 수 있다. 3년 정도면 경기순환에 따라 시세의 방향은 완전히 역전될 수 있는 기간이다.

이 밖에도 이사를 가지 못하므로, 죽을 때까지 낡은 집에서 살아야 하는 불편을 감수해야 하는 등 불편한 점도 많다. 물론 양로원에도 가지 못한다. 불합리한 규정은 차차 고쳐지겠지만 수시로 변경되는 정보를 잘 판단해야 하는 상품임이 틀림없다.

변동금리 이자율은 10년 만기 국고채의 직전 5년 간의 평균 수익률에 2.0% 포인트의 마진을 더한 수치다. 주택연금에 가입하더라도 주택의 소유권은 엄연히 가입자이니, 재산세 등 각종 세금과 공과금은 가입자가 그대로 내야 한다.

주택연금에 가입된 주택은 대출금 회수 시 빠른 회수를 위해 경매로 처분할 것이어서 매도 시에도 일반 매매보다 유리할 것은 없다.

이렇게 일방적으로 그들에게 유리한 정책만을 쓴다면 이를 역이용해도 크게 미안할 일은 아니다. 주택연금을 역이용하는 방법은 두 가지로 생각해 볼 수 있다. 즉, 현재 3~4억 정도의 부동산을 사서 8억이나 9억으로 오른 때에 주택연금에 가입하는 것이다.

즉, 아파트가 최고 가격으로 올랐을 때 주택연금에 가입하면 될 것이다. 마지막 대세 상승 후 거품 붕괴로 부동산 시세가 30~40% 정도 내린 가격이 8~9억 정도인 아파트를 사서 주택연금에 즉시 가입하는 것이다.

진행 중인 대세 상승 기간 중에 주택지수 기준 약 30~50%는 더 오를 것으로 보이고, 그 후 대세 하락 시에는 주택 가격은 80~90% 정도는 내릴 것이다.

그런대로 주택연금의 계획을 역이용하는 것이 될 것이다. 즉, 주택연금을 위해 담보로 제공한 부동산의 본전은 전부 회수하고도 남을 정도로 연금을 수령하는 것이 된다.

설령 구입 후에 주택 가격이 오르지 않거나, 기대만큼 오른다고 하여도, 곧이어 대세 하락기가 찾아와서 적어도 주택 가격은 대시세가 있었다면 80~90%, 아니라면 50% 정도가 내릴 것이므로 어느 경우에도 담보 가격의 100% 가까이를 주택연금으로 수령하게 된다.

즉 주택연금에 기부하는 꼴이 되지는 않는다. 그래서 이 두 가지 방법은 결국 주택연금을 역이용하는 것이 된다. 누구나 금융 정보나 숨겨진 사실을 알기 위해서는 꾸준히 새로운 금융 상품들을 따져 보아야 한다.

그들은 우리를 이용하여 점점 부자가 되고 있는 반면에 우리들은 점점 가난해지고 있음을 잊지 말아야 한다.

제 3 부

CONTENTS

챕터 11	타임래그(Time Lag) 금 투자법	197
챕터 12	지금, 달러와 금에 투자하면 돈 잃고 바보 된다	208
챕터 13	버핏은 위기 때마다 주식을 대량구매한다	216
챕터 14	투자는 타이밍의 예술	222
챕터 15	70년 인플레 경제 언제 다시 오나?	237
챕터 16	빅사이클(Big Cycle) 순환투자법	246

　　　월급쟁이나 가난뱅이가 부자 되는 법
　　　A. 선 주식, 후 부동산
　　　B. 빅사이클(Big Cycle) 순환투자법

제3부

부의 탄생

2043년까지 약 20년간 디플레에 제대로 대처하지 못한 사람들의 부(富)는 10~20%로 쪼그라들게 된다. 한편 디플레를 이기는 투자수단에 따라 대처한 독자들의 부는 4배 내지 10배로 늘어나 있게 된다.

2043년 정도에 시작되는 인플레이션은 또다시 70년 가까이 지속될 것이다. 한편 새로운 인플레이션이 시작되기 직전이 그동안 팔지도 못하고 가격 폭락을 고스란히 견디어 낸 부동산 소유주들의 최적 증여 시기, 상속 시기이기도 하다.

역시 2013년(혹은 2016년)경부터 한국에 찾아온 초장기 디플레이션을 2043년경까지 지속해서 경험했기에 대중들이 또다시 인플레 경제로 회귀했음을 알지 못하는 것은 당연하다고 할 수 있겠다.

《한국인의 눈물(자식들에게만 전해주는 월급쟁이와 가난뱅이가 부자 되는 방법)》에서 알려 드린 대로 다이아몬드 달러투자법의 이론이 먹히지 않는 곳이 바로 롱텀 디플레 경제의 시발점이고 이 롱텀 디플레이션의 과정을 지나 다이아몬드 달러투자법이 먹히기 시작하는 곳이 바로 인플레 경제로의 회귀를 알려 주는 시점이다.

2013(혹은 2016)~2043년까지 지속된 한국의 롱텀 디플레이션은 무려 20년이 지난 2043(혹은 2045)년에야 빼꼼히 인플레이션 경제로 머리를 쳐들게 될 것으로 보인다. 이미 말한 대로 다이아몬드 달러투자법으로 확인하고 각 개인들의 부채비율이 약 100%로 줄어들었을 때가 될 것이다.

투자순서는 역시 1등 기업, 즉 신산업 주식, 1등급 부동산이 된다. 금은 인플레이션의 누증효과가 나타나기에는 한참 뒤의 일이므로 당분간은 쳐다볼 필요도 없다.

제대로 대처하지 못한 기존의 부는 몰락의 단계와 이동의 단계를 거쳐 다른 자의 부(富)로 새로이 탄생한다. 부는 주로 현금을 보유한 자에게로 이동한다.

국가는 아무 이해관계가 없다. 인플레이션이나 디플레이션 등은 국부가 외국으로 이동하는 것이 아니라 국민 계층 간 이동에 불과하기 때문이다.

디플레이션은 아무도 정확히는 알 수 없지만 2차 세계대전 발발과 함께 없어진 것으로 보였었다. 1945년부터 무려 70년간이나 인플레이션은 지속되었고 이에 힘입어 부동산이나 주식 등 실물 자산을 보유하고만 있어도 인플레이션으로 재산은 늘어나기만 하였다.

이제 전 세계에는 나라에 따라 약간씩 다르지만 롱텀 디플레이션이 이미 시작되었고 2043년까지 롱텀 디플레이션이 진행되고 나서야 비로소 다시 인플레이션 경제로 진입할 것으로 보인다. 앞으로 다가올 인플레이션 진입 시기를 정확히 맞추고 아파트나 주식 등 실물 자산을 향후 70년간 보유하기만 해도 또다시 부를 누리게 된다.

즉 또 다른 인플레이션 시대에 맞춰 새로운 부자가 또 탄생하는 것이다. 따라서 지금의 디플레이션 경제를 이해하고 이에 맞춰 디플레이션을 이기는 투자를 하다가 새로 시작되는 인플레이션에 맞춰 투자를 하는 것은 너무나 중요하다.

이것이 바로 디플레이션, 그중에서도 롱텀 디플레이션을 미리 공부해야 하는 가장 큰 이유가 된다.

여태까지는 어느 경제학자나 경제연구소나 국책연구소도 디플레이션을 통상의 경기변동인 숏텀 디플레이션과 5년 이상 지속되는 롱텀 디플레이션으로 구분해서 연구한 적도 없으며 체계화하여 정리한 적도 없다.

오로지 저자만이 디플레이션을 5년 이하인 숏텀 디플레이션(Short

Term Deflation)과 롱텀 디플레이션(Long Term Deflation)으로 구분하여 정리하였다.

이에 맞춰 투자도 완벽히 달리해야 함을 주창하고 이를 검증하고 증명하였다. 따라서 본 저서의 투자법에 따라 투자하면 새로운 부자가 탄생하는 것이다.

챕터 11

타임래그(Time Lag) 금 투자법

롱텀 디플레 시에 금에 투자한다는 것은 자살행위에 가깝다. 왜냐하면, 롱텀 디플레이션이 도래하면 미국 이외의 나라에서는 달러가격은 내폭락세를 이어가고 금은 폭락한 달러가격을 5개월 뒤에 그대로 추종한다고 챕터 5에서 자세히 설명한 바 있기 때문이다.

결론적으로 금(Gold) 투자는 아무 때나 하는 것이 아니다. 금 등 실물은 인플레이션이 장기간 진전될 때에만 투자에 적합한 상품이다.

최근 금이 불규칙 바운드를 보이고 이유 없이 오르고 내리는 것도 사실이지만 어쨌든 금은 롱텀 디플레 시에는 달러와 같은 방향으로 움직이는 관계로 투자대상이 아님은 확실하다.

즉 롱텀 디플레이션이 본격화되면 달러는 대폭적으로 내리고 이에 따라 금도 대폭 내릴 운명이므로 금이 오를 것을 전제로 한 투자를 해서는 절대로 안 된다.

롱텀 디플레이션은 2043년이 되어야 끝날 것으로 보이고 이 기간 동안 달러는 거의 계속해서 추세적으로 대폭 하락할 것이고 이에 맞춰 5개월 뒤에는 금가격은 달러가격을 그대로 추종하며 궤적을 그린다고 연구되었다.

그러나 금이 롱텀 디플레이션으로 내린다 하더라도 계속해서 내리는 것은 아니므로 오르는 구간에서 잠깐 단타 투자를 할 수는 있다.
이번 챕터에서는 이를 전제로 즉 금 단타를 전제로 저자가 새로 창안한 새로운 금 투자법인 타임래그 금투자법을 소개한다.

금은 코로나 팬데믹 이후 가파르게 상승한 자산 중 하나다. 이것을 보면 사람들이 금을 안전자산으로 생각하는 경우가 늘고 있는 것 같다. 하지만, 저자의 판단으로 금은 롱텀 디플레이션 시에는 절대로 안전자산이 아니다.

손해를 보더라도 마땅한 투자처를 찾지 못한 피난 투자처라고 생각하고 손익을 떠나서 단순히 돈을 보관한 것이라면 모를까 안전자산은 전혀 아니라고 본다. 추세적으로 장기간 철저히 내릴 것은 분명하다. 게다가 금의 가파른 상승세를 보면 단기적인 투기 수요도 더해진 것으로 보인다. 결국엔 대폭락할 운명인 것이다.

한 가지 고려할 점은 달러와 금가격을 비교하여 세계적인 롱텀 디플레이션을 판단할 경우에 금가격은 반드시 국제 금시장에서 형성되는 금가격과 달러가격의 정비례 여부로 확인하여야 한다는 점이다. 금은 각 국내의 가격과 국제가격과는 제법 차이가 있어 오판할 우려가 꽤 있기 때문이다.

아래는 2021년 4월 2일 자 〈한국경제〉 기사 제목이다.
"화려한 시절 갔나… 힘 빠진 금값 언제 오를까"

한때 치솟던 금값이 안전자산 선호심리의 훼손과 금리 상승 부담으로 코로나 이전 가격으로 떨어졌다는 내용이다.

저자의 독창적 연구결과인 다이아몬드 달러투자법에 따라 금과 달러의 방향은 반대쪽이다. 그러니까 숏텀 디플레 시에는 달러와 금에 동시에 재산의 절반씩을 투자하면 장기적으로 변동성을 100% 없애고 안전하게 재산을 지키는 효과를 기대할 수 있다. 이를 활용한 100% 자산보전법도 앞에서 다이아몬드 달러이분법이라고 명명하여 소개한 바 있다.

금은 주식이나 채권과 달리 배당이나 이자가 없다. 금 현물을 사는 것은 부가가치세 10%와 금 세공비, 수수료 등을 모두 포함한 비용으로 통상 15% 안팎을 내야 한다.

은행이나 증권사에서 골드바를 사는 방법도 있고, 이 경우에도 부가세

10%, 거래 수수료는 5%가 붙는다. 그러니까 금을 실물로 산다면 15% 정도 올라 봤자 본전이고, 이후부터 수익이 난다는 말이다. 전쟁염려증으로 반드시 금고에 금 실물을 보관해야겠다는 분이 아니라면 굳이 현물을 살 이유는 없을 것 같다.

한 가지 금은 세원 포착이 거의 불가능에 가까우므로 금을 주요 증여방법으로 생각해 볼 수는 있다. 그러나 증여할 재산이 합법적인 재산이라면 단지 증여세를 피할 수단으로 택하는 것은 바보짓이다.

롱텀 디플레 시에는 달러와 금가격은 정비례하고 달러는 대폭락할 운명임은 이미 수차례 설명한 바 있다. 이에 맞춰 금도 대폭락할 운명이기 때문이다.

현물을 사지 않고도 투자할 수 있는 방법이 있다.
첫 번째는 한국거래소 금시장에서 현물을 거래하는 법, 두 번째는 은행의 골드뱅킹, 금통장이 있다. 돈을 저축하듯이 금을 저축하는 통장이다. 마지막으로 금 펀드, 금 ETF 같은 금투자상품에 투자하는 방법이 있다.

환율과 별개로 금 ETF만의 확실한 강점도 있다. 일일 금가격의 두 배만큼 수익을 내거나 손실을 보는 레버리지투자를 하고 싶다거나, 금가격이 떨어질 것 같으니 인버스투자를 하겠다고 생각한다면 국내상장 금 ETF나 인버스 2X 금선물 ETN, FX 마진거래나 금 선물 ETN 상품 등이 대안이 될 수 있다.

통상 국내 가격이 국제 가격보다 약 1% 정도 더 비싸다. 국내 금값이 국제가보다 비싼 이유는 수요가 많아서다. 평상시에는 달러와 금의 가격은 반비례 관계에 있다. 이것이 바로 [그림 7]의 다이아몬드 달러투자법의 핵심 이론이다.

[그림 7]처럼 매일매일은 아니지만 결국에는 금과 달러는 반비례 관계로 수렴함을 [그림 10]을 통해서 먼저 확인할 수 있다. 한 그래프에 60년 정도의 긴 기간을 기록한 것이므로 결국에는 달러가격과 금가격이 반비례 관계가 형성됨을 확인할 수 있다.

[그림 10]의 수직점선 ①을 보면 1990~2000년 사이에 달러가격이 최저치일 때 금가격은 최고치에 가까움을 알 수 있다.

수직점선 ②를 보면 달러가 올라서 최고치를 보여 주고 있고 금가격은 최저치를 막 지난 가격이다.
수직점선 ③을 보면 달러는 역대 최저치이고 금은 아직 최고치는 아니지만 곧 급등하여 최고치를 기록하기 직전임을 알 수 있다.

이 사례와 [그림 12] [그림 14]를 전부 확인해 보면 달러가격과 금가격은 반비례 관계임을 정확히 알 수 있다. 따라서, 달러가격을 예측하면 적절한 금투자 시기를 대충 결정할 수 있고, 달러가격의 추세적인 변동을 이용해 금 투자를 단행할 수도 있다.

롱텀 디플레시에는 금 투자시기와 회수시기는 [그림 12]와 [그림 14]를 통해서 달러와 약 5개월의 시차를 감안해서 해야 함을 설명한 바 있다.

이를테면 [그림 14]를 보면 달러 국제가격 즉 달러인덱스는 하락 중이지만 수직점선 ③선인 2021.6.10일 이후에는 달러가격이 일시적으로는 올랐음을 알 수 있다.

수직점선 ③선에 맞춘 금가격은 2021.11.10일의 가격이 된다. 타임래그 금투자법에 따라 국제 금가격은 금년 연말 즉 5개월 후인 2021.11.10일에 오른 가격으로 형성될 것이므로 이때의 수익을 위하여 짧게 금에 투자할 수 있을 것이다.

금 선물이나, FX 마진거래나 금선물 ETN 등의 상품으로 단타로 거래해도 레버리지를 활용하게 되어 큰돈을 벌 수도 있으므로 소개한다. [그림 14]의 수직점선 ②는 2021.8.1일의 국제 금가격이다.

이처럼 5개월 후의 금가격을 추세적으로는 확실히 알 수 있으므로 이에 맞춰 금에 투자를 하면 관심일 이후의 금 시세 추세를 거의 100% 맞게 예측할 수 있다.

왜냐하면 오늘 이후의 금 시세는 5개월 전의 달러인덱스 시세를 그대로 따라 가기 때문이다. 이는 [그림 14]로 입증·확인할 수 있다. 싱크로율이 거의 100%이다.

단지 다이아몬드 달러투자법처럼 상승률과 하락율이 비례하지는 않는다는 점을 기억해야 한다. 그러나, 이 팩트를 이용하여 금선물 시장에서 큰 승부를 볼 수 있는 것은 확실하다. 금가격은 달러 그래프의 5개월 뒤를 그대로 따라간다는 사실을 항상 기억하고 투자하면 되기 때문이다.

이는 5개월 후의 금가격을 미리 알고 투자하는 것과 같다. 따라서 앞으로 저자의 책을 활용하여, 금투자의 감춰진 비기를 익힌 독자들이 하는 금 투자는 보고 치는 고스톱에 가깝다.

100전 100승이 보장되는 셈이다.
이것이 이른바 저자가 최초로 정립하고 입증한 타임래그(Time Lag) 금 투자법이다.

아무도 이 사실을 아는 사람은 없다.
왜냐하면 이 5개월 Time Lag 금 투자법은 저자가 이번 신간 책을 통해서 처음으로 주창하고 증명한 금 투자이론이기 때문이다.

타임래그 금투자법은 롱텀 디플레이션 시에만 적용되는 특허에 속할 만큼 주요한 금 투자 이론이다.

달러인덱스 그래프 기준으로 [그림 14]의 수직점선 ①을 보면 2020.3.1일의 달러가격과 2020.7.1일의 금가격을 볼 수 있다. 수직점선 ②는 2021.7.30일의 국제 금시세 그래프로 금가격은 1,828.250달러이다.

이에 대응되는 달러인덱스 일자는 2021.2.26일로 약 5개월의 시차가 나며, 달러가격은 113.1068달러다.

달러인덱스 가격은 2006년을 100으로 본 100분율 그래프이다.

이에서 더 나아가
[그림 14]의 수직점선 ③의 달러인덱스의 동그라미 부분의 가격 변동 부분을 절단하여 밑의 국제 금시세 부분으로 그대로 이어 붙이면 금가격은 옮겨붙인 그대로를 앞으로 그려 나갈 정도로 비슷함을 알 수 있다.

이미 지난 과거의 기록이니까 [그림 14]의 위 그림처럼 달러가격 그래프의 궤적은 항상 미리 알 수 있다. 게다가 달러시세보다 5개월 늦게 금가격이 달러 그래프와 형태까지 비슷하게 궤적을 그리게 되므로 금의 미래 가격을 미리 알 수 있는 것이다.
이건 천기누설이자, 짜고 치는 고스톱이다. 독자 여러분들 전부 금으로 성공투자하길 바란다.

금 이야기가 나온 김에 몇 가지 더 금 이야기를 이어가면,
국제 금가격과 한국 금가격은 당연히 다르다. 세금 차이 등이 그 이유이다. 한국인들은 금을 좋아하니 금에 관한 몇 가지 팁을 정리해 보자.

팁 1) 국내 금가격의 결정

KRX 금시장을 개설하여 2014년 3월부터 국제 금가격을 환산하여 국내 거래 금가격을 결정한다. 한국 내 금의 거래 단위는 한 돈, 두 돈이다.

팁 2) 금가격이 싼 곳은 홍콩, 두바이, 일본 등등이다.

홍콩은 모든 공산품은 완전히 면세 처리되는 곳이다.
따라서 한국으로 들여오기만 하면 부가세 10%와 관세 3%를 합쳐서 13%가 더 비싸진다. 거래 가격도 국내보다는 약간 싸다. 그러나 2020년 홍콩은 국가보안법 통과로 많은 변화가 예상된다.

사실 금은 그냥 귀금속이기에 특별한 수출입 면허 등이 필요한 것도 아니다. 단지 세금이 부과되므로 수출입 시에는 신고하여야 함은 물론이다. 신고하지 않고 국내로 들여오기만 하면 13%의 마진이 나온다.

보관하기도 운반하기도 쉬워서 밀수꾼들이 가장 좋아하는 선호품 중 하나다. 밀수품 단골 1호 물품이다. 1kg당 약 13.3%의 마진이 나온다. kg당 약 600만 원의 차익이 나온다.

일본도 홍콩에서 밀수한 금의 주 수입국이다. 그 이유는 역시 세금 차이다. 일본은 한국의 부가가치세에 해당하는 소비세는 얼마 전 5%에서 8%로 인상되었지만, 8% 마진이 나오는 것이다.

일반적으로 금값이 싼 곳이 아랍에미리트(U.A.E.)의 두바이(Dubai)로 알려져 있다. 두바이에 있는 오래된 수크는 단연코 300여 개 이상의 상점이 있는 금시장(Gold Souk)이며 이곳은 세계에서 가장 큰 금시장이다.

세계적으로 금값은 거의 비슷비슷할 수밖에 없는데, 두바이도 역시 세금이 VAT가 5%여서이다. 순수한 금값에 가공비가 포함된 금 장식품은 어느 곳에서나 흥정이 가능하다고 보면 된다.

결국 금괴 밀수는 세금 빼먹기인 셈이다.
즉 탈세로 마진이 남는 것이다. 전문 탈세범들은 수출품의 영세율 제도를 이용하여 큰 탈세사건을 만들어 낸 적도 있다. 해외여행 시 금이나 금제품을 사면 입국 시 신고하여야 하며 신고하지 않으면 밀수가 된다.

가격을 낮게 신고하여도 밀수에 해당하며 개인물품으로 면세범위 내의 물건을 반입하여 판매하여도 정확히는 밀수에 해당된다.

한 번 적발되어도 세관장에게 주어진 통고처분 권한만으로도 약식처분이 가능하며 벌금을 물릴 수 있다.

팁 3) 금에 대한 투자자들의 오해

골드바는 99.9%와 99.99%가 있다.
금거래소에서는 99.99%만 취급하며 당연히 후자가 약간 더 비싸다. 그러나 금은 매수하는 순간 4%의 관세와 10%의 VAT를 납부하게 되므로, 즉 14%가 그냥 세금으로 날아간다.

이를 현금화, 즉 팔 때는 약 1~2%의 감정평가료가 또 들어가며, 50만 원 이상의 귀금속 가공의 경우에는 특별소비세 50만 원이 부과된다. 한국의 시중 금들은 세금이 외국보다 높아서 시중 유통되는 금의 80% 이상은 밀수품으로 간주된다고 한다.

그러나 보관이나 상속, 증여가 용이하여 국세청에 적발되지 않기에 불법 상속재산으로도 인기가 좋다. 여태까지 금에 대해서 여러 가지를 살펴보았듯이 롱텀 디플레이션 시대에 금에 투자한다는 것은 자살행위에 가깝다.

왜냐하면, 롱텀 디플레이션이 본격화하면 달러는 폭락할 운명이고 금은 달러와 같은 방향으로 움직이는 관계로 투자대상이 아님은 확실하기 때문이다. 이에 대해서는 다음 챕터에서 얘기를 더 이어가도록 하자.

전 세계는 적어도 2043년까지는 이 롱텀 디플레이션에서 벗어날 가능성은 거의 없다고 보여진다. 따라서 금은 상속 및 증여의 대상으로도 좋지 않다.

챕터 12

지금, 달러와 금에 투자하면
돈 잃고 바보 된다

저자에 의해 새로 밝혀진 롱텀 디플레이션 이론에 따르면 롱텀 디플레이션이 도래하면 금과 달러는 정비례 관계가 된다. 즉 달러가격이 내리면 금가격도 5개월 뒤에는 달러의 궤적을 그대로 따라 움직이면서 금은 반드시 내린다.

[그림 10]의 수직점선 ④부터 즉, 2016년 1~2월부터 전 세계에 기이한 경제현상이 발생하기 시작했다. 평상시와는 정반대 현상인 달러와 금의 정비례 현상이 이때부터 나타나기 시작한 것이다.

이런 현상은 바로 숏텀 디플레와 완전히 다른 기이한 경제현상이다. 이것이 세계적인 롱텀 디플레이션의 핵심적인 특징임을 챕터 5와 챕터 11에서 자세히 설명한 바 있다.

롱텀 디플레이션이 발발되고 나서 달러와 금은

1) 정비례 관계로 변했다.
2) 양자 사이에는 5개월의 time lag 현상이 만들어졌음이 최초로 밝혀졌다.

이것이 바로 'Time Lag 금투자법' 혹은 '5개월 타임래그 금투자법'의 핵심 내용이며, 타임래그 금투자법을 만들어낸 근거이다. 따라서 타임래그 금투자법은 저자가 정리한 롱텀 디플레이션 시대의 독창적인 금투자법임을 알 수 있다.

평상시 즉 숏텀 디플레 시에는 금은 달러의 움직임과 반대의 흐름을 보이므로 Diamond 달러투자법에 맞춰 달러가 오르면 금은 팔고 달러가 내리면 금을 사야 한다.

그러나 롱텀 디플레 시에는 금은 달러의 5개월 전 시세 궤적을 그대로 따라가며 궤적을 그리며 변한다. 숏텀 디플레이션이 도래할 때에는 달러는 급등하고 주가는 급락하고 순환매매가 시작된다.

일본의 롱텀 디플레이션이 시작할 때에는 단기간에 달러와 주가는 약 30%씩 급등했다. 같은 기간의 아파트가격 관련 지수는 발표된 자료조차 없지만 있었다면 아파트도 같은 기간에 당연히 급등했을 것이다.

달러와 주가 지수와의 관계로 참고할 만한 자료는 전 세계적으로 오직 [그림 8] 일본의 롱텀 디플레이션이 스타트할 때의 상황뿐이다. 본격적인 롱텀 디플레이션이 시작되기 약 1년 전에 일본의 주가지수도 급등하고 달러도 급등했음을 볼 수 있다.

일본은 이런 형태로 롱텀 디플레이션이 시작되었다. 어느 나라 혹은, 세계적인 롱텀 디플레이션이 본격 시작될 때에는 이렇게 일본처럼 한 차례 급등을 한 이후에 대 폭락과 함께 본격적으로 롱텀 디플레가 시작될지 아닐지 아무도 모른다.

지금 미국은 테이퍼링에 이어 풀린 돈의 자금회수를 생각하고 있다. 어쩌면 전 세계에 곧, 일본이 롱텀 디플레이션에 진입했을 때의 상황 같은 일이 생겨날지 모른다.

저자는 우리나라도 일본같은 형태로 롱텀 디플레이션에 진입할 것으로 예측한다고 프롤로그에서 말한 적이 있다. 저자는 앞으로도 한국 내의 아파트와 주식의 30~50% 급등을 예측하고 있다. 이 급등을 끝으로 대 폭락이 온다고 주장한다.

일본은 1988.12월경, 이 때부터 일본의 국내 달러와 주가, 아파트는 비례관계로 변하면서 대폭등세 즉 마지막 급등기가 찾아왔다. 약 1년 동안 주가도 달러도 30% 가까이 급등했다. 바로 [그림 8]의 B-B' 구간이다.

아주 기이한 현상이었다. 아무도 예측하지도 못했을 것이다. 일반적인 현상이 아니었으니까. 숏텀 디플레이션처럼 주식을 필고 달러를 매수할 기회도 주어지지 않았음은 물론이다.

이때부터 일본은 롱텀 디플레이션이 시작되어 아직도 달러와 주가 아파트는 비례관계가 그대로 유지된다. 롱텀 디플레이션의 주요 현상은 달러가 폭락하고 주가와 아파트도 폭락하는 것이다. 달러가 폭락하므로 타임래그 금투자법에 따라서 금도 내리고 세상의 모든 물건은 다 폭락한다.

당시, 일본 내의 달러가 폭락했으므로 같은 기간 일본의 주식과 아파트는 다이아몬드 달러투자법에 따라서 대폭등했어야 옳았다.
요즘 우리나라의 증권시장을 보거나 IMF 당시 한국내의 달러가격과 당시의 코스피지수와 아파트를 보면 알 수 있다.

그러나, 일본의 주식과 아파트는 오히려 대폭락했다.
일본은 1988.12월부터 롱텀 디플레이션 상태였으니까 일본 내의 달러의 폭락세에 맞춰 주식과 아파트가 같이 폭락한 것이다.

이처럼 롱텀 디플레가 도래한 경우, 해당국가의 달러는 롱텀 디플레가 진행되는 기간 동안 내내 폭락한다. 금은 타임래그 금투자법에 따라서 5개월 전의 달러 궤적에 맞춰 폭락한다. 결국 롱텀 디플레 시에 금이나 달러에 투자하면 돈 잃고 바보가 된다.

한국에도 이미 2016년에 롱텀 디플레가 도래했으며 단지 본격화만 아직 안 된 상태임을 알면서도 지금 달러예금에 가입하거나 해외 배당주,

해외 성장주에 투자하는 사람은 진정한 바보다.

아마추어 전문가, 금융회사들은 지금 해외투자를 권유하고 있다. 이들의 말을 믿고 해외에 나가면 즉 달러를 사면 바로 죽음이란 걸 모르는 사람이 거의 전부다.

아래 예를 보자.
1) 달러로 예금(해외투자)할 당시에 1$=1200원이라고 하자.
1000달러를 달러예금(해외투자)하려면 한국 돈이 1000달러×1,200원=120만 원이 필요하다.

2) 그 후 달러예금 해약 시 or 해외투자한 달러를 국내로 들여올 때 1$=800원이 되었다고 치자.

본전 1,200,000을 되찾으려면 달러예금이나 투자한 해외주식은 1,200,000×800=1500달러가 되어야 본전이다.
환율로만 33.3% 손해다.

달러투자, 즉 해외투자로 성공하려면 위의 예와 반대로 달러가 지속적으로 오르거나(원화약세), 현지투자한 주식·아파트 등이 올라야 한다.
물론 이득이 있다면 양도소득세도 제외하고 계산해야 한다.

이 3가지 조건이 맞아야 매수한 금과 달러예금, 해외 주식투자가 성공하는 것이다. 국내 주식도 잘 못해서 해외로 나가는 돈이 과연 해외주식 시세와 달러 환율까지 동시에 맞춰야 할 해외투자에 성공하겠는가?

필연코 원화의 저주가 온다.
해외로 나가지 마라.
달러를 사지 마라.

어떤 이는 달러를 사지 말라고 하니까 나는 해외 주식을 사는 것이지 달러를 사는 것이 아니라고 항변하는데, 해외의 주식이나 아파트를 사는 것은 전부 달러를 환전해서 해외 자산을 사는 것이니 결국 달러도 사는 것이고 해외 주식도 동시에 사는 것임을 알아야 한다.

얼마전 뉴스에 개미들 돈으로 해외 부동산과 해외주식에 투자한 증권회사들이 엄청난 손실로 난리 중이라는 뉴스가 있었다. 공부하지 않은 전문가들도 항상 당하는 게 해외투자다.

여태까지 풀린 엄청난 달러로 전 세계가 일시적인 인플레 현상을 보이고 있으니까, 일부 독자들은 지금 인플레 중인데, 저자는 말도 안 되는 숏텀 디플레, 롱텀 디플레 얘기를 하고 있다고 말할 수 있을 것이다.

그러나, 경제는 항상 속 읽기를 해서 판단해야 한다.
맞다! 모든 투자는 오늘이 아니라 내일을 보고 해야 하는 것.

미국의 달러 회수에 맞춰 일시적으로 찾아올 달러 강세 후에는 달러회수로 즉 긴축정책으로 전 세계 경기는 폭싹 주저앉게 된다. 미국 예일대의 로버트 트리핀 교수의 이론에 따르면, 달러를 줄이면 전 세계는 디플레의 골이 더 깊어짐이 이미 증명된 바 있다.

이를 트리핀의 딜레마(Triffin's dilemma)라고 부르고 있다. 그리고는 기나긴 세월동안 회복 불능이 된다. 즉 인플레 시절처럼 그대로 있으면 부는 몰락한다!

즉, 이미 도래 6년 차인 세계의 롱텀 디플레이션은 이를 계기로 본격화될 가능성이 너무나 크다. 물론 우리나라도 본격화될 가능성이 크다.
부가 몰락한다!
미국(대공황)은 22년간 주가가 87.1%, 일본(롱텀 디플레)은 30년간 90%가 폭락했다.

22년 아니, 30년간 회생이 안 된다.
영원한 몰락이 온다!
장차 어떻게 될 건지 다 아는 저자도 겁이 난다.
지금, 달러와 금에 투자하면 돈 잃고 바보 된다는 것을 명심해야 한다.
이제 우리나라의 롱텀 디플레이션도 1~2년 이내에 본격화된다고 본다.

지금, 달러와 금에 투자하면 돈 잃고 바보된다고, 저자가 그렇게 외쳐도 KIKO, ELS, ELD, 분양식호텔, 브라질국채, 달러 RP 등등 같은 상품에 아마도 대중들은 여기에 또 투자하고 또 당할 것이다.

경제란 이처럼 누가 시켜서가 아니라 저절로 필연적으로 가는 길이 생겨난다. 대중들이 움직이는 경제란 것은 바로 인간들의 군중심리가 돈으로 나타난 것이기 때문이다.

그래서 대중과 달리 대응하지 않으면 일본인들처럼 아무도 살아남지 못한다. 즉, 지금, 달러와 금에 투자하면 돈 잃고 바보 된다는 것을 명심해야 한다. 롱텀 디플레 시에는, 달러는 현금이라기보다는 그냥 단순한 재산이 된다.

달러를 보유해선 안 된다.
달러는 현금기능보다 재산기능이 더 강해진다.
롱텀 디플레가 발발하면 달러는 괴물로 변해 가는 것이다.

챕터 13

버핏은 위기 때마다
주식을 대량구매한다

위기 때마다 워런 버핏이 주식을 대량구매하는 이유는 좋은 회사의 주식을 원래 가격의 절반 가까이의 가격으로 대량 인수할 수 있기 때문이다. 즉 모든 위기 뒤엔 항상 큰 기회가 온다는 사실을 알기 때문이다.

위기가 닥쳐야 자기가 사고 싶은 주식을 거저 줍는 가격에, 사고 싶은 큰 물량을 한꺼번에 살 수 있다. 그래서 위기가 닥치고 워런 버핏이 주식에 일명 '몰빵'을 할 때쯤 일반 투자자들도 같이 움직여 주면 큰 기회를 잡게 된다.

워런 버핏은 매월 들어오는 펀드자금을 집행하면서 평상시라면 높은 가격으로 주식을 사야만 한다. 그러나 위기 시에는 폭락한 가격으로 원하는 물량을 한꺼번에 싸게 살 수 있다. 인류가 알아낸 합법적인 투기수단이 주식, 부동산, 원자재 등 몇 가지 되지도 않지만, 이 중 주식투자가 큰 자금을 순환시키기에 편한 투자 방법임에는 틀림없다.

2008년 금융위기, 2020년 코로나 시절, 금융위기, 재정위기, 전쟁위기 등등 위기가 오면 주가는 항상 폭락한다. 부동산은 주식 폭락에 뒤이어 한국은 6개월, 일본은 약 5개월 후에 폭락을 시작한다.

이 사실은 약 30~40년간의 FRED의 장기 그래프를 통해서 입증한 바 있다. 한국은 세일러가 주창한 착각의 경제학의 국제수지와 주식, 아파트의 타임래그 그래프 비교로 알 수 있고, 일본은 본서 [그림 8]로 자세히 설명할 수 있다.

롱텀 디플레이션이 진행 중인 2009년 2월 [그림 8]의 수직점선 ⑤처럼 일본의 니케이지수가 최저치를 기록한다. 그 후 약 5개월 후인 [그림 8]의 수직점선 D처럼 2008년 7월 일본의 주택지수는 최저치를 나타내고 있다.

즉 주식이 최저치를 기록한 5개월 후에 일본의 주택지수가 최저치를 기록함으로써 주식과 부동산 가격의 가격형성에는 약 5개월의 시차가 있음을 알 수 있다.

주가가 폭락한 후, 항상 뒤따르는 기사는 급락했으니 급등할까 아니면 완만히 상승할까를 다루는 기사다. 흔히 'V' 자 'W' 자 상승이냐, 'L' 자 상승이냐 등등의 논쟁이다. 미리 말하지만 전쟁과 거품 붕괴로 인한 폭락을 제외하곤 어느 경우에나 급락했으면 급등한다.

이는 너무나 당연한 얘기다. 급락 이전의 시세가 뜬구름이 아니었기 때문이다. 그만한 가격은 이룰 만했기에 이룬 것이다. 한국 속담에 '소 잃고 외양간 고친다'라는 말이 있다. 당연히 소를 계속 키울 것이니까 외양간을 고쳐 놓아야 한다.

늦은 것 같지만 꼭 맞는 행동인 것이다. 세계적으로 성공한 투자가들을 보라. 그들은 위기 후에 불쑥 더 커 오른다. 특히 워런 버핏은 위기 시마다 매월 들어오는 펀드 자금을 활용하여 막대한 주식을 긁어모으고 있다.

주가가 폭락하고 나서 사므로 항상 큰 이익을 본다. 평상시 그의 투자 성적은 그리 뛰어난 것은 아닌 것으로 안다. 큰손이나 기관들은 위기 시마다 절반 가격으로 주식을 사 모으고 항상 성공하고 있다.

개미투자자들은 위기 시마다 그들의 주식이나 아파트 등을 절반 가격에 큰손이나 기관투자가들에게 넘겨주고 있다. 인류가 인정한 합법적 투기 수단 중 가장 일반화된 것이 주식이요 그다음이 부동산이다. 큰손들은 항상 위기를 기다리고 있다고 봐야 한다.

애플사는 늘 시장금리가 바닥권에 근접했을 때 회사채 발행에 나서 장기 자금을 조달하는 절묘한 타이밍으로 주목받고 있다. 이것이 잡스에게는 없었던 쿡 CEO의 전략적 재무관리능력이다. 2019에 3%대였던 애플의 10년 만기 회사채 금리는 현재 1%대로 뚝 떨어졌다.

이 조달자금으로 자사주 매입과 배당에 투자하니 득이 되는 윈윈(win-win) 투자수단이라 볼 수 있다. 2020년 3월 미국의 FRB는 코로나의 대응책으로 또다시 시중에 돈을 퍼부었다. 이 돈을 애플사가 1% 금리로 조달한 것이다.

경기부양을 위해 깎아 준 세금은 큰손들이 혜택을 누려 영업이익 20조의 아마존은 법인세를 한 푼도 안 내도 되었다. 그 결과 아마존, 테슬라, 페이스북, 구글 등의 CRO나 오너는 돈방석에 올라앉았다. 2008년 금융위기 때도 마찬가지였다.

우리나라를 봐도 외국을 봐도, 화폐가 늘어나서 금리가 떨어지는 이득을, 애플 같은 큰 회사가 높은 신용도를 이용해서 이 같은 큰 기회를 잡는다. 위기가 올수록 대기업이 돈을 벌어 가는 구조이다. 반면에 화폐량이 늘어나도 서민들은 24%씩 이자(고금리)를 주면서, 그것도 제대로 못 빌려 쓰고 있는 아이러니를 볼 수 있다.

모든 위기 뒤엔 항상 큰 기회가 온다.
자본주의 국가에서 위기는 대체로 10년 주기로 온다. 우리 속담에 '10년이면 강산도 변한다'는 말이 이를 단적으로 표현한 말이다. 1998년, 10년 후 2008년 금융위기만 봐도 알 수 있다.

우리나라를 기준으로 살펴봐도 주식이나 아파트가 급락한 후 위기만 극복하면 곧이어 급등함을 알 수 있다. 서울 집값은 외환위기 이후 4년 동안

83% 뛰어올랐다. 2008년 금융위기 때 12억 가던 대치동 은마아파트는 2021년 올해 22억 원에 거래되고 있다. 외환위기 후 1998년 한 해 14.6% 떨어진 서울 아파트값은 1999년부터 2002년까지 4년간 82.9% 뛰며 'V 자'로 반등했다.

풀린 돈과 달러 약세로 주식, 아파트 등의 폭등이 구현되고 있음은 주지의 사실이다. 오히려 한국은 코로나 사태에 따른 경제 타격을 선방할 것으로 기대를 모으고 있다.

코로나 사태 발생 당시 기준금리는 1.25%로 지난달 16일 0.5% 인하하며 사상 첫 0%대(0.75%)로 떨어졌다. 저금리로 투자처를 찾지 못해 떠돌고 있는 1천여조 원의 유동자금은 집값을 언제든 띄울 수 있는 시한폭탄이다. 대기업들은 애플처럼 한국에서도 저금리로 장기자금을 조달할 기회가 온 것이다.

눈치 빠른 개미투자자들은 이번 폭락장에서 우량주를 사 놓았다. 개미 중 큰손은 1955~1963년에 태어난 베이비부머 세대다. 선진국의 통계를 보면 자기 나이만큼 금융자산으로 재산을 구성한다.

65세는 65%가 금융자산이어야 국제평균에 맞다. 한국은 앞으로 약 10년 정도 재산 포트폴리오를 금융자산 위주로 재구성해야 하는 사회다.

이번에 찾아온 전 세계의 롱텀 디플레이션은 인류 역사상 가장 큰 도전으로 보인다. 누구도 인정하기 싫고 누구도 아니라고 하고 싶지만 결국에는 롱텀 디플레이션(Long Term Deflation)으로 깊숙이 빠져들게 되어 있다.

큰손들처럼 위기를 기회로 활용하려면 미리 이론적 바탕을 머릿속에 저장해 둬야 한다.

챕터 14

투자는 타이밍의 예술

재테크 투자 대상이 되는 모든 자산은 투자해야 할 시기와 회수해야 할 시기가 있다. 따라서 모든 재테크는 최적의 투자 타이밍을 찾아야 한다.

첫째, 투자 타이밍 중 가장 중요한 타이밍은 역시 본 저서의 목표처럼 빅사이클(Big Cycle) 순환투자법을 그대로 따르는 것이다. 돈을 불려 가기 위해서는 주식 → 아파트 → 달러 → 예금 → 국채의 순서대로 투자하여야 한다. 이 순서를 거꾸로 투자하면 역주행 투자가 되며 큰 손실을 보게 된다.

빅사이클 순환투자법은 앙드레 코스톨라니의 달걀이론과 하워드 막스의 마켓 사이클의 법칙의 결점을 뛰어넘는 미국 밖에서만 유용한 현대적인 투자이론이다. 그러나 챕터 24처럼 저자에 대한 편견과 폄훼로 인해 제대로 알려지지도 않고 있음은 안타까운 일이다.

위의 5가지 재산에는 투자하지 않으면 안 되는 때가 있고 자금을 회수해서 다음 투자수단으로 가지 않으면 안 되는 이유가 있다.

앙드레 코스톨라니 등이 생각조차 하지 못한 투자이론이 바로 빅사이클 순환투자법이다. 이 순환투자 과정에서 그가 미처 생각하지 못한 재테크가 바로 달러와의 교체투자 과정이다.

타이밍으로 맞춰야 할 투자시기는 한국의 IMF 상황, 2008년 금융위기, 영국의 브렉시트, 코로나 사태 등으로 이처럼 큰 위기 뒤에는 항상 큰 기회가 온다는 사실을 잊지 말아야 한다. 워런 버핏은 거의 매번 큰 위기 시에 큰돈을 주식에 투자한다. 한마디로 최적의 투자 타이밍은 늘 위기와 같이 오는데, 이를 잘 활용하는 투자가가 바로 워런 버핏이다.

둘째, 최적의 재산증여 타이밍도 따로 있다.
최근 부동산에 대한 양도소득세가 폭증하면서 이를 피하려고 자식들에게 아파트를 많이 증여하고 있다. 이때 증여세를 줄이려면 당연히 자산 가격이 가장 쌀 때 증여해야 한다.

일반적으로 현금과 그 등가물은 증여세 과표로 100% 잡히고, 아파트는 약 70%, 단독주택은 60% 정도가 과표로 잡힌다. 평상시 주식과 아파트는 정상 가격으로 거래된다.

즉 현재 가격의 약 35% 가격으로 증여할 수 있다. 공시지가가 시세의 약 70%이고, 불경기의 끝자락으로 증여 시기를 정하면 시세가 약 50%

폭락해 있을 때이기 때문이다.

정상 가격, 즉 평상시 가격의 35%에 증여하게 된다. 숏텀 디플레이션, 즉 일반적인 불경기에만 증여해도 50% 가격으로 증여할 수 있다. 즉 10억×70%×50%=3.5억에 불과하다.

만약 롱텀 디플레이션의 절정기에 증여한다면 최고 가격의 약 20% 이하로 증여할 수 있다. 일본의 롱텀 디플레이션의 절정기에는 주식과 아파트는 약 80~90%나 폭락했었음을 기억해 보면 바로 알 수 있다.

이처럼 재산의 증여시기가 중요하다. 증여세만을 생각한다면 토지나 단독주택을 사서 롱텀 디플레이션 절정기에 증여하는 것이 가장 유리하다.

단지 그 타이밍을 찾기가 쉽지 않을 뿐이다. 그러나 거품이 터지고 불경기의 끝자락에 증여하면 개략적으로 정상 가격의 35%에 증여하게 된다.

롱텀 디플레이션의 피크 시에 증여한다면 최고 가격의 약 10~20% 가격에 맞는 증여세를 내면 된다. 한 가지 첨언한다면 주택연금 가입 시기는 거꾸로 주택 가격이 가장 비쌀 때가 가장 유리하므로 이때 가입해야 한다.

일본의 부동산은 1990년 4월 대세 하락 이후 10년 만인 2007년 7월에 약 80~90%가 폭락하였다. 결국 정상 가격의 10~20% 가격에 증여하고 이에 따른 증여세만 내면 되는 것이다. 1×0.7(공시 가격)×0.2(시세)

=0.14이다. 즉 정상 가격의 14% 가격에 증여세 신고를 할 수 있다.

또 하나, 취득가액과 시가에 큰 차이가 날 경우 다주택자나 1가구 2주택일 경우에는 양도세가 중과되는데, 차라리 증여가 더 유리할 수도 있음을 알아 두자.

당장은 증여세가 부담되지만, 향후 자녀가 주택을 처분할 때에는 취득가액이 증여 당시의 가격이 되므로 지금 내야 할 증여세보다 향후 자녀가 매도 시 내야 하는 양도세가 더 적을 수도 있다.

8월 12일부터 조정대상지의 공시 가격이 3억 원이 넘는 주택을 증여할 시에는 부과되는 취득세가 3.5%에서 12%로 오를 예정이다. 그러나 이것도 두려워하지 않아도 된다. 이 취득세는 부동산 취득원가에 포함되니 말이다. 증여받은 후에 팔 때에는 이 금액은 양도세 산정 시 공제대상이 된다.

증여를 활용하는 사람들이 늘어나고 있어 몇 가지 기본적인 팁을 말한다면, 증여를 하기 전에는 크게
1) 어떤 방식으로,
2) 어떤 재산을,
3) 언제,
4) 누구에게 물려줄 것인가를 점검해야 한다.
손자에게 직접 증여하는 방법, 부담부증여, 부부간 교차증여 등 다양한 케이스로 생각해 봐야 한다.

증여세 면세한도를 살펴보면, 납세자가 자금출처를 제대로 입증하지 못하는 경우, 미입증 금액을 증여받은 것으로 간주, 증여세를 부과하고 있다. 다만, 입증하지 못한 금액이 취득재산 가액의 20%와 2억 원 중 적은 금액에 미달하는 경우에는 재산취득 자금 등의 증여추정을 적용하지 않는다.

취득금액/입증/미입증/증여 추정사례를 보자.

사례 1) 5억/3.5억/1.5억/1.5억(취득액 20% 초과로 과표는 1.5억)
사례 2) 10억/8.1억/1.9억/면제(취득액의 20% 미달로 면세)
사례 3) 12억/9.9억/2.1억/2.1억(취득액이 20% 미달되지만 한도액 2억 초과로 과세)

여기서 주목할 점은 사례 2)와 사례 3)의 미입증 금액 차이는 불과 2천만 원이지만 과표 차이는 2.1억이나 된다는 점이다.

주택이 아닌 현찰을 증여하는 경우에는 1.5억을 증여하면 증여세는 (1.5-0.5)×10%=1,000만 원이 된다. 1억 이하는 세율이 10%, 1~5억까지는 20%이다.

무엇보다 국세청 자금출처 소명대상이 되는 경우는
1) 젊은 나이에 부동산 소유주가 된 경우,
2) 금융소득이 2천만 원 이상인 경우이다.

증여액을 추정하는 방법은 그동안 받은 월급을 전부 계산하고 그동안 쓴 현금, 카드 내역을 전부 계산한 후에 증여 전 예금현황, 증여 후 예금현황 등을 전부 확인해 보고 3~5년 후에 소명하라고 하니 미리 준비하여야 한다.

참고로, 아들 돈 5천만 원과 부모로부터 증여받은 2.5억 원으로 아파트를 산 경우, 증여세는 3천만 원이지만, 먼저 증여세를 내지 말고 잔금일에 아들 통장으로 2.5억 원을 부치고 잔금 지불 후에 등기한다.

즉시 법무사에게 가서 2.5억 차용증을 쓰고 연 2% 정도로 차용증을 쓴다. 그 후 매월 42만 원씩 송금받는다. 3~5년 뒤 국세청에서 소명요청이 오면, 차용증을 제시하면 빌려준 것이므로 증여세는 안 내도 되며, 이자소득세를 부모에게 내라고 할 것이다.

이자소득세와 이자가 시중보다 싼 만큼 증여 추정세(아주 소액이 될 것)를 내면 된다(몇백만 원도 안 될 것으로 보임). 그 후 10년 동안 자금출처 소명을 받지 않으면 국세 소멸시효는 완성되고, 걸리면 이자소득세만 납부하면 된다.

셋째, 법인을 활용하면 금융소득 종합과세를 낮은 세율로 적용받게 된다. 주식양도차익 등등도 마찬가지가 된다. 법인세율이 개인 종합세율보다 훨씬 낮으므로 활용할 수 있는 것이 법인을 활용하는 방법이다.

이 법인제도를 더 확장해서 생각해 본다면 현물출자로 자본금을 10억대 이상으로 올리고 적자배당 등으로 배당금을 대폭 늘리거나 퇴직금을 많이 책정하여 지불하면 될 듯하다.

앞으로 세제가 변경될 수도 있다. 게다가 증여·양도할 시점이 숏텀 디플레인가 롱텀 디플레인가를 판단해 내야 한다. 그리고 주택연금제도를 이용해서 상속세도 줄일 수 있다. 주택연금 수령액은 부채로 인식되므로 그만큼 상속액이 줄어든다.

넷째, 해외투자도 아무 때나 나서면 폭삭 망한다.
우리나라에서 해외투자에서 나서려면 먼저 원화 → 달러 → 투자국 화폐로 환전 → 투자상품을 현지 화폐로 구입하는 과정을 거쳐야 한다. 즉 달러투자의 과정을 투자할 때와 투자자금을 회수할 때에 반드시 거쳐야 한다. 값비싼 환전 수수료가 왕복으로 들어간다.

국내 달러가 쌀 때 달러를 싸게 사서 해외투자를 시작해야 하고 현지 화폐가 추세적인 강세를 장기간 나타날 것이 예상된다면 투자를 시작하면 된다. 당연히 한국의 원화도 추세적으로 상당 기간 강세를 유지해야 해외주식이나 채권, 부동산투자에 나설 수 있다.

한 나라의 환율 추이를 전문투자기관들도 못 맞춰 엄청난 환차손을 견디지 못하는 경우가 많고 국내 기관투자가 중 해외투자에 크게 성공한 사례는 거의 본 적이 없다. 이만큼 해외투자는 성공하기 쉽지 않다.

먼저 국내에서 투자하지만 달러투자와 효과가 똑같은 달러 예금도 해외투자와 똑같다. 앞으로 국내 달러는 30%는 무난히(?) 폭락한다. 따라서 달러 예금은 달러를 모은다는 의미는 있겠지만 앞으로 달러가격이 내리므로 큰 환차손을 보게 된다.

수출입 업체들도 달러의 가격을 예측하지 못해서 그대로 은행에 달러 예금을 하는 경우가 많다. 이들은 계속 수출입을 하므로 달러의 등락과 큰 관계는 없다.

달러로 수출대금을 지불하면 달러가격 등락과 별 관계 없이 움직여도 된다. 하지만 이 기업들이 보유한 몇백억 달러가 달러의 장기 하락추세를 확인하는 순간 이 달러는 국내시장에 쏟아진다.

중소기업들에 주로 판매되어 국내에서 사기판매라는 말을 들었던 KIKO 사태를 기억해 보라. 은행이 적인가 친구인가를 판별해 내야 한다. 달러투자, 즉 해외투자는 스스로 앞으로의 환율을 예측하고 그 결과에 맞춰 투자해야 한다.

또 하나 달러보험이 있다.

외화, 즉 달러로 가입하는 보험인데 보험료 불입과 보험금 수령을 직접 달러로 한다. 환율이 오르면 매월 불입하는 보험료가 원화 기준으로는 더 들어간다. 보험 기능과 달러 모으기 기능이 합쳐져서 그동안 항상 달러 오름세에서 평생을 살았던 우리나라 투자가들에게 인기가 있는 보험상품이다.

향후 달러 시세를 예측해서라기보다 항상 달러는 올랐다는 생각에서 달러 예금보다 이율이 약간 높고, 환차익까지 누릴 것이라는 장밋빛 전망에 따라서 가입자가 늘어나고 있다. 이율은 연 2~3% 정도다. 달러 예금은 연 0.1~0.2% 수준이고….

이 상품은 만기나 사고 시의 수령 시기의 환율이 중요하다. 저자의 예측대로 평균 20~30% 손실은 무난(?)하다고 본다. 그래도 가입하고 싶다면 미리 손실을 대비한, 즉 예측했지만 가입하는 것으로 생각해야 한다.

증권회사, 은행, 보험회사 등의 특판상품은 대개 함정이 있음을 경험을 통해서 알아야 한다. 즉 항상 반대쪽으로 생각해 보고 판단해서 사입하거나 중지해야 한다.

단지 달러보험은 달러가 폭등했을 경우 이자나 환급금을 무시하고 해약하면 대처는 가능하다.

"미래에셋, '브라질 부동산펀드' 투자자에게 투자원금의 50% 선제적 보상 추진"

2021년 2월 6일 자 〈파이낸셜〉 기사 제목이다.

브라질 헤알화 폭락으로 투자한 부동산 펀드는 수익을 봤지만 실제로는 엄청난 평가 손실을 엄청나게 입었기에 알아서 손실의 50%를 벌충해 준다는 기사다. 날고 긴다는 미래에셋운용이 공모한 펀드로 약 2천 400명이 투자한 800억 원이 대상이다.

그들의 속사정과 실제 피해액은 자세히 알 수 없다. 이처럼 기관투자가도 대실패하는데, 하물며 개인투자가가 해외투자에서 성공할 수 있을 가능성은 거의 없다. 일본의 와타나베 부인들의 달러캐리투자도 실패했다. 그들의 돈은 유령달러가 되어 귀국도 못 하고 있다.

호주 해안가의 수영장이 있는 집, 뉴욕 맨해튼의 가게, 베이징 왕징의 아파트 등 해외 부동산에 눈을 돌리는 사람들이 늘고 있다. 부자만 해외 부동산을 소유할 수 있는 것은 아니다.

유학생을 둔 가정이나 해외에 취업하고 있는 사람들은 현지에 부동산을 소유하는 것이 더 유리할 수 있다. 해외 부동산투자는 해외에서 2년 이상 거주한다거나 해외 법인을 설립하는 경우에 주로 소유한다.

국내에는 부동산 관련 세금은 내지 않고, 부동산으로 인한 소득에 대한 세금만 내면 된다. 예를 들어 부동산 취득세, 부가가치세, 재산세, 종합부동산세, 환율에 따라 발생하는 환차익에 대한 세금은 국내에 내지 않아도 되지만, 임대 소득에 대한 소득세와 부동산을 되팔아 생긴 소득에 대해서는 국내에 세금을 내야 한다.

단, 소득세는 해외 현지법에 따라 세금을 납부한 경우 이중과세 조정을 위해 국내에 납부할 세금에서 공제를 받거나 필요 경비로 산입할 수 있다.

중국의 외국인 부동산 구입 규제가 10년 만에 완화되어 외국인도 두 채 이상의 집을 구입할 수 있게 되었다. 그러나 상하이 등 대도시에서는 여전히 한 채의 부동산만 구입이 가능하다.

중국 주택건설부, 상무부, 국가발전개혁위원회, 인민은행, 공상총국, 외환국 등 6개 기관은 27일 해외 기관과 외국인의 중국 부동산 구매 전면 허용을 골자로 한 '중국 부동산시장 외자 진입 및 관리 유관 정책 조정에 관한 통지'를 공동 발표했다.

기존에는 외국 국적 보유자는 중국에서 근무 혹은 공부를 위해 1년 이상 거주한 경우에만 한 채의 집을 구입할 수 있었으나 이번 개정을 통해 거주 기간에 상관없이 두 채 이상의 집을 구입할 수 있게 되었다.

주택건설부가 2006년 발표한 '중국 부동산시장 외자진입규범과 관리의견' 중 일부 조항들도 개정됐다.

외자 부동산 기업이 중국 내 대출, 해외 대출, 외화차입금의 결산을 위해서 반드시 등록자본금을 모두 납입해야 하는 기존의 조항 역시 삭제됐다. 또한 중국 국내 혹은 해외에서 근무, 학습 중인 외국 국적 보유자도 원하는 집을 직접 구매할 수 있다.

그러나 상하이 등 대도시에선 기존의 정책대로 한 채의 집만 구입할 수 있다. 현재 상하이 같은 대도시에선 중국 국적이 있어도 해당 지역의 호적이 없으면 부동산을 구입할 수 없다.

따라서 비(非)상하이 호적자인 외국인도 상하이시가 시행령을 개정하지 않는 이상 2년 이상 사회보험 또는 개인소득세를 납부해야 주택 구매가 가능하며, 기존 구매자의 추가 주택 매입은 힘들 것으로 보인다.

다섯째, 달러 예금도 가입 최적기에 맞춰야 한다.

2020년 8월 말 달러 예금을 비롯한 거주자 외화예금은 전달에 비해 28억 7천만 달러 늘어난 874억 달러로 사상 최대치를 기록했다. 7월부터 코로나 재확산 분위기로 인해 기업과 개인이 앞다퉈 대표 안전자산인 달러 확보에 나서고 있는 것 같다.

달러 예금은 내국인과 국내 기업, 국내에 6개월 이상 거주한 외국인, 국내에 진출한 외국 기업 등이 은행에 맡긴 돈을 말하는데, 이 중 기업이 보유한 달러 예금이 약 556억 달러로 전체의 약 64%에 달한다.

해외투자에도 달러 예금에도 성공의 조건이 있다. 해외투자한 주식이나 부동산은 최소한 매입가격 이상을 항상 유지하여야 한다. 따라서 국내 환율이 장기적으로 오름세일 때 해외로 나가야 한다.

저자는 장기적으로 한국의 국내 달러는 800원 아래에서 그냥 주울 수 있다고 예측한다. 결론적으로 환율 오름세와 폭, 주가 오름세와 폭. 이 2가지를 맞추지 못한다면 해외투자에 나서지 말라.

해외투자를 권하는 금융회사의 권유에 속지 마라. 헛된 꿈을 꾸지 마라. 오히려 앞으로는 국내에 큰 기회가 있음을 알아야 한다. 그 이유는 엄청나게 풀린 돈과 달러의 지속적인 하락에 있다.

만약, 장기환율을 제대로 예측하지 못하면,

첫째, 바로 역주행 투자를 하게 된다.
대표적인 역주행 투자는 비로 한국의 IMF 직전 일본의 와타나베 부인 등이 해외에 투자한 사례이다. 일본이 지금 해외투자한 돈은 무려 3조 5천억 달러다.

이 돈은 나갈 때 환율(1달러당 약 360엔)과 지금의 환율(1달러당 약 110엔) 차이로 몇십 년째 일본 국내로 귀국도 못 하고 국제금융시장을 유령처럼 떠도는 유령달러(ghost dollar)가 되었다.

지금 해외로 나가는 한국인의 자금도 마찬가지로 유령달러가 된다. 이것이 바로 역주행 투자의 표본이 된다.

결국 지금 왕성한 해외투자는 결국 폭삭 망한다는 뜻이다. 현지의 투자자산이 올라도 귀국 시에는 환율 하락으로 결국은 손해가 되기 때문이다. 은행이나 증권회사, 정부의 말을 들어서 크게 성공한 적 있는가? 그들의 권유는 전부 개미지옥(ant lion)이다. KIKO, ELS, ELD, 브라질 국채, 달러 RP 등등 기억도 생생할 것이다. 전문업자들의 말은 항상 역발상하는 버릇을 들여야 한다.

아무리 달러를 좋아해도 머잖아 달러는 800원 아래로 폭락한다. 그 후 추세는 숏텀 디플레이션이 시작되는 경우와 롱텀 디플레이션이 진행되는 경우 달러의 향방이 다르긴 하다. 미국 배당주투자는 망하는 첩경. 따르지 마라.

요즘 국내 주식시장이 답답하다며 미국 배당주에 투자하는 사람들이 늘어나고 있다고 한다. 그러나 이것은 하나만을 알고 둘은 모르는 투자다. 모든 해외투자는 결국 달러로의 환전 과정을 거치므로 달러투자인데, 현지에서 돈이 아무리 남아도 국내 달러가격이 내리면 그뿐이다. 즉 환전할 시에는 손실 금액이 확정된다.

인도네시아 말레이시아 베트남에 투자한다고 하면 달러투자+현지화 투자+현지 자산의 상승에 대한 투자로 동시에 3가지가 올라야 돈을 벌게 된다.

한국의 기관투자가나 금융회사들은 이런 복잡한 투자에는 100전 100패 한다. 일본의 노무라 증권도 100전 110패 해 왔다. 한국은 투자은행조차 하나 없는 나라다.

만약 일본인이 미국의 배당주에 투자해서 투자원금의 461.5%의 배당수익을 봤다면 겨우 본전은 된다. 엔화의 지속적인 강세 때문이다. 360/78×100=461.5%이기 때문이다. 그 이하라면 무조건 본전 이하다.

미국을 포함한 해외투자 시에는 성공의 전제조건 2가지를 먼저 지켜야 한다. 일본인들은 배당수익+시세 차익으로 461.5%의 수익을 보면 될 것 같지만 언어도 안 통하고 관습도 안 통하는 미국 주식을 사서 성공한다는 것은 낙타가 바늘구멍을 찾는 격인 것이다.

오히려 국내시장에 큰 기회가 오고 있다.
바로 환율 때문이다.

해외투자를 권하는 금융회사의 권유에 속지 마라. 일본의 국내 달러가격은 약 50년간 360엔에서 78엔까지 폭락했었다. 한국 내의 달러는 1천200원에서 얼마까지 내릴까를 알아야 한다.

챕터 15

70년 인플레 경제 언제 다시 오나?

1) [그림 20]은 브라질 화폐 레알화의 대달러 환율 그래프이다.

[그림 20] 브라질 레알화 대달러 환율 추이

보는 것처럼 브라질 레알화는 기나긴 세월 동안 줄곧 화폐의 구매력을 잃어 가고 있다. 즉 달러가격이 꾸준히 오르는 나라다. 해외투자의 기본은 현지화가 강세를 보이는 나라로 가야 한다.

증권회사들은 브라질과 협약으로 세금이 없고 표면이자율은 10%나 되는 국채를 약 3조나 국내에 팔아 수수료로 약 900억 원을 벌었다. 우리나라의 국채이율이 1% 정도니까 겉만 보면 누구나 사고 싶을 것이다. 이처럼 현지 화폐가치가 급전직하로 떨어지는 나라는 언제 정상 경제로 회복될지 기약도 없다.

2) [그림 21]은 IMF 상황에 이르렀던 한국의 원달러가격과 코스피 지수와 주택지수를 한눈에 비교할 수 있게 한 장의 그래프로 보여 주고 있다. 우선 [그림 21]의 수직점선 Ⓐ를 보자.

다이아몬드 달러투자법이 그대로 적용되는 정상적 경제상태이기에 달러는 최저치에 가깝고 주가는 최고치를 나타내고 있다. 3개의 그래프를 관통하는 수직점선 ①은 IMF 사태 시, 수직점선 ③은 2008년 금융위기 시의, 즉 같은 연월의 달러가격, 주가지수, 주택지수를 나타내는 선이다.

달러가격이 가장 쌀 때에는 약간의 시간차가 있지만 주가와 주택 가격이 제일 비싸진다는 것을 알 수 있다. 2007년 9월의 ⑤를 보면 1달러가 903원 20전이었다. 2007년 9월 이후에 IMF 당시 급등했던 달러가 줄곧 내리면서 이에 대응하여 주가와 부동산은 Diamond 달러투자법에 따라 올랐음을 보여 주고 있다.

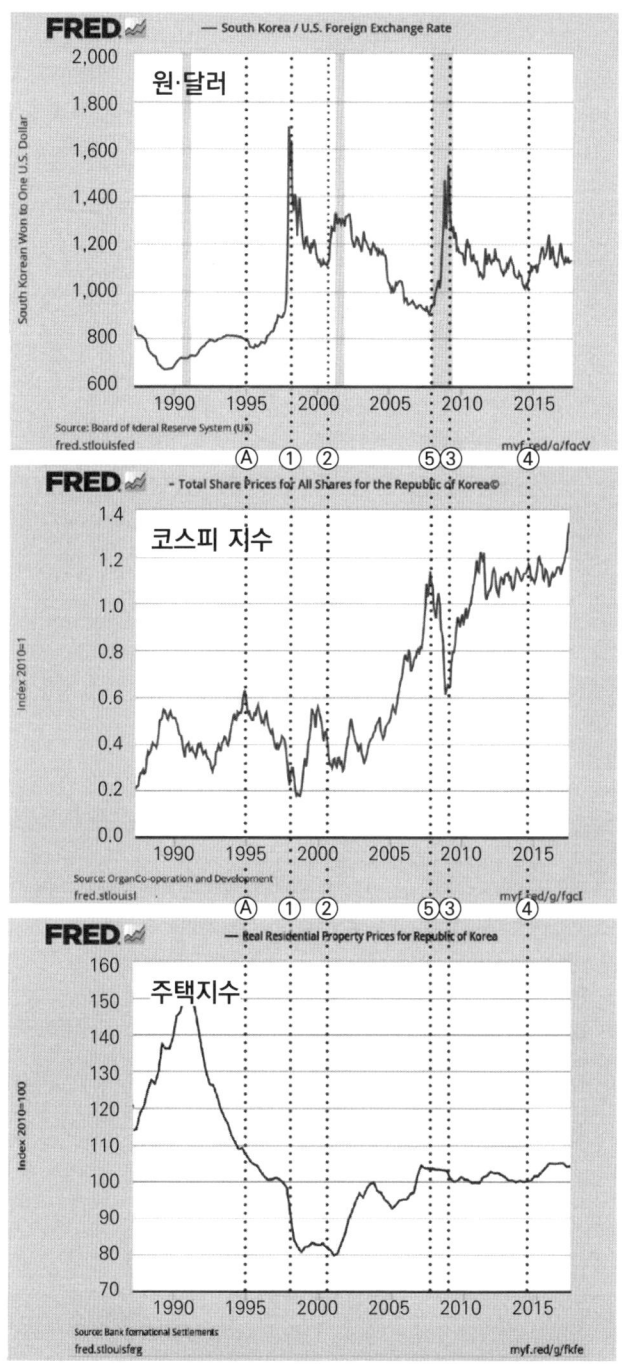

[그림 21] 한국의 IMF와 2008 금융위기 시 원·달러, 코스피지수와 주택지수 비교

만약 2008년 금융위기가 없었다면 달러는 더 내려 Ⓐ 가까이 내리고 뒤이어 1989년 4월의 달러 시세인 668원 90전을 나타내는 Ⓐ′까지 내렸을 수도 있다. 그러면 달러의 하락율에 따라서 주가와 부동산은 더 올랐을 것이다.

그렇게 되었다면 경제는 완전히 정상 상태 가까이에 도달했을 것이다. 저자는 한국의 정상경제로의 회귀를 판단하는 달러 기준가격을 1\$=800원대 이하로 본다. 즉 저자는 [그림 21]의 1995년 6월의 수직점선 Ⓐ 정도의 달러가격을 정상경제로 회귀한 것으로 보는 달러가격이라고 생각한다는 뜻이다. 이 위치의 달러가격은 759원 50전이다.

즉 길게 보면 한국의 원화 강세는 지속되어야 할 운명인 것이다.
달러가격을 요약하면
1989년 4월 한국 내의 달러는 668원 90전,
1995년 6월 달러 국내 가격은 759원 50전, 여기가 바로 (a)점이다.
2007년 9월에는 903원 20원이었다.

3) 다음으로 롱텀 디플레이션 중이었던 일본도 1996년 6월에서 1998년 6월 사이 약 2년 동안에는 롱텀 디플레 중에 나타나는 엔·달러와 니케이지수의 정비례 관계에서 벗어나 정상 경제화되어 즉 Diamond 달러투자법이 그대로 적용되어 엔·달러와 니케이지수가 반비례 관계를 유지했다는 사실이다. [그림 22]의 2개의 수직점선들이 이를 나타내고 있다.

바로 이때가 일본의 와타나베(Watanabe) 부인들이 엔 캐리트레이드로 득세한 시기이기도 하다. 약 2년간 일본 와타나베 부인들의 달러 재테크가 돋보였던 시기였다.

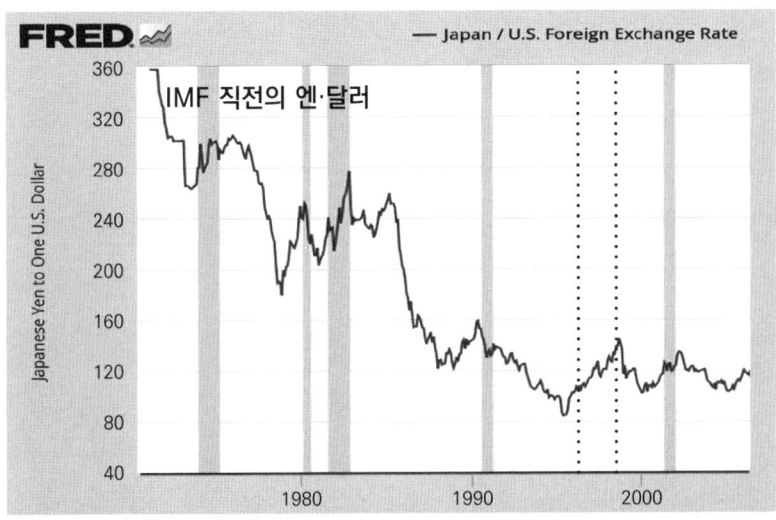

[그림 22] 일본의 엔·달러, 니케이지수(1996.6.~1998.6.)

[그림 6]과 [그림 8] 및 [그림 22]의 상황들을 동시에 감안해서 보면 아베노믹스로도 일본의 롱텀 디플레이션은 아직 치유되지 못했음을 간단히 알 수 있다. 평상시의 환율대로 복귀하지 못했기 때문이다.

[그림 8]은 1971~2018년까지 약 48년간의 엔화와 니케이225 지수의 변동을 연도별로 맞춰 놓았기에 3자의 관계를 한눈에 볼 수 있다. 수직점선을 따라가면 같은 해 같은 월의 엔화 가치와 니케이지수를 볼 수 있다.

이 중에서 특히 1988년 12월 이후의 변동을 주목하기 바란다.
롱텀 디플레이션이 시작되면서 엔화환율도 오르고 주가도 약 30%씩 이나 급등하였다. 수직점선 ②와 ③ 구간이다. 즉 롱텀 디플레이션 현상을 볼 수 있다. 이처럼 다이아몬드 달러투자법이 전혀 작동되지 않는 것이 바로 롱텀 디플레이션임은 이미 수차례나 설명한 바 있다.

[그림 23] 영국 브렉시트 이후 파운드화의 가치변화 추이

4) 한 가지 더,

브렉시트로 폭락한 파운드화의 그래프와 그 이후 파운드화의 가치변화를 [그림 23]으로 살펴보자. 수직점선이 브렉시트가 단행된 2016년 6월 23일 파운드화의 급락 상황을 나타낸 그래프이다. 당일 파운드화는 달러와 비교하여 약 4% 폭락하고 주가지수는 6%나 폭락한 바 있다.

그 후 여러 가지 우여곡절이 많았지만 [그림 23]을 통해서 일견하면 아직도 영국 경제는 제자리를 찾지 못하였음을 알 수 있다. 파운드화가 아직도 브렉시트 당시의 환율을 회복하지 못했기 때문이다. 위에서 4가지의 경우를 설명하였지만, 결국 어느 나라나 경제적인 충격 등으로 달러가 폭등 혹은 폭락한 이후에 평상시의 환율로 회귀하여야 정상적인 경제 상태로 돌아왔음을 추론할 수 있는 것이다.

숏텀 디플레, 즉 통상적인 불경기가 도래할 때에는 주식시장의 대세 하락과 함께 일시적으로 급등했던 달러가격은 앞에서 살펴본 대로 1~2년 이내에 제자리로 회복된다.

달러가격이 어느 정도가 되어야 정상가격인가를 판단하는 것 또한 불가능에 가까우므로 역시 다이아몬드 달러투자법의 정상적인 적용여부로 판단하는 것이 가장 좋다고 할 수 있다.

인플레이션에서 롱텀 디플레이션으로 바로 연결된 1989년 이후의 일본을 보면 일시적으로 급등했던 달러는 롱텀 디플레가 진행되는 동안 지속적으로 하락한다는 사실이다.

따라서 롱텀 디플레이션의 시작을 알아내어 판단해 내는 기법과 롱텀 디플레가 끝났음을 알아내는 것이 바로 대박 재테크의 가장 중요한 '비밀의 문'임을 알 수 있다. 숏텀이나 롱텀 디플레이션에 따라서 투자방법이 완전히 다르기 때문이다.

경험적으로 빚이 GDP의 약 100% 정도에 도달할 때까지는 경제 주체들은 소비를 늘려 갈 여력이 별로 없을 것으로 예측된다. 그 이후 약 70년간의 인플레 경제는 또다시 시작될 것이며 5년 호황+5년 불황은 반복될 것이다.

앞으로 2042~2043년 정도까지 롱텀 디플레이션이 지속될 것으로 예측된다. 즉 이때까지는 다시 인플레이션 경제로의 회귀가 힘들 것으로 판단된다. 보다 정확하게는 Diamond 달러투자법이 먹히지 않는 곳이 바로 롱텀 디플레 경제의 시발점이다.

또한, 롱텀 디플레이션 때문에 다이아몬드 달러투자법이 반대로 작동하다가 다시 정상적으로 작동하기 시작하는 때가 바로 인플레 경제로의 회귀를 의미하는 때가 되는 것이다.

이때가 바로 70년 간의 인플레 경제로의 회귀를 의미하는 때이다. 또한 이때가 되면 1)~4)까지 예로 들었던 나라들의 변동된 달러가격이 평상시의 가격으로 되돌아와 있을 것으로 본다.

따라서 달러와 금, 달러와 주가지수의 관계를 수시로 체크해서 다이아몬드 달러투자법으로 회귀했는지 안 했는지를 판단하는 것이 단순한 연도 예측법보다는 훨씬 더 정확하다고 할 수 있다. 즉, 달러와 주가가 같은 방향의 움직임에서 벗어나 반대로 움직이기 시작하면 정상 경로, 즉 인플레 경제로 회귀한 것이 된다.

이때가 바로 기다리던 인플레 경제로의 회귀를 의미하며, 이때부터 또다시 70년간의 인플레이션 경제로 회귀하는 때가 된다.

챕터 16

빅사이클(Big Cycle) 순환투자법

(월급쟁이나 가난뱅이가 부자 되는 법)

재테크로 크게 성공하려면

1) 평상시 즉 숏텀 디플레이션 경제하에서는 빅사이클(Big Cycle) 순환투자법 개념도 (1)의 [그림 24]처럼 투자 중인 돈을 (1) 주식, (2) 아파트, (3) 달러, (4) 예금, (5) 국채의 순서에 따라 순환투자하여야 한다.

2) 롱텀 디플레이션하에서는 [그림 8]의 수직점선 (2)와 (3)처럼 달러와 주식, 아파트가 롱텀 디플레이션 진입 1년 전부터 같이 급등했다가 같이 급락하므로 주식이나 아파트에서 달러로 교체투자하면 안 된다. 즉 달러와의 교체투자 과정은 생략되어야 한다.

이것이 가장 중요한 내용이라고 할 수 있다.
롱텀 디플레이션이 본격화된 후에도,

a) 주식에 투자하고 있었다면 주식시장이 꺾이는 것을 확인함과 동시에 부동산의 단기간 즉 약 6개월간의 단기 급등기를 노리고 주식을 팔고 아파트로 투자했다가 달러와의 교체투자 과정을 건너뛰고 달러를 판 후에 국채나 맥쿼리인프라 펀드로 가면 된다.

b) 아파트에 투자하고 있었다면 달러와의 교체투자 과정을 생략하고 주식시장이 꺾이면 아파트가 약 6개월간 단기간에 급등을 하므로 아파트를 판 후에는 국채나 맥쿼리인프라 펀드로 투자금을 넘겨가야 한다.
꼭 기억해 둬야 한다!

c) 롱텀 디플레이션이 본격화되기 전에 공교롭게도 달러에 투자하고 있었다면 [그림 8]의 수직점선 ③처럼 주식과 아파트가 마지막으로 급등한 후에는 달러가 급락하므로 주식, 아파트, 달러의 급락과 동시에 보유하고 있던 달러를 팔고 예금으로 옮겨 타야 한다.

챕터 4에서 잠깐 설명한대로 숏텀 디플레이션 즉 보통의 불경기 때의 빅사이클 순환투자법의 적용요령과 롱텀 디플레시의 빅사이클 순환투자법의 적용요령은 이처럼 완전히 다르기 때문에 반드시 숏텀 디플레와 롱텀 디플레를 구분해야 하는 것이다.

챕터 9를 다시 읽어보고 숏텀 디플레와 롱텀 디플레의 경우 투자법의 기본적인 차이점을 다시 파악하기 바란다. 빅사이클 순환투자법에서 순서에 따라 순환시켜야 할 기본재산인 주식, 아파트, 달러, 예금, 국채의 5

가지 재산을 한 바퀴 도는 데에는 강산이 한 번 변하는 데 걸린다는 10년 세월이 걸린다.

5가지 재산을 한 바퀴 순환투자해야 하는 기간이 약 10년이어서 저자는 이를 빅사이클(Big Cycle) 순환투자법이라고 명명하였다.

재테크 투자자들이 가장 헷갈려 하는 것이 부동산이 먼저냐, 주식이 먼저냐의 궁금증이다. 결론을 먼저 말하면 항상 주식이 먼저 오르고 먼저 내린다. 이것 하나면 제대로 익혀도 이 책을 읽은 효과는 거의 다 본 셈이다.

A. 선 주식, 후 부동산

이 결론은 우리나라의 주식과 아파트와 국제수지 관계를 32년간(1981~2013)을 분석해 보니 주식과 아파트는 국제수지의 궤적을 그대로 그리며 따라가고 있다는 사실을 알게 된 것이다. 그러하니 누구나 이 순서에 맞춰 투자하면 항상 95% 이상의 성공투자가 된다.

맥쿼리인프라 펀드 주식이나 국채에서 주식으로의 최적의 투자시기를 100% 가까이 맞추려면, 국제수지 흑자 1년 뒤에 바로 주식투자를 시작하지 말고 기조변환일과 삼선전환도로 다시 한번 확인하고 들어가면 된다.

국제수지가 흑자를 보이기 시작한 月까지는 알아도 日까지는 일반인들은 잘 알 수 없다. 그러나 저저의 기법은 매수 최적 날짜까지도 맞출 수 있다. 바로 대량거래를 수반하면서 주가가 대폭적으로 오른 기조 변환일이 발생한 날 매수하면 된다.

물론 기조변환일이 발생한 후 1~3일 내에 투자를 시작해도 된다. 기조변환일 당일이나 1~3일 이내에 사도 장기간 대폭적으로 오를 것이므로 종목에 따라 가격 변동폭은 약간씩 다를 것이나, 매수가격에 큰 차이가 없다.

항상 기조반전일을 확인한 후 1~3일 사이에는 적당한 매수·매도 타임이 주어진다. 기조반전일 1~3일 사이에 되돌림 확인과정을 거치게 되므로 이때에 사면 된다. 이 방법이 좋은 것으로 인정되는 것은 경험적인 주식 격언에도 나오는데, 즉 주식이 사고 싶을 때에는 3일 후에 사라는 격언이다.

기조반전일을 겪지 않고, 즉 기조변환일을 통과하지 않은 주식의 주가의 변동은 미미할 수밖에 없다. 그 이유는 가격이 조금씩 오를 때마다 매물 세례를 계속 받기 때문이다. 그러나 모든 물건 즉 주식, 아파트, 달러, 채권, 원유, 각종 원자재 등등은 기조반전일을 통과하면서 거의 전부가 새로운 주주로 바뀌는 것이다.

즉, 새로 바뀐 주주들의 평균매수단가가 이날 거래평균단가로 변경되었으므로 기조반전일의 주가까지 잘 내리지도 않으며, 그 가격 아래에서는 여간해서는 매물화되지도 않아서, 향후 탄탄한 주가 상승을 만들어 가는 것이다. 이 기조반전일 투자법은 어느 나라, 어느 시대에도 맞는 투자법이다.

기조반전일 바로 다음 날부터 1~3일 이내에 되돌림 현상이 생기는 이유는 당일 날 미처 팔지 못한 사람들과 오른지도 모르는 사람들이 기조반전일 1~3일 사이에 팔기 때문이다. 따라서 이때가 오히려 기조반전일 당일보다 더 좋은 매수시기가 될 수도 있다.

투자관점을 1~3일 이내에 바꾸는 사람은 장을 리딩하는 선도적 투자자들이고, 10~20일간 변동이 있은 후에야 깨닫는 것이 팔로잉 세력이다. 이것마저도 눈치채지 못하는 대중투자가들이 훨씬 더 많다.

저가 대형주일수록 상장주식 총 숫자의 2~3배 정도가 당일 혹은 하루 이틀 사이에 거래되어야 제대로 된 상승폭이 나오는 것이다. 이때에 서투른 투자가들은 물량 상투라면서 팔지만 리딩 그룹들은 주도 세력과 같이 거꾸로 사는 것이다.

거래량이 폭주하는 이유는 오랫동안 묶여 있던 대중투자가들이 전부 팔아서 손바뀜이 완전히 이뤄지고 있는 과정이다. 그래서 일단 팔고 나면 판 가격으로는 물량을 되살 수도 없게 되는 것이다.

주식을 판 사람들은 오랫동안 기다린 사람들이어서 손해 본 경우에도 팔아치우는 것이다. 물론 남기고 파는 자들도 있을 것이다. 기조반전일을 매매기준일로 삼는 방법은 중장기 투자에 적합한 매매기법이다. 기조반전일 투자방법은 몇 개월에서 몇 년 이상의 중장기 투자방법에 적합하며, 대세 상승장에서 특히 그 힘을 발휘하게 된다. 이를 숙지하고 실천하도록 노력하길 바란다.

또, 여기에다가 기조변환일 이후 삼선전환도로 양전환하였는지를 확인하고 투자를 시작하면 더 확실한 진입시기를 확인하고 투자하는 것이 된다. 이 경우 최적 진입시기를 맞췄을 확률은 거의 100%가 된다.

통계에 따르면 우리나라의 국제수지는 1년 뒤의 코스피의 상승과 하락으로 그대로 나타난다. 국제수지 그래프를 1년 뒤로 미뤄서 즉 래깅시켜서 보면 된다. 아파트는 국제 수지를 1년 7개월 뒤에 그대로 따라서 시세가 형성된다.

다시 요약해 보면 국제수지가 흑자가 되면 1년 후에 코스피가 오르고, 그 뒤 6개월 후에는 아파트가 오른다. 만약 적자가 나면 1년 후에 코스피가 내리고 그 6개월 뒤에는 아파트가 내린다. 이게 32년간의 한국의 국제수지와 주식, 아파트의 움직임을 타임래그처리하여 비교 분석한 것이다. 즉 항상 오를 때나 내릴 때나 先 주식, 後 부동산임을 잊지 말자.

그럼 이제는 국제수지가 무엇인가를 알면 국내에서의 재테크는 다 알고

치는 고스톱으로 봐도 된다. 국제수지란 한 나라가 국제간 거래한 수입, 지출 내역이다. 즉 모든 형태의 국제간 거래가 포함된다. 재화 및 용역의 거래, 이전거래, 자본거래 등 일체의 거래를 포함한다.

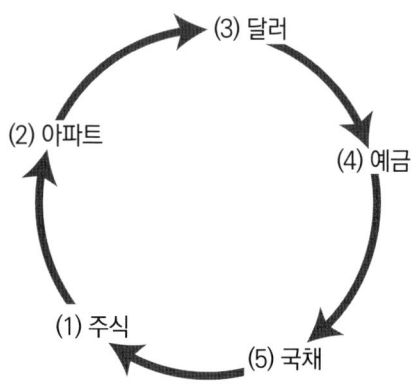

[그림 24] 빅사이클(Big Cycle) 순환투자법 개념도 (1)

미국의 경상적자 규모는 세계 경제성장에 직접적인 영향을 끼치며, 미국의 경상수지 적자규모를 확대시키면 호황이 찾아오고 축소시키면 불황이 찾아온다. 미국은 전 세계 경제의 25%를 넘을 정도의 경제대국이다.

미국이 기축통화의 가치를 유지하려면 경상적자를 줄여야 하지만 이를 줄이면 세계 경제는 불경기로 진입한다. 결국 이것 하나로도 미국은 경상수지 적자폭을 활용하여 세계 경제를 볼모로 잡은 것과 같다.

한국경제는 국제수지가 좋아지고 나서 약 1년 후 먼저 주식시장이 오르기 시작한다. [그림 26]처럼 그 후 약 6개월 후에는 이제는 부동산, 특히 다른 부동산에 비해 유동성이 더 좋은 아파트가 부동산 중에서도 먼저 서서히 용트림을 시작한다.

내릴 때에는 당연히 반대다. 만약 국제수지 적자가 지속되는 현상이 나타난다면, 이를 국내에 경제위기가 찾아온다는 사전 정보로 활용할 줄 알아야 한다는 점이다.

한국시장의 분석결과는 부동산이 주식시장에 이어 약 6개월 후행하고 [그림 8]처럼 일본은 부동산시장이 약 5개월 더 늦게 움직인다. 1990년 일본 붕괴 시에는 약 3개월의 시차를 두고 부동산시장이 붕괴했다.

일본은 한국보다도 단독주택 비중이 훨씬 높지만 한국보다 움직임이 약 2개월 더 빠르다. 2010년 부동산지수가 발표되기 시작한 이후의 일본의 니케이지수와 부동산지수의 변동추이를 봐도 약 5개월의 시차가 남을 [그림 16]으로 한 번 더 확인 가능하다.

일반적으로 주식과 아파트의 움직임에 시차가 나는 이유는 유동성의 차이와 거래 가격의 차이 등으로 이해되나, 한국과 일본의 부동산의 반응 속도 차이는 2개월 정도이므로 거의 같다고 볼 수 있다.

숏텀 디플레이션하에서라면, 즉 보통의 불경기 중에는 이 주식과 아파트의 시세 반응 속도를 이용하여 시간차 공격이 가능하다.

빅사이클 순환투자법, 즉 재테크 기초이론상 아파트나 주식에의 투자는 Diamond 달러투자법에 따라서 투자해야 한다.

미국의 무역적자가 늘어나면 달러는 약세가 되고 현지화는 강세가 된다. 이 경우에는 주식과 아파트는 무조건 사야 한다. 이런 경우, 즉 환율의 변동에 따른 주식과 부동산의 가격 변동은 지속적이며 가장 강력하다.

다이아몬드 달러투자법에 따라 달러가격이 가장 쌀 때가 주식이 가장 비쌀 때이며 이때가 주식을 팔고 달러를 사야 하는 타이밍이다.

이와 반대로 달러가격이 가장 비쌀 때가 국내 주식가격이 가장 쌀 때이다. 이를 현실에 대입하기만 해도 두세 가지의 확실한 투자 방법이 생겨날 것이다.

환율의 하락에 따른 자산 가격의 폭등은 정부에서 규제책을 펼 방법도 없어 대폭등을 막을 수도 없다. 환율을 예전처럼 임의로 조절하다가 잘못하면 환율조작국으로 지정되기 때문이다. 이제 한국에 다가오는 달러가격의 장기적 하락세, 즉 1985년대의 일본처럼 원화 자산들의 마지막 축제가 오고 있다.

1천 200원에서 860원으로…. 환율의 마지막 바닥은 훨씬 더 아래로 짐작되지만 너무 낮아 발표하기 곤란할 정도이다. 매번 찾아오는 통상적인 불황 때의 아파트, 주식 투자 방법과 롱텀 디플레 시대의 투자 방법이 완전히 다르다는 사실을 절대로 잊어서는 안 된다.

숏텀 디플레이션 시에나 롱텀 디플레이션 시대나 같은 방법으로 투자하면 안 된다. 모든 것이 폭락하는 이런 롱텀 디플레 현상들은 기존의 경제학 이론으로는 설명할 수도 해결할 수도 없다. 일본은 이를 30년 이상 해결하지 못하고 헤매고 있다. 저자는 롱텀 디플레를 최초로 분석하고 새로운 투자법을 소개한다.

주식이나 부동산의 투자는 어려운 게 아니다. 큰손들이 움직일 수밖에 없는 순서에 맞춰 투자하면 된다. 기관투자가 등 전문투자자들은 차례대로 반드시 가야 하는 길과 순서가 있다. 정해진 이 '길'과 '순서'를 역행하는 역주행 투자는 큰 손실로 귀착된다.

다시 말하지만 숏텀 디플레이션하에서라면, 즉 보통의 불경기 중에는 이 주식과 아파트의 시세 반응속도를 이용하여 시간차 공격이 가능함을 잊지 말아야 한다.

또 한 번의 투자기회가 남아 있는 것이다. 즉 주식시세가 완전히 꺾였음을 확인한 후 주식을 팔고 아파트의 마지막 급등기를 즐겨야 한다.

대개의 경우 기관투자가 등 큰손들이 주식시장의 대세 하락을 유도한다. 이들의 매도 시기는 삼세번의 원칙에 따른 금리가 가장 큰 기준이 된다.

B. 빅사이클(Big Cycle) 순환투자법

이 빅사이클(Big cycle) 순환투자법은 코스피의 주도주를 30년간 분석한 결과에다가 1981~2013년까지 32년간 한국의 국제수지와 주가, 아파트가격의 변화 등 경제지표들을 분석한 자료를 결합하여 저자가 창안한 주식, 아파트, 달러, 예금, 국채 간의 순환투자법칙이다.

장기간의 데이터를 분석 응용한 것이어서 틀릴 가능성은 거의 없다. 적중률은 최소 95% 이상으로 본다. 아래의 (1)~(3)의 경기순환 순서와 기간을 기초로 하여 순서에 따라서 주식 → 아파트 → 달러 → 예금 → 국채를 순환투자해야 수익이 극대화된다는 재테크 종합이론이다.

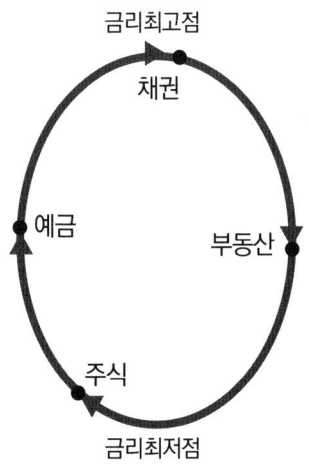

[그림 25] 앙드레 코스톨라니의 달걀이론

평상시 즉 숏텀 디플레이션 시에는 어느 나라나 어느 시대에나 그대로 적용 가능하며 달러와의 교체투자 과정이 꼭 필요한 순환투자 과정 중의 한 과정이므로 미국에서는 이 순환투자법을 그대로 적용해서 투자할 수 없다. 즉 미국에서 적용할 경우애는 달러와의 교체투자 과정은 생략되어야 한다.

즉, 빅사이클 순환투자법의 기본 원리는,

1) 우리나라의 호경기를 3~4년 정도로 본다. 분석에 따르면 이 기간 동안 주도주는 보통 4~20배나 오른다.

2) 호경기인지 불경기인지 모를 애매모호한 경기 기간을 2~3년으로 본다.

3) 우리나라의 불경기 즉 숏텀 디플레이션 기간을 보통 3~4년으로 보고 이 경기 순환에 맞춰 재테크 기법을 만든 것이 바로 빅사이클 순환투자법이다.

One Business Cycle(한 번의 경기순환)은 10년이 보통이지만, 더 짧든, 더 길든 국채나 맥쿼리인프라 펀드에서 주식시장으로의 진입 여부의 판단기준은 이미 결과가 나온 미국경기와 한국의 국제수지로 판단하는 것이므로 적중률은 항상 95% 이상이 된다.

한 가지 유의할 점은 롱텀 디플레이션하에서는 절대로 이 빅사이클 순환투자법을 적용해서 투자하면 안 된다는 점이다.

먼저, 빅사이클 순환투자법과 흡사한 앙드레 코스톨라니의 달걀이론을 먼저 알아보자.

우선 앙드레 코스톨라니가 주장하는 [그림 25]의 달걀이론에서 가장 중요한 투자결정 포인트인 금리최저점과 금리최고점을 알아내는 것은 현실적으로는 불가능에 가깝다. 왜냐하면 최고·최저 금리는 정해져 있는 것이 아니고 당시의 경제상황에 따라 항상 다를 수밖에 없다.

결국 달걀이론을 따른다면 주식이나 채권에의 투자시기를 결정하는 것이 너무 어려워 시장에 진입시기부터 오류를 범할 수 있다는 뜻이다.

그러나, 저자의 Big Cycle 순환투자법은 주식에의 투자싯점 판단법이 미국의 경상수지 적자비율의 확대시기나 한국의 국제수지의 흑자 시점부터 기산하여 1년 후의 기간으로만 판단한다.

당시의 금리수준은 고려대상도 아니어서 간편하고 정확하다. 마치 수학공식처럼 국제수지 흑자 1년 후 주식시장으로 진입하면 된다.

주식에 투자하고 나면 주가지수는 지속적으로 상승하게 되고, 6개월 후부터는 아파트도 서서히 상승한다. 주식시장은 2~3년 정도 지속적으로 오르다가 어느 순간 붕괴된다.

물론 아파트도 주가지수가 오르기 시작한 후 약 6개월 후부터 주가지수와 같이 오르는데 단지 상승각도가 주가지수에 비해서 훨씬 낮게 오른다. 그 후 주가지수가 붕괴한 후에도 6개월간 아파트는 더 오르며 그동안 상승각도가 낮은 상태였기에 주식시장이 붕괴한 후에는 그 차이를 메꾸기 위해서 급등하게 된다.

즉 주식시장이 붕괴된 후에도 아파트는 6개월간 본격적으로 폭등하게 된다. 그래서 경기순환 후에 비교해 보면 주식의 상승률과 아파트의 상승률은 거의 같게 된다.

그다음에는 달러로의 교체투자 과정을 거쳐 예금에 가입하고 있다가 예금금리가 내리기 시작하면 국채나 맥쿼리인프라 펀드로 투자처를 바꿨다가 다시 국제수지 흑자 1년 후 주식시장으로 진입하면 된다. 이렇게 1회의 빅 사이클이 완성되는 것이다.

또는 달러로의 교체투자 과정과 예금 과정을 생략하고 주식이나 아파트에서 바로 국채나 맥쿼리인프라 펀드로 가도 된다. 이렇게 달러와의 교체투자 과정을 생략한다면 단지 수익률이 절반 수준으로 낮아질 뿐이다.

이렇게 저자가 창안한 Big Cycle 순환투자법은 바로 수학 공식처럼 간단하고 정확하게 투자시기와 회수시기를 알 수 있어서 편리하다. 최고금리를 몰라도 최저금리를 몰라도 투자시기 파악에는 전혀 문제가 없다. 한국의 국제수지 흑자 1년 후에 주식을 사면 된다.

앙드레 코스톨라니의 달걀이론과 비슷한 하워드 막스의 마켓 싸이클의 법칙은 워런 버핏이 따라 한다고 해서 유명하다고 한다. 둘 다 빅사이클 순환투자법과 비슷한 순환투자법이지만 아무도 저자가 정리한 이 Big Cycle 순환투자법에는 당할 수 없다.

저자가 큰소리를 치는 이유는 이 2가지의 순환투자법은 달러와의 교체투자 과정이 없기 때문이다. 저자의 빅사이클 순환투자법은 순환투자 과정 중 달러에의 교체투자 과정이 가장 중요하고 독특하다. 달러와의 교체투자 과정이 수익 발생도 가장 크고 단기간에 약 4배나 수익달성이 가능하다.

또, 투자이론이 비슷해도, 미국에서만 적용되는 투자법칙과 미국 이외의 나라에서만 적용되는 투자법칙이 있다는 점이다. 빅사이클 순서상으로 달러로의 교체투자 과정이 제일 중요한데, 미국에서는 이 달러와의 교체투자가 불가능하기 때문에 투자법이 약간 달라질 수밖에 없다.

이 Big Cycle 순환투자법이 바로 대표적인 케이스다.
달걀이론이 탄생할 즈음은 비(非)개방경제 시대여서 앙드레 코스톨라니는 달러와의 교체투자 과정이 빠진 자산간 순환투자 과정만을 생각했던 것으로 보인다.

또 하워드 막스 이론은 저자가 미국인이어서 달러와의 교체투자 과정을 생각하지도 못했을 것으로 보인다. 즉 앙드레 코스톨라니나 마켓 사이클 이론은 시대에 뒤떨어졌거나 미국에서만 통용될 수 있는 이론이다.

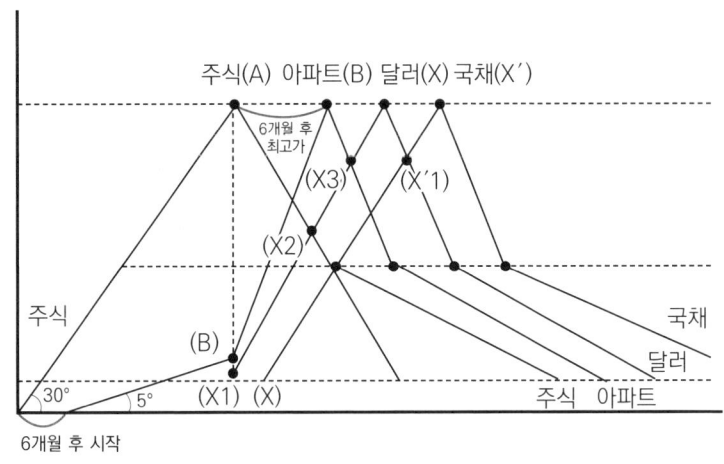

[그림 26] 빅사이클(Big Cycle) 순환투자법 개념도 (2)

참고로 저자가 창안한 이 빅사이클 순환투자법은 미국을 제외한 전 세계 어느 나라에서나 항상 활용 가능하고 그 순서도 같다.

여태까지 우리들은 모든 재산들은 더 좋은 투자성과를 위해서 달러로의 교체투자 과정이 반드시 필요하다는 사실도 모르고 투자해 왔다. 즉 Diamond 달러투자법도 몰랐다는 얘기가 된다.

이제는 왜 투자금을 (1) 주식 → (2) 아파트 → (3) 달러 → (4) 예금 → (5) 국채의 투자순서에 따라 투자해야 하는지 [그림 26]의 빅사이클(Big Cycle) 순환투자법 개념도 (2)를 보면서 다시 한번 자세히 설명한다.

1) 불경기를 지나 미국의 경상수지 적자비율(미국 제외 전세계 GDP의 2%정도)이 확대되기 시작하면서 우리나라의 경기도 좋아지기 시작한다.

한국의 국제수지 흑자가 발생한 지 1년이 지나면 우리나라의 주식시장은 움직임을 시작한다.

정부의 발표는 실제 경기보다 통상 6개월~1년 정도 늦음에 유의하여야 한다. 집계하고 분석하고 발표하는 데 시간이 걸리기 때문이다.

그래서 일반인들은 주식시장이 통상 실물시장보다 약 6개월 먼저 움직인다고 즉 더 빠르다고 말하게 된다. 당시에 금리는 최저수준이고 발빠른 기관투자가들만이 바닥에서 주식을 모으고 있다.

주로 뛰어난 유동성을 이유로 주식이 아파트보다 약 6개월 먼저 움직이기 시작한다. [그림 26]처럼 주식은 약 30도의 각도로 꾸준히 상승을 시작하고 아파트도 약 5도의 기울기로 서서히 오른다.

호경기로 수출은 늘어나면서 달러가격은 서서히 내리게 된다. 환차익도 발생하고 국내 경기가 좋아짐을 아는 외국자금들은 국내 주식시장과 아파트 시장을 서서히 공략해 들어오기 때문이다. 다이아몬드 달러투자법이 그대로 잘 적용된다.

매 경기순환마다 주도산업이나 주도기업이 나타나서 경기를 이끌어 가는데, 보통 주도주는 3~4년간 상승세가 지속되고 4~20배까지 오른다. 거의 매번 미국의 주도주가 한국의 주도주가 된다. 주도주 찾는다고 애쓰지 말고 한국보다 먼저 이미 달아올랐을 미국의 주식시장을 보고 한국에서 같은 업종의 대표 주식을 사면 된다.

2) 국내 달러가격이 최저시세를 기록하면 국내 주식은 최고시세가 된다. [그림 26]의 B점이 바로 달러를 가장 싸게 살 수 있는 때이다. 이때 주가는 최고를 기록하고 있음을 그래프로 확인할 수 있다. 바로 A점의 주가지수가 최고지수이다.

3) 2~3년간 급등한 후 주식시장의 거품이 붕괴되고 주식은 폭락을 시작하고 아파트는 이제 본격적으로 오름세를 나타내기 시작한다. 아파트는 여기서부터는 40~50도 이상의 상승각을 6개월간 나타낸다.

매 경기순환마다 아파트가격의 상승은 주식보다 약 6개월 늦게 상승을 시작하므로 경기가 끝날 때에도 주식시장 붕괴 후 항상 6개월 뒤에 최고시세를 형성한다.

주가가 항상 먼저 오르고 먼저 내리지만 같은 경기순환 기간 동안의 주가지수와 아파트의 평균 상승률을 비교하면 두 재산의 평균 상승률은 거의 같음을 알 수 있다. 오르는 기간 또한 비슷하다.

아파트는 항상 주식보다 6개월 정도 늦게 오르기 시작한다는 점과 그 대신에 주식시장은 이미 붕괴되었어도 약 6개월간 폭등을 지속한다는 점을 절대 잊어서는 안된다.

다시 한번 정리하면 최고지수에 도달한 주식은 어느 날 갑자기 거품붕괴와 함께 급락하고, 달러는 주식의 폭락에 비례해서 급등한다. 바로 Diamond 달러 투자법대로 달러가 급등하고 주식은 폭락한다. 저자가 주창한 다이아몬드 달러투자법의 원칙이 정확히 적용됨을 확인할 수 있다.

a) 만약 주식에 투자했다면 주가가 최고일 때 팔아서 그동안의 상승에 따른 이득을 취한 후에 주식을 판 자금으로 달러를 매수했다가 최고가 근처에서 달러를 팔면 약 4배의 수익을 올릴 수 있다.

b) 달러가 최고 시세일 때 달러대출을 받아서 바로 팔고 1~2년 기다렸다가 경제가 정상화된 후 달러가 최저가격에 도달했을 때 달러를 사서 갚으면 이 또한 2배의 이득을 취할 수 있다.

4) 정상적인 방법대로 투자한다면, 이제 적당한 때에 급등한 달러를 팔고 예금에 가입한다. 그 후 맥쿼리인프라나 국채를 사 두면, 불경기 동안 금리는 계속 내리므로 맥쿼리인프라나 국채 시세는 폭등을 거듭하게 된다. 10년물 기준으로 금리가 1% 내리면 이 2가지 상품은 순식간에 7% 폭등한다.

20년물이라면 14%가 폭등한다. 맥쿼리인프라나 국채를 매수하면 이처럼 시세 차익을 누릴 수도 있고 매년 국체이자로도 연간 2~3%의 수익을 올릴 수 있다. 맥쿼리인프라의 배당금은 최저 약 6% 정도가 된다.

금리가 내리면 채권 가격은 급등한다. 기나긴 불경기를 지나는 동안 금리는 제로 수준으로 떨어지고 현금 가치는 상대적으로 급등한다. 아파트와 주식가격이 줄곧 내리기 때문이다.

불경기가 끝나고 미국의 경기가 회복되기 시작하면 이제는 또다시 주식시장이 꿈틀대기 시작한다. 이때 국채를 팔고 다시 주식으로 자금을 이동시키는 공식이 항상 적용된다.

맥쿼리인프라는 2043년까지 리펀드되면서 해산될 예정이므로 2043-2021=22년짜리 국채와 거의 같으나 국채보다 배당률(이자율)이 더 높으므로 더 좋은 상품이다.

5) 마지막으로 Big Cycle 순환투자법을 정석대로만 투자할 것인가, 변칙적인 투자법까지 쓸 것이냐를 평소에 결정해 두는 것이 좋다. 정상적인 순환투자법은 위에 설명한 것과 같다.

변칙적인 순환투자법은,

1) 주식이 최고점을 기록한 후, 급락을 시작할 때 주식을 팔고 달러를 (×1)점에서 산다.

2) (×2)점 정도에서 달러를 팔고 아파트를 산다. 아파트 최고점은 주식시장 붕괴 6개월 후가 되므로 주식시장 붕괴 후 4~5개월쯤 되는 시기에

아파트를 판다.

주식시장 붕괴 후 6개월째가 아파트는 최고시세이므로 이때 아파트를 처분하고 다시 달러로 교체매매한다.

3) 달러를 (×3)점 정도의 시세로 다시 산다. 잠시 쉬었던 달러는 아파트가 폭락을 시작하므로 다시 급등한다. 그 후 달러가 꼭대기에서 주춤거리거나 상승률이 점점 줄어들면 이젠 달러도 팔아야 한다.

달러가격이 꼭대기 즈음에서 이제는 달러를 팔고 예금에 가입한다. 그 후 맥쿼리인프라 펀드나 국채를 (X)정도에서 살 수 있을 것이다. 달러가격이 폭등한 상태이므로 국채나 맥쿼리인프라 펀드는 바닥가격을 형성하고 있게 된다.

다가온 불경기를 온 나라가 이겨 내야 하니까 이제 금리는 지속적으로 내려야 할 운명이다. 일정 기간, 즉 금융위기 등이 끝나면 달러가격은 평상시 가격으로 되돌아온다.

경제가 정상화되는 시점을 챕터 15에서 설명한 대로 달러가격이 정상으로 되돌아온 시점으로 보면 맞다. 달러가 급등하여 맥쿼리인프라 펀드와 국채를 적절한 가격으로 인수할 수 있었고, 그 후 금리하락이 지속적으로 이뤄져 2상품의 시세도 충분히 즐길 수 있었을 것이다.

즉 주식(A) → 달러(X) → 아파트(B) → 달러(X) → 예금 → 국채(X')로 가는 약간은 변칙스런 빅사이클 순환투자법 코스가 된다.

또 롱텀 디플레이션이 도래한 후에는 앞에서 설명한 대로 달러와의 교체투자 과정을 생략해야 한다. 어쩌면 이것이 가장 중요하다고 할 수 있다. 이는 숏텀 디플레이션이라고 오판하고 흔히 범할 수 있는 실수이므로, 항상 지표들을 확인하는 버릇을 들여야 하며 늘 기억해야 한다.

시장은 공평하다.
노벨 경제학상 수상자도 하버드 경제학 박사도, 경영학 교수도, 증권사 사장도 아파트, 주식투자에서 항상 깨진다. 그들도 재테크의 기본 공식을 모르기 때문이다. 그들도 주식시장, 아파트시장에 오면 햇병아리다.

월급쟁이와 가난뱅이가 부자가 되지 못하는 이유도 결국 주식이나 부동산에 투자해서 성공하는 방법을 아무도, 아무 데서도 가르쳐 주지 않기 때문이다.

경제학과, 경영학과, 회계학과, 재무관리학과 등등 대학에서 배우는 돈에 관한 공부도 겨우 증권투자론 한두 권 배우면 끝인데, 이마저 실제 증권투자와는 아무런 관련도 없는 이론서를 배운다.

하버드 경제학 박사도 노벨 경제학상 수상자도 주식이나 아파트투자로 큰 부자가 된 자는 없다. 이 사실은 오히려 개미들에게도 희망이 있음을 나타낸다.

투자에서 돈을 버는 방법은 박사나 석사나 고졸 정도면 그 실력이 다 같으며, 별도로 공부하지 않으면 그 결과도 같다는 것이다. 이래서 초보자들도 제대로 된 투자 공부만 하면 박사보다 경제학 교수보다도 더 희망이 있다는 것이다.

30년 언론인의 경험과 50년 투자경험으로 볼 때 한국의 공매도 제도를 빼고는 시장은 지극히 공평하다.

저자가 주창하는 Big Cycle 순환투자법에 따라 투자하면 시장을 따라잡을 수 있다. 저자의 투자법은 수학공식에 가까우므로 심리적으로도 흔들림 없이 투자할 수 있을 것이다.

즉 이 투자법으로 기계적으로 투자하므로 흔들리는 마음과 시장을 이겨낼 수 있음을 알았기에 주식투자, 아파트투자, 달러투자, 국채투자에 관한 기법들을 한 권의 책으로 묶어서 펴낸 것이다.

한 번의 경기순환이 10년 정도이고 순환하는 재산의 종류가 5가지이니 기본적으로 한가지 재산을 2년 정도씩 보유하고 투자해야 된다는 뜻이 된다. 그러하니 살 때 잘 골라서 사야 하고 잦은 매매를 하지 말아야 한다.

그래야 순환에 따라 주어지는 가격 상승분을 다 취하게 된다는 점을 기억하기 바란다. 즉 주식을 한 번 사면 2년 정도 가져가도 될 종목을 사서 같은 기간 보유 후에 팔고 다음 순환자산인 아파트로 가는 것이 기본 원칙이다.

매 주말을 맞아 작심 3일이면 저자의 책들로 누구나 재테크 지식을 완성할 수 있다. 게다가 이 관련 재테크 지식은 한 번 익히면 평생 써먹는다. 재테크 지식과 기법은 세월이 아무리 지나도 크게 달라질 것은 없다. 인간의 욕심은 끝이 없고 그 욕심을 다루는 것이 바로 재테크 기법들이기 때문이다.

월급쟁이나 가난뱅이가 부자가 되는 방법도 많을 것 같지만, 월급 탄 것을 부동산이나 주식으로 불리지 못한다면 영원히 부자는 될 수 없다.

시중의 기존 재테크 책들은 주식 책은 주식만을 설명하였고 부동산 책은 부동산만을 설명하고 있다. 결국 그동안의 재테크 공부는 단편적인 재테크 지식에 불과한 셈이다.

즉, 주식투자 요령과 부동산투자 요령 및 국채와 달러투자 요령까지 동시에 이해해야 하는데 한 부분의 지식만을 획득하게 되어 큰 이익을 누리지 못하는 것이다.

재산들은 서로 관계가 있다.
주식이 꺾여야 아파트가 폭등한다는 사실, 재산 간에는 순환상승의 원칙이 있다라는 사실. 정상적으로는 주식 → 부동산 → 달러 → 예금 → 국채로 순서에 맞춰 한 바퀴를 돌리면 돈은 기본적으로 16배 늘어난다는 사실을 알아야 한다.

이렇게 주식, 아파트, 달러, 예금, 국채 등 모든 재산증식 수단들을 한 권의 책에서 동시에 설명한 책은 전 세계에서 저자의 책이 유일하다. 그래서 간단히 재테크 전체의 기본원리를 3일 만에 이해할 수 있게 된다.

주식과 아파트, 예금과 국채와 달러는 경기순환에 따라 반드시 순서에 따라 교체투자되어야 한다. 교체투자할 때마다 재산은 더블로 불어나 1회의 경기변동(One Business Cycle)에 최소 10배 정도로 재산을 불려 나가면 제법 잘한 투자가 된다.

시중의 어줍잖은 재테크 책들은 남의 분야는 설명조차 하지 못한다. 전문가라는 사람들도 자기 분야만 알기 때문에 다른 분야는 거의 모르니 그 스스로도 코끼리 다리 만지기 식 투자밖에 못 한다.

주식이 꼭대기를 친 후 주식을 팔자마자 바로 그 자리에서 당일에 달러를 사야 하거나, 또는 그 당일에 아파트를 사야 하는 경우가 있는데, 그 이유 등 기초지식을 미리 알아 둬야 하는 것이다. 돈은 돌고 돈다. 대신에 항상 수익이 많이 나는 곳으로 흐른다.

매 주말을 맞아 작심 3일이면 누구나 재테크 지식을 완성할 수 있다.

한 번 익히면 평생 써먹는 게 재테크 지식이다. 재테크 지식과 기법은 세월이 아무리 지나도 크게 달라질 것은 없다.

돈이 이익을 쫓아 움직이는 길과 순서는 항상 같고, 돈을 추구하는 인간의 욕망은 과거에나 현재나 미래에도 항상 같기 때문에 재테크 기법도 달라질 이유가 거의 없다. 단지 이를 해석하는 새로운 시각과 새로운 통계의 발견과 응용기법이 달라지는 것일 뿐!

월급쟁이나 가난뱅이가 부자가 되는 방법도 많을 것 같지만, 결국 월급 탄 것을 부동산이나 주식으로 불리지 못한다면 영원히 부자는 될 수 없다. 의사 수의사 약사 변호사 등 자유직업을 가졌어도 마찬가지다. 결국 순환투자법의 순서에 맞춰 돈을 순환시켜 투자자간을 불려 나가야 부자가 되는 것이다.

만약 저자의 책도 기존의 다른 책들과 내용이 비슷하거나 같다면 책으로 낼 이유도 없었다. 내 자식들과 내 손자와 독자들은 기존 책으로도 얼마든지 재테크 기법을 익힐 수 있기 때문이다.

제 4 부

CONTENTS

챕터 17	부를 지키려면 법인을 보유하라	277
챕터 18	가문의 부동산을 만들어라	281
챕터 19	최고의 투자처는 농지투자	284
챕터 20	통일 시의 재테크	288
챕터 21	새로운 재벌도 탄생한다! 롱텀 디플레이션 전쟁 주식투자의 정수는 공매도	294
챕터 22	완전 무이자 레버리지 10배/15배 투자법	306
챕터 23	비트코인의 장래	320
챕터 24	편견과 폄훼	325

제4부
악의 금융학

금융(金融, finance)의 사전적 정의는 이자를 받고 자금을 융통하여 주는 것을 말한다. 금융은 정상적인 자금의 융통을 말하지만 악(惡)의 금융이란 정당하지 못한 자금이나 떳떳하지 못한 자금, 탈세한 자금 등을 융통하는 것을 말한다.

합법적으로 번 돈이어도 탈세하기 위해 숨어 버리는 자금이나 비합법적으로 번 돈이어서 지하로 숨어 버리는 자금, 이런 자금도 융통되므로 이를 악의 금융이자 지하자금이라고 부른다.

탈세와 절세는 글자 한 자 차이에 불과하지만 각국 지하자금의 규모는 경제정책을 방해할 정도로 커져 가고 있다.

제4부를 '악의 금융학'이라 정했는데 정당하지만 미묘하게 불법 유통되는 불법스런 금융도 같이 다뤄 보기로 한다.

누구도 악의 금융 규모를 정확히 파악할 수 없으나 어느 나라나 GNP의 10% 이상일 것으로 추정한다. 엄청난 세원이 누수되고 있는 것이다.

늘 거론되는 정치자금이 있고, 마약, 도박 자금도 대표적이다. 법의 보호를 받는 의료법인, 학교법인, 종교법인 등의 수입은 파악조차 제대로 안 되고 있는 게 현실이다.

챕터 17

부를 지키려면
법인을 보유하라

큰 부자가 되려거든 먹이사슬의 맨 위에 서야 한다. 그러기 위해서는 창업하는 것이 가장 유리하다. 인터넷 기반 기업을 창업하여 IPO를 거쳐 창업자 이윤(창업자 이득)을 챙겨야 한 번에 큰 부자가 될 수 있다.

그러기 위해서는, 즉 인터넷 기반의 창업을 하려면 시대를 읽을 줄 알아야 한다. 새로운 아이템을 찾기 위해서는 다양한 책을 읽고 이를 하나로 통합해 내는 습관을 키우고 능력을 키워야 한다. 이런 기업들은 창업 당시, 가족회사로 출발하는 경우가 많다.

그러나 법인이 유리한 점은 많다. 현재의 세제하에서는 아무리 재산이 많아도 3대를 지나면 상속세로 재산은 다 없어진다. 그러면 부는 상속되지 않는 것이나 마찬가지가 된다.

가문, 즉 집안 단위로 부를 생각해 봐야 한다. 상속세를 줄이거나 피하기 위한 갖가지 기법들이 동원되지만 무엇보다 중요한 것은 합법적으로 면세처리를 받는 방법일 것이다. 바로 그 중심에 학교법인과 종교법인이 있다.

개인의 재산을 법인 소유로 바꿔서 법인 소득을 개인의 근로소득·배당소득·퇴직소득으로 나눠서 지불하게 되므로 세율도 낮아지는 효과가 있다.

얼마 전 정치권을 뜨겁게 달군 사안이 있다. 바로 초과배당을 통한 절세 기법이다. 특정 주주에게 지분율 이상의 이익금, 결국 임대 법인이라면 임대료를 더 배당하는 초과배당 제도를 이용하여 증여세 절세가 가능하다. 초과배당은 결국 배당을 포기한 주주가 초과배당을 받는 주주에게 증여한 것이므로 증여세를 내야 한다.

이때 이중과세를 방지하기 위해 미리 낸 배당 소득세만큼을 증여세에서 공제하는 규정이 있다.

법인을 활용하면 금융소득 종합과세를 피해 가게 된다. 여기서 생각해 보거나 검토할 일은 현물출자로 자본금을 10억대 이상으로 올리고 적자 배당 등으로 배당금을 대폭 늘리거나 퇴직금을 많이 책정하여 지불하면 될 것이다. 이를 세대 간 증여에 활용하는 것이다.

예컨대 아들이 법인에서 17억 원을 초과 배당받으면 배당 소득세로 약 6억 원을 낸다. 이때 추가로 발생하는 증여세(5억 2천만 원 발생)에서 이미 낸 배당 소득세(6억 원)를 공제받으므로 증여세가 발생하지 않는다.

실질적으로 아버지가 아들에게 11억 원을 증여하면서 증여세를 내지 않아도 된다. 이는 현행 세법상 증여세 없이 증여하는 유일한 방식이다. 상업용 부동산의 소유자를 법인으로 만들어 증여에 활용하는 방식은 정부가 취득세 감면 등의 혜택도 주고 있어 적극적으로 고려해 볼 만하다. 이 밖에도 법인을 활용하면 금융소득 종합과세를 피해 가게 된다. 주식 양도차익 등등도 마찬가지가 된다.

다음으로 부자들이 법인을 활용하여 그린벨트 등 땅투기를 많이 하는 이유를 알아보자. 이는 한마디로 담보인정비율의 마법을 활용하는 것이다. 주택담보대출은 LTV, DTI 등으로 분할상환으로 투기가 불가능할 정도이지만, 토지는 담보인정비율이 보통 80%이며 원금을 분할상환시키지도 않는다.

토지의 경우는 소득상환능력, DTI도 쉽게 해 준다. 레버리지 비율을 높여서 투자함으로써 주식으로 부자가 되는 방법이 유효하지만 토지투자 시에도 역시 레버리지를 최대한 높여 투자해야 이익이 커지게 된다.

문제는 정보다. 개발 호재를 미리 알고 2억짜리 땅을 자기 돈 4천만 원을 투자하여 10년간 이자만 내다가 20억을 만들어 낸다. 정보가 없으면 오랫동안 이자를 내고 기다려야 하지만 정보가 있다면 몇 년 안에 결과가 나온다. 지금까지 살펴본 이런 사항들이 바로 법인을 보유함으로써 누릴 수 있는 즉 부를 지키는 방법이다.

다음으로 생각해 볼 일은 부자에 관해서다.
사마천은 《사기(史記)》에서 재벌을 소봉(素封)이라고 불렀다.

소(素) 자는 흰색을 의미한다. 즉 색깔 없는 모자를 썼지만 제후 이상의 권력을 가진 자를 말한다. 사마천의 재벌론 중 우리의 관심대상은 재벌이 되는 길이다. 그의 투자원칙은 워런 버핏과 같이 역시 역발상 투자다.

다음은 다산 정약용의 부자론이다.
그는 〈유배지에서 보낸 편지〉를 통해 아들 정학연, 정학유 형제들에게 가난한 선비로 사는 길을 이르고 또 일렀다. "근(勤), 검(儉)', 이 두 글자를 정신의 부적으로 삼고 천하의 재물을 간직하는 최고의 방법은 베풂이며 위를 올려다보지 말고 아래를 보라."

어느 정도 부를 가지면 부자라고 할 수 있을까?
10억? 100억? 아니다.

부자란 매년 쓸 만큼 돈을 썼는데도 연말에 돈이 불어나 있으면 부자인 것이다. 살아 보니 너무 욕심들 낼 이유도 필요도 없다.

챕터 18

가문의 부동산을 만들어라

나무는 큰 나무 덕을 못 보아도 사람은 큰사람 덕을 본다. 옛날 가난하던 시절, 장남만 대학에 보내고 차남 이하는 교육을 대충 시키고, 그 후에 장남이 도와줘서 모두 잘사는 경우를 많이 봐 왔듯이, 집안의 큰사람은 가계를 돌볼 수 있다. 이렇게 가문 전체가 번창하길 원한다면 가계가 같이 운영하는 회사나 부동산을 보유하면 간단히 그 목표를 달성할 수 있다.

대표적인 방법이 다가구주택 임대업이다.
다가구주택이란 단독주택의 일종으로, 소유권은 한 사람만이 가질 수 있으나 건물 내에 여러 가구가 살 수 있도록 연면적이 660㎡ 이하인 주택을 말한다.

구획마다 방, 부엌, 출입구, 화장실이 갖추어져 있어 한 가구씩 독립하여 생활할 수 있으나 각 구획을 분리하여 소유하거나 매매(분양)하기가 불가능한 주택을 말한다.

또한 다가구주택은 건축법 시행령에 따르면 3층 이하, 바닥 면적이 660㎡ 이하이며, 2세대 이상 19세대 이하가 거주할 수 있는 주택이다. 대학가나 공단 근처의 원룸주택들이 주로 이에 해당한다.

다가구주택은 가구당 60㎡ 이하인 경우 고급주택 규정에서 제외되기 때문에 세제 혜택을 받을 수 있다. 또한 등기가 구분되지 않아 1가구 1주택에 해당하는 다가구주택은 2년 이상 보유할 경우 대개 비과세 혜택을 받을 수 있다.

그러나 실거래가가 9억 원을 초과한다면 양도세 및 임대소득세가 부과될 수 있다는 점을 유의해야 한다. 과세기간 종료일(12월 31일) 또는 해당 주택의 양도일 현재를 기준으로 판단한다. 실거래가가 9억 원을 초과하면 면세 대상에서 제외될 뿐 아니라 모든 세제 혜택도 사라진다.

다음으로 생각해 볼 일은 공익법인(학교법인, 종교법인)을 세워서 쌓인 부를 지키는 법을 배우는 것이다.

7촌 조카·당숙·증손자까지 교무과 직원으로 채용하여 대대손손 먹고사는 사학재단도 많다. 우리들은 종교단체를 빙자해서 재산과 지위까지 상속하는 백태를 무수히 봐 왔다.

형제나 친척들도 전부 다 같이 잘 살아야 우애도 좋아지고 행복해지는 것은 당연한 일이다. 학교법인이나 종교법인은 가문, 즉 집안을 살릴 수 있는 형태로 운영되고 있는 곳이 너무 많다. 즉, 집안끼리 운영하는 경우가 많다.

추가적으로 생각해 볼 일은 부동산으로 부자 되는 법이다. 부동산은 사는 순간 수익이 발생해야 하고 그런 부동산에만 투자해야 한다. 즉 돈 먹는 부동산과 돈을 벌어 주는 부동산으로 구분하여 투자하여야 한다.

좋은 부동산(교통, 학군, 역세권, 환경, 도심지 상가, 지식산업센터, 대학가 주변 주택 등)에 투자하면 되는데 이의 구분은 불황기가 되면 저절로 드러난다. 이런 좋은 부동산을 대를 물려서 가문이 보유하고 관리하며 수익을 공유하면 온 집안이 화목하게 자손 만대를 같이 보낼 수 있는 것이다.

챕터 19

최고의 투자처는 농지투자

"현직 국회의원 4명 중 1명, 농지 소유한 '여의도 농민'"이란 제목의 〈한국 농정〉, 2021년 2월 1일 자 기사처럼 농지투자는 좋은 점이 너무나 많다.

그렇기에 국회의원 300명 중 25%나 되는 76명이 본인 또는 배우자 명의로 농지를 소유한 '여의도 농민'으로 조사됐다는 통계가 있었다고 본다. 매년 수확을 하며 땅값 또한 오를 여지가 많다. 가장 살기 좋고 교통이 모이는 곳이 자연부락이며 그 근처에 있는 농경지는 으뜸인 것이다.

이를 장기투자한 후, 즉 10년 후를 내다보고 투자하면, 수확+지가 상승+농지연금의 혜택을 전부 누릴 수 있는 가장 좋은 투자처 중의 하나이다. 개인보다 농업법인을 설립하여 관리하면 훨씬 더 자유롭다. ○○농산물주식회사 등등의 명칭을 사용한다.

한동안 한국 토지시장을 지배했던 토지는 임야투자였다. 묻지 마 투자가 횡행했던 시절, 적은 돈으로도 싼값에 넓은 평수의 토지를 보유할 수 있었다. 그러나 세월이 흘러 알게 된 것은 누구의 말처럼 '산은 산이요, 물은 물'이었다. 즉 각종 규제로 산은 보기에만 좋을 뿐 막대한 개발이익을 향유할 토지는 아니었음이 증명되었다.

그래서 임야는 지금은 별로 인기가 없다. 그러나 이는 세월이 더 지나면 임야연금이 시행될지도 모르는 상황을 모르고 한 판단인 것 같다.

개인이 보유한 임야는 신선한 산소와 물을 사회에 공급해 주지만 각종 세금과 이용 제한만 받고 그에 대한 대가는 주어지지 않았다. 이것들이 장기적으로는 임야연금이 시행되어야 하는 구실이 된다.

한국은 경자유전의 법칙이 적용되어 농민이 아니면 농지를 합법적으로 취득하거나 보유하기가 쉽지 않다. 10년에 한 번 강산이 변하니까 토지(전답)를 소유하게 되면 적어도 10년을 그대로 보유한다.

경험상 최소 200평은 되어야 개발 혜택을 누릴 수 있다. 그 후 가격이 10배 정도 오르면 건축도 가능해진다. 100평을 분할해서 팔고 나머지 100평에 건물을 지으면 된다.

옛날부터 산 좋고 물 좋은 곳에 자연부락을 중심으로 우리 조상들은 모여 살았다. 그 후 세월이 흘러 그 자연부락이 도시화되어도 결국 예전 마을의 중심지가 역시 개발지의 중심지가 된 경우가 훨씬 더 많다.

이 경우에도 동네 뒷산은 역시 그대로 산으로 남아 있다. 옛 길은 대개의 경우 그 자리에서 그대로 넓어진 큰 도로로 변해져 있다. 동네를 개발하고 나서 살펴보면 역시 농사짓던 논밭에 큰 건물이나 아파트가 들어서 있음을 보게 된다.

그래서 전답이 중요한 투자처이기도 하지만, 농지는 장기간 경작하면 양도소득세가 일정한 경우에는 100% 면제된다. 이보다 더 큰 혜택이 있을까? 앞으로는 세금대책이 가장 중요한 부동산투자 시 감안해야 할 요소다.

게다가 농사를 짓는 동안에는 적더라도 매년 수익이 나온다. 즉 수익성 부동산의 대표가 바로 도시근교의 농지투자이다. 수십 년간 농사를 짓다가 팔거나 혹은 영농회사에 맡겨도 세제혜택은 거의 같다.

특히 10년 후에 농지연금을 탈 수 있는 농지에 투자하라.
1억의 농지를 사서 10년간 보유한 후 연금을 탈 나이(65세)가 되어 농지연금에 가입한다면 지금 기준으로 약 300만 원의 농지연금을 평생 탈 수 있다.

부부 각기 농지를 보유한다면 각각 300만 원을 탈 수 있다. 새만금지구를 기준으로 보면 10년 동안 약 10배의 지가상승이 있었음을 알 수 있다.

마지막으로 우리나라에도 산지연금(임야연금)이 도입될 날이 머지않았다고 본다. 개인이 소유한 임야도 공익적인 역할을 많이 하고 있기에 임야연금은 도입될 것으로 판단된다.

챕터 20

통일 시의 재테크

북한의 개혁·개방 후의 최고의 재테크는 바로 북한 돈이다. 이미 미지급 이자가 많이 쌓여 있을 것이므로 북한 국채가 당연히 현금보다 더 좋다. 아마도 초단기에 매입가격 대비 5~10배 이상의 이득이 주어질 것 같다.

그 증거로는 개혁·개방 후의 중국 위안화 환율의 드라마틱한 절상을 보여 주는 [그림 5]와 베트남의 환율 변동 그래프 [그림 27]과 인도 루피화의 환율 변동을 보여 주는 [그림 28]을 통해 3국 화폐의 대달러 절하율을 보면 알 수 있다.

독일의 경우에는 동독 돈의 가치를 통일 전의 가격 그대로 인정해 주었던 사실을 기억해야 한다. 흔히들 화폐가치는 국력의 상징이라고 말한다. 그래서 사회주의 국가들은 자국 화폐의 가치를 달러 대비 거의 대등하게 둔다. 어차피 계획경제이고 물건의 가격은 정부에서 통제하기에 가능한 일이다.

통일 독일도 동독의 화폐와 서독의 화폐를 1 대 1로 똑같이 인정해 주었기에 북한의 화폐도 당연히 1 대 1로 교환해 줄 것으로 본다. 사실상 북한의 경제규모는 한국의 1/100도 안 되니까 통화량 또한 크지 않을 것이다. 따라서 경제에 미치는 영향 또한 거의 없을 것이다. 북한의 국채 또한 마찬가지다. 통일 독일처럼 밀렸을 국채이자와 원금을 전부 대한민국 정부에서 주게 될 것이다.

독일은 통일 과정에서 15년가량 후유증을 경험했으나 현재는 세계 4위 경제대국으로 성장했다.
북한의 부동산에 관심이 많겠지만 통일이 되더라도 소유권이나 영구임차권 등 권리단계가 확정될 때까지는 긴 시간을 거치게 될 것이다. 등기부가 살아 있다면 독일처럼 국가에서 개인에게 소유권을 넘겨주게 될 것으로 보이지만….

주식시장에 통일은 대형 호재로 작용한다. 독일은 통일이 된 1990년부터 10년 뒤인 2000년까지 독일 DAX지수는 240% 상승했다. 통일이 되면 대개는 도로와 항만, 전력 등 인프라투자가 이뤄질 것으로 생각한다.

신영증권에 따르면 독일은 의류와 제약 등 경공업주가 실제로 많이 올랐다. 의류 대표기업이었던 휴고보스는 1990년 9월부터 2000년까지 971% 폭등했다. 바이엘은 같은 기간 445% 올랐다. 물류기업 대표였던 루프트한자는 397% 상승했고, 전력 대표 E.ON은 336% 올랐다고 한다.

그러나 통일이 무엇보다 중요한 것은 한국의 롱텀 디플레에서의 탈출을 도와 조기에 끝내게 된다는 것이다. 북한 인구는 약 1천 200만 명이다. 이 인구가 소비 및 생산 인구를 메워 주게 된다.

단군 이래 최대의 인구증가가 단기간에 이뤄지는 것이니 축복이 될 것이다. 물론 독일처럼 서로의 적응 과정이 필요한 것은 어쩔 수 없을 것이다.
앞에서도 보았듯이 꼭 인구문제 때문만은 아니겠지만 한 번 롱텀 디플레이션에 돌입하면 미국도 대공황 탈출 시까지 22년이나 걸렸고, 일본은 30년이 자났어도 아직도 진행 중이다.

일본의 경우를 보면 롱텀 디플레이션의 원인 중 인구문제는 30년이 지나도 해결되지 않는 난제임에 틀림없다. 전 세계에는 이미 2016년에 롱텀 디플레이션이 도래해 있음을 수차례 강조한 바 있다.

따라서 제아무리 장기간 성장을 구가했던 대한민국이라도 이번의 세계적인 롱텀 디플레이션은 피할 수 없다. 나라마다 정도의 차이는 있을지언정 어느 나라도 피해 갈 수는 없다.

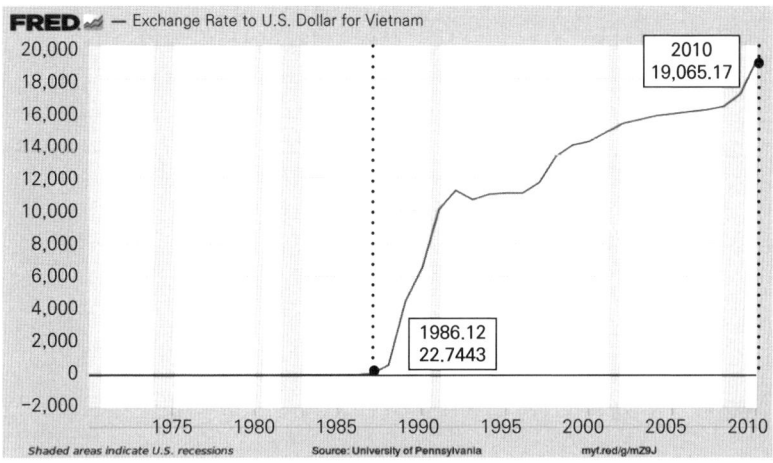

[그림 27] 베트남의 모이모리 후의 절상 후 가치변화

그러나 우리에게는 찬스가 있다. 한국의 눈물을 한국의 웃음으로 바꿔줄 수 있는 북한과의 통일이 남아 있다. 만약 북한이 중국처럼 개혁개방으로 나서거나 남북한 자유왕래가 가능해지거나 통일이 된다면 우리나라는 단번에 한국의 눈물과 부의 몰락을 끝내고 통일 독일처럼 다시 도약의 길로 나서게 될 것이다. 다시 한 번 더 도약의 기회가 오기를 간절히 바란다.

독일은 전 세계에서 제일 먼저 '독일소멸론'이 인정될 만큼 공공연한 인구 감소 국가였다. 그러나 통일로 단번에 인구가 급증했다. 인구가 급증한다고 해서 한꺼번에 경제가 좋아지는 것은 아니듯이 인구가 준다고 한번에 경제가 침체되는 것 또한 아니다.

흔히들 얘기하는 베이비부머 세대의 은퇴나 단카이 세대의 은퇴가 경제를 한 번에 디플레이션으로 몰아가는 것은 아니다. 사람들은 실업자가 되더라도 서서히 소비를 줄여 가기 때문이다.

해리 덴트의 인구절벽론은 과장이나 침소봉대라고 봐야 한다. 이에 관해서는 번외 1)에서 자세히 살펴보기로 한다. 또한 사회주의 국가들의 경제는 계획경제여서 자국 통화는 엄청나게 고평가되어 있다.

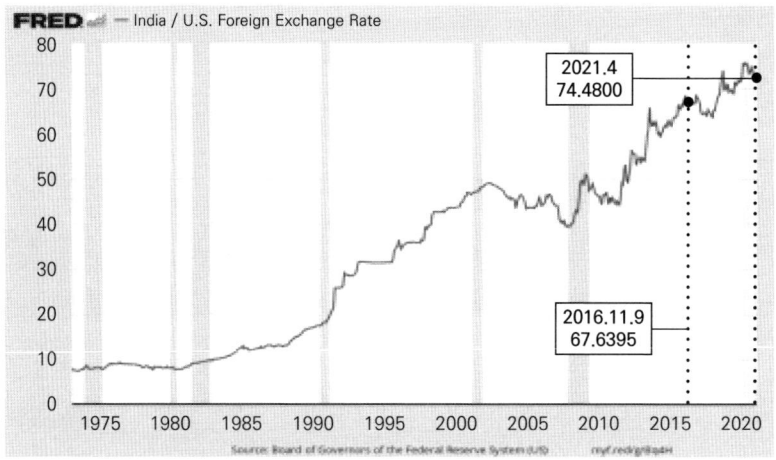

[그림 28] 인도 루피 대 달러 그래프(2016.11.9. 디노미네이션 단행)

남개혁·개방 후의 중국과 베트남의 드라마틱한 화폐절상 그림들을 통해서 다시 보라. 당연히 그들의 수출단가는 천정부지로 튀어 오르고 대호황을 맞게 된다.

중국의 개혁개방 후의 위안화 절상그래프 [그림 5]를 확인해 보라! 그리고 베트남과 인도의 개방 후의 대달러 환율을 보고 마음을 다져야 한다.

북한이 통일이 될지, 북한이 개혁개방으로 나아갈지 아무도 모르지만 투자자 입장에서 북한이 매력 덩어리임은 맞다.

먼저 통일이 된 독일의 사례가 있고, 먼저 개혁개방을 한 중국과 베트남의 사례가 있으니 비교 검토해 보면 미래를 예측할 수 있다.

챕터 21

새로운 재벌도 탄생한다!
롱텀 디플레이션 전쟁

주식투자의 정수는 공매도

주식투자 중 가장 매력적인 주식투자 시기는 거품 붕괴시 공매도를 활용한 매매로 한꺼번에 큰돈을 벌어들일 때일 것이다. 영화 〈The Big Short〉를 보면 이 기분을 실감 나게 볼 수 있다.

영화 '빅쇼트'의 실제 주인공인 마이클 버리는 2008년 서브프라임 모기지 사태를 다룬 영화 '빅쇼트'의 실제 모델인데, 그는 당시 미국 주택시장 붕괴를 예측해 큰돈을 벌었다.

2008년 글로벌 금융위기 전에 주택시장이 붕괴할 것으로 미리 예측하고 주택저당채권을 공매도해서 큰돈을 번 마이클 버리 이야기를 영화화한 것이 바로 〈The Big Short〉라는 영화다.

남들은 아무도 모르거나 관심이 없을 때 은행들이 주택저당채권(은행의 대출 채권 중 주택 저당 채권을 기초로 발행하는 증권. MBS) 공매도 상품을 만들어 팔기를 권유한 후, 이를 공매도해서 재벌보다도 큰돈을 한꺼번에 벌어들이는 영화가 실감나게 피부에 와닿는다. 일반인들과는 완전히 다른 역주행 투자인 공매도의 맛이 실감 나게 표현되어 있는 영화다.

그동안 은행들은 고객들에게 주택담보대출을 해 준 후에 생긴 주택저당채권을 그냥 은행에 단순히 보유하고만 있었다. 마이클 버리는 이 주택저당채권에는 서브프라임 등 부실한 채권이 제법 섞여 있는 것을 알게 된다.

즉 그는 주택저당채권의 부실함을 알고 시중에는 아직 없는 주택저당채권을 담보로 이를 채권화하여 공매도할 상품을 만들어 팔라고 은행 들에게 권유한 후에 이를 대대적으로 공매도하여 엄청난 돈을 벌어 들인다.

이 빅숏에서 보듯이 롱텀 디플레이션 이론과 공매도 제도를 결합하여 합성하면 이는 가히 재벌도 탄생할 만큼 큰돈을 한꺼번에 벌어 들일 수 있겠구나 하고 생각을 확장할 줄 알아야 한다.

이처럼 주식투자의 정수는 바로 공매도를 통해 한꺼번에 떼돈을 벌어 새로운 재벌의 탄생까지도 가능하다는 사실이다. 주식은 단기간에 공매도로 크게 벌 수 있다. 주식은 장기간에 걸쳐서는 공매도로 더 큰 돈을 벌 수 있다.

특히 장기간의 공매도는 저자의 롱텀 디플레이션 이론과 결합하여 모든 주식·곡물·원자재 등 물건들의 장기적인 하락폭과 기간을 미리 정확히 예측하고 공매도를 할 수 있기에 너무나 유리함을 알 수 있다.

세계적인 투자가들은 주로 공매도로 큰돈을 벌어들이고 있다. 일반적인 불경기, 즉 2008년 서브프라임 금융위기 같은 숏텀 디플레이션에 돌입했을 때에도 단기 2~3년간의 주가 하락폭을 경험해 본 사람들도 공매도가 매력적인 투자법이란 것을 다 알고 있다.

1) 1988년의 한국의 경기하강기로 인한 거품 붕괴 시의 2~3년간 주가 하락폭
2) 1998년 대표적인 금융위기인 IMF 당시의 한국 코스피의 2~3년간 급락 상황
3) 2008년 서브프라임 금융위기 당시의 단기간 주가 하락폭
4) 영국의 브렉시트 당시의 주가폭락 등등

그러나, 저자가 연구한 롱텀 디플레이션 이론과 쳅터 2의 얼마나 떨어지나를 합쳐서 판단해 보면 롱텀 디플레이션이 도래한 나라의 주식과 부동산은 평균적으로 80~90% 약 20년 이상에 걸쳐서 폭락함을 알 수 있다. 따라서 롱텀 디플레이션은 숏텀 디플레 즉 일반적인 대세 하락장에서의 공매도와는 비교할 수도 없는 정도로 큰 돈의 전쟁터가 된다는 것을 알 수 있다.

이를 공매도 할 때에 활용해 마이클 버리가 주택저장채권을 공매도해서 떼돈을 벌듯이, 해당 주식을 직접 공매도하거나 KODEX200인버스 혹은 KODEX인버스 레버리지를 매수하여도 안전하게 어마어마하게 큰 돈을 거머 쥘 수 있다.

영화상으로 봐선 그 당시에 KODEX인버스나 KODEX인버스레버리지 같은 ETF는 없었던 것 같다. 물론 이들 인버스 상품은 주택저당채권 실물과는 수익율면에서 비교하기 곤란하지만 말이다. 인버스 상품은 역시 200개 종목 하락의 평균치를 감안한 주가하락폭이 될 테니까 그렇다.

공매도한 후 80~90%까지 폭등하는 사이에 사고 싶은 다른 기업의 주식이나 부동산 등은 80~90% 폭락한다면 날마다 천국이 된다. 앞에서도 이미 말했지만 이번의 롱텀 디플레이션은 전 세계에 찾아온 것이며 지속기간은 약 2043년까지로 추정한다.

이런 기회는 하이퍼이플레이션과 롱텀 디플레이션, 전쟁 등뿐이다. 이 중 권력자의 개입 없이 미리 연구하는 누구에게나 같은 기회를 제공해 주는 것은 하이퍼 인플레이션과 롱텀 디플레이션을 통한 공매도뿐으로 생각된다.

2012년 하이닉스 인수가격을 보자!
SK 측은 신주 인수가격으로 2조 3천억 회사에 납입하였으나 이 돈은 사내에 그냥 남으니 부담이 없는 것이나 마찬가지이고 바로 투자재원으로도 쓸 수 있는 자금이니 별도로 치면, 외부의 구주주들에게 구주 매입자금으로 1조 8천억을 지불하고 산 것이니 너무나 잘한 M&A 사례이다. 1년에 인수가격의 2~4배 이상을 벌어들이는 회사를 좀 막말로 1조 8천억에 산 것이다.

이런 알짜배기를 왜 삼성은 인수하지 않았을까가 궁금하다. 삼성은 무슨 이유에서인지 사옥까지 판 돈을 포함하여 이미 100조의 현금 및 현금등가물을 보유 중이다.

M&A 세계에서 1~2조는 그렇게 큰돈이 아니다. 공매도를 통해서 남의 주식이 80~90% 폭락하는 사이에 내가 공매도한 자산이 80~90% 폭등한다면 불과 몇 천억의 자금이 몇 조로 불어나는 것은 시간문제가 된다.

이렇듯 공매도는 바로 주식 투자의 정수다.
롱텀 디플레이션 이론과 결합한 공매도는 실로 새로운 재벌까지 탄생시킬 수 있는 것이다. 2016년에 한국을 포함해서 전 세계에 롱텀 디플레이션이 이미 도래했다. 막대하게 풀린 돈 때문에 아직은 본격화가 되지 않은 이번 롱텀 디플레이션은 공매도제도와 합쳐져 경쟁기업들 간의 경영권 인수 전쟁이 될 것이다.

즉, 2008년 금융위기에 버금가는 큰 전쟁터가 될 것으로 본다.
이제 곧 롱텀 디플레이션이 본격화되고 달러와 주식이 같은 방향으로 움직이고 달러와 금가격이 같은 방향으로 움직이기 시작하면 세력 간에 가장 큰 돈의 전쟁이 시작된다.

20~30년 이상 지속되는 롱텀 디플레이션이 바로 2021년 연말 혹은 2023년 연말에 시작된다고 본다. 부의 몰락과 이동, 새로운 부의 탄생이 임박해 있음을 눈치채야 한다. 사실, 책 제목과 달리 미리 대처하면 롱텀 디플레이션은 부의 몰락이 아니라 부의 횡재가 되기도 하는 타임인 것이다.

여태까지 한국에서는 새로운 대기업 그룹의 탄생이 없었다. 웅진그룹, STX그룹이 탄생했었지만 그들은 허무하게 무너져 내렸다. 이번 롱텀 디플레이션 시에는 새로운 재벌도 탄생할 수 있다.

독일 바이마르공화국 당시 하이퍼 인플레이션 기간동안 독일의 티센 크루프 그룹이 탄생했고, 벤츠나 BMW 등의 대주주 가문이 탄생해 재벌로서의 기반을 마련했다. 이처럼 하이퍼 인플레이션이나 롱텀 디플레이션 같은 부의 몰락 시절과 함께 새로운 재벌이나 새로운 부자가 탄생하는 것이다.

롱텀 디플레이션이야말로 하이퍼 인플레이션 못지않게 재벌들의 성쇠가 바뀌는 큰 쩐의 전쟁이다. 롱텀 디플레이션이 진행되면 될수록 달러가격은 폭락하고 이에 맞춰 국제 금가격도 폭락하고 주가도 아파트도 폭락한다.

롱텀 디플레이션이 30년 이상 지속 중이라는 뜻은 30년 이상 해당국의 달러가격은 폭락하고 있다는 뜻이 된다. 즉 수출 대기업은 롱텀 디플레이션이 본격화되면 그야말로 큰 쩐의 전쟁이 가까이 와 있음을 알아야 한다. 수출 대기업은 나날이 죽을 맛이 되고 중견·소형 기업들은 해외 수입 원자재 가격이 장기간 하락하므로 즐거운 나날이 되기 때문이다.

1989년 이전에 하늘 끝까지 위상이 올라갔던 일본 대기업들의 이미지는 롱텀 디플레이션으로 그들도 모르게 꺼지기 시작한 후 Sony는 세계 최고 전자기업에서 오늘날 명맥을 유지하기에도 바쁜 형편이 되었고, TOYOTA의 한 해 매출액 외화 환산손실액은 13조에 달했다. 이를 보면 이들 대기업들도 롱텀 디플레이션에 전혀 대처하지 못했음을 알 수 있다.

공매도로 큰돈을 벌어들일 절호의 기회는 바로 오랫동안 폭락하는 국내 달러가격 때문에 온다. 달러가 전부다. 공매도 세력들은 일본의 롱텀 디플레이션을 이미 철저히 분석해 놓은 본 저서를 적극 활용하면 향후 10~20년 후의 한국의 미래를 다 보고서 공매도를 하는 것이 된다.

이번의 롱텀 디플레이션은 70년 만에 찾아오는 부의 전쟁이자 신분 전쟁이 된다. 노동자에서 자본가로 신분 상승을 할 수 있는 기회이다.
전후 70년 동안 만들어진 거대거품, 즉 빚은 이번에 청산되어야만 또다시 정상경제로 회귀하게 된다.

준비된 기업이나 사람은 자산가격이 급변동하는 롱텀 디플레이션이나 하이퍼 인플레이션 등 이런 경제적 급변기를 절대로 놓치지 않는다.

하이퍼 인플레와 롱텀 디플레 등 경제적 격변기가 오면 재벌의 성쇠가 뒤바뀌거나, 새로이 재벌이 탄생하는 것은 당연하다고 할 수 있다. 롱텀 디플레이션을 활용해 공매도 세력이 타 기업이나 거대 자금을 가진 공매도 세력과 결탁하면 재벌이 바뀌거나 새로이 탄생하는 것이다.

롱텀 디플레이션 이론으로 무장한 공매도 세력이라면 아무도 당할 수 없다. 그들은 본 저서를 통해서 20년 뒤의 한국을 미리보고 공매도를 할 수 있는 것이다.

전 세계적으로 디플레를 연구한 학자도 거의 없지만, 롱텀 디플레이션을 연구한 학자는 더 없다. 왜냐하면 저자가 롱텀 디플레이션(LTD)과 숏텀 디플레이션을 최초로 명명하고 구별해 내고 이를 증명, 분석하여 생존투자법을 최초로 제시했기 때문이다.

그동안 한국의 개인투자가들은 공매도 자체에 접근할 수도 없었다. 공매도는 오로지 국내외의 기관투자가들과 외국인들에게만 주어진 특권이었다.

대세하락기에도 공매도에 참여하지도 못하고 속수무책으로 보유한 종목의 주가폭락을 맞게 되는 개인투자가들은 순식간에 재산이 줄어든다. 반대로 공매도 세력의 재산은 순식간에 급증한다.

챕터 16에서 자세히 설명한 빅사이클(Big Cycle) 투자법도 2018년에야 저자가 정립하여 알리게 된 것이니 투자자들은 그동안 자산간에 순환투자도 하지 않고 고스란히 그 폭락을 견뎌야만 했다.

공매도는 주식가격이 단기간에 급격히 상승할 경우, 매도 물량을 증가시켜 주가를 정상 수준으로 되돌리는 등 일종의 가격 조절기능을 한다.

한국의 공매도 제도는 공매도 대상 종목의 제한도 없다. 금융당국에서는 내국인에게 공매도 제도와 비슷한 대주제도를 허용해 주었다고 말하지만 이 제도는 유명무실하다. 대주 대상 종목도 거의 없으며 이마저도 증권회사들이 잘 해 주지 않는다.

증권회사들이 보유한 종목 내에서만 대주가 가능함은 물론이다. 증권회사가 수십 개에 달하니 A 증권회사에서 가능한 대주주식이 B 회사에서는 불가능한 경우도 많다.

따라서 대주를 원하는 사람은 하고 싶은 대주가 제공되는 증권회사를 찾아서 헤매고 다니거나 포기해야 한다.

또한 대주에 성공할 만한 종목은 고객에게 빌려주기보다 직접 공매도를 하는 것이 증권회사에게 절대적으로 유리하므로 대주를 제공하기보다는 직접 공매도를 하게 될 것이다.

한편, 증권시장의 지나친 시세 변동과 투기적 수요를 조절하기 위해서 공매도 제도와 반대의 역할을 하는 신용매수제도를 두고 있다. 이 제도는 서로 상반된 역할을 한다.

시장이 침체되거나 투기적 수요로 주식에 대한 수요를 넓히기 위해서 신용매수 가능종목을 별도로 운용한다. 반대의 기능을 가진 공매도 제도는 지나치게 주식이 올라 장차 거품이 꺼지면서 시장이 붕괴되는 것을 미리 막아 준다고 할 수 있다.

신용매수 가능종목은 각 증권회사에서 임의로 지정하나 기업이 건실하고 경영성적이 좋아 부도나 갑작스런 상장폐지 등으로 신용을 공여해 준 증권회사가 피해를 보지 않을 정도의 회사만 매수대상이 된다.

즉 코스닥의 많은 종목과 코스피의 부실한 기업들은 신용매수 종목이 못 된다. 당연히 관리 종목도 그 대상이 아니며 정상기업이었다가 갑자기 회기 중이라도 부실화되거나 위험해지면 즉각적으로 신용매수 종목에서 제외시켜 채권회수 절차에 들어간다.

공매도 제도나 신용 제도는 주가의 급격한 변동을 막아 주는 역할을 한다. 따라서 공매도 금액이나 신용매수 가능액은 같은 금액으로 지정해야 조절 기능에 충실한 것으로 볼 수 있다.

그러나 반대 기능을 하는 공매도 제도는 모든 종목을 그 대상으로 한다. 심지어 관리대상 종목도 공매도가 가능하다. 한국의 현재 공매도 제도는 기울어져도 심각히 기울어진 제도이다.

누구인가 공매도 제도를 부당이득을 도와주는 제도로 변형 도입해 둔 것이다. 견제와 균형을 유지시켜 주는 공매도 제도와 신용 투자 제도를 일방적인 하락 유도 제도로 운영하고 있다.

적어도 외형적인 공평이라도 있다고 인정받으려면 공매도 대상 종목을 KOSPI 200, KOSDAQ 100 종목 이내로 한 이번의 조치는 옳다. 그러나 절반만 옳다.

개정 후에도 개인들은 보증금을 내야 하며, 3개월 내에 주식을 갚아야 한다. 기관이나 외국 기관들에게는 보증금 제도나 상환기간이 정해져 있지 않아 개인들과 형평이 맞지 않다.

신용으로 매수 불가능하거나 내일모레 상폐될지도 모르는 종목, 즉 관리 종목도 공매도가 가능하게 활짝 열어 놓았다. 도대체 누구를 위한 제도인가?

이렇게 불공정한 제도가 돈의 힘으로 움직이는 주식시장에 도입되어 있고 누군가는 큰 혜택을 부여받고 있다.

우선 기관이나 외국인 개인투자가 등 누구나 공매도를 할 수 있어야 한다. 한국의 공매도 시장은 현재까지 완전히 기울어진 운동장이다. 견제와 균형의 법칙에 따른 기계적 균형은 공매도나 신용으로 매도 매수할 수 있는 주식 금액까지 같아야 한다.

따라서 일정 규모의 자본금을 가진 회사만을 공매도나 신용매매 대상으로 하여야 함은 너무나 당연하다. 또한 신용매수가 가능한 종목만이 공매도 대상 종목이 되어야 한다.

신용 제도가 개인투지가들에게 열러 있듯이 공매도 제도 또한 개인들에게도 활짝 열려야 한다. 돈벌이가 될 만하니까 개인투자가는 출입금지다.

주식 실물로 큰돈을 벌기는 거의 불가능하다. 그래서 많은 수의 주식을 사기 위해서, 즉 레버리지 효과를 보기 위해서 신용으로 매수를 하는 것이다.

신용을 쓰지 않고 레버리지 효과를 극대화해서 주식에 간접투자가 가능한 것 중 하나가 바로 분리형 신부인수권(WR) 투자다.

모든 주식은 오를 만큼 오르면 대폭락 과정을 거친다. 공매도로 큰돈을 벌 수 있는 투자 대상은 주도주가 꺾일 때이다. 주도주란 가장 많이 오르는 업종과 주식이다.

일반적으로 이들 주도주가 꺾이고 나서, 6개월 후쯤에 공매도를 시작하면 된다. 삼선전환도상 음선이 나타날 때 공매도하면 되는데, 이는 가장 많이 올랐으므로 가장 많이 내린다는 평범한 진리에 맞추는 것이다.

챕터 22

완전 무이자 레버리지 10배/15배 투자법

한국부동산원의 전국주택가격동향조사를 보면 2020년, 지난해 전국의 주택종합 매매가격은 5.36% 상승했다. 같은 기간 코스피 상승률은 30.8%였다.

상승률만 놓고 보자면 증시가 우세하지만, 가격 상승에 대한 차익을 놓고 보면 더 많은 '판돈'을 넣어야 하는 부동산을 가진 부자가 대부분 승리하는 구조다.

일례로 10억짜리 아파트를 보유한 사람이라면 지난해 5천 360만 원의 시세 차익을 누렸다. 증시에 1억 원을 투자한 동학개미는 3천 80만 원을 벌어들였다. 수익률로 놓고 보면 코스피 상승률이 6배 가까이 높지만 최초 투입자금의 규모가 다르므로 결국은 가격이 비싼 자산인 부동산을 가진 사람이 더 많은 수익을 얻는 경우가 많다.

레버리지 투자법은 크게 주식이나 아파트 등 부동산에 투자 시의 레버리지 효과, 사업가가 사업을 할 시에 하는 레버리지 투자로 분리해서 살펴볼 필요가 있다.

부자가 되려면 레버리지를 쓸 줄 알아야 한다. 레버리지 효과가 큰 주식선물거래 시의 증거금률은 국내외가 조금씩 다르지만 대충 3~13% 정도이다. 지수선물과 종목선물의 증거금률은 수시로 변경된다. 변동성이 높으니까 일반 투자자들은 선물옵션, FX 외환거래 등에 손을 대지 않는 것이 좋다.

국내 선물의 경우는 현물에 비해 약 13.3배의 레버리지 효과가 있다고 말할 수 있다. FX 외환거래의 레버리지도 비슷하다. 상방과 하방이 열려 있으므로 큰 이득이나 손실을 볼 수 있기 때문이다.

좀 독특한 상품으로 ELW 투자가 있다. 하방은 닫혀 있고 상방은 열려 있는 상품이다. 약 6개월이나 그 이상의 시세를 예측할 수 있다면 재미있는 상품이 된다. ELW 투자도 레버리지가 높게 나오는 경우가 많다. 이 역시 일반인들은 손을 대서는 안 될 상품으로 보인다.

대신에 선물과 옵션보다 훨씬 더 안전하면서 레버리지 효과가 3~10배 정도 되는 WR(워런트) 투자요령을 집중적으로 설명한다.

눈사람을 만들 때 처음에는 눈덩이가 조그마하지만 계속 굴려 가면 마지막엔 한 바퀴만 굴려도 엄청나게 눈사람이 커진다. 즉 투자한 금액이 크면 같은 10%의 상승률에도 절대적인 수익은 엄청나게 차이가 난다.

신용을 쓰거나 선물옵션 형태로 주식이나 달러 등을 거래하면 그 손익은 레버리지 효과가 엄청남을 누구나 안다. 이 레버리지 효과를 보는 투자 방법은 주식, 아파트, 외환거래 시에 원용할 수 있다.

재테크 지식과 기법은 세월이 아무리 지나도 크게 달라질 것이 거의 없다. 월급쟁이나 가난뱅이가 부자가 되는 방법도 많을 것 같지만, 월급을 부동산이나 주식으로 불리지 못한다면 부자는 될 수 없음을 알게 된다.

사실, 월급쟁이와 가난뱅이가 부자가 되지 못하는 이유는 주식이나 부동산에 투자해서 성공하는 방법을 아무도, 아무 데서도 가르쳐 주지 않기 때문이다. 경제학과, 경영학과, 회계학과 등등 대학에서 배우는 돈 공부도 겨우 증권투자론 한 권 배우면 끝인데, 이마저 실제 증권투자와는 아무런 관련도 없는 이론서다.

게다가 부동산은 전혀 가르치지도 않는다. 이는 대학교수나 경제학자 경영학자도 주식이나 부동산 등 재테크 전문가가 아님을 알 수 있다는 뜻이다.

그러나 월급쟁이를 하면서 이제 돈이 조금 생기면 누구나 무작정 재테크에 나서게 된다. 주식이나 부동산에서 수없이 깨지고 망가지고 그 원인도 이유도 모르고 만세를 부르고 물러가는 사람이 90%는 될 듯싶다.

또 하나, 자기 스스로 그렇게 깨지고 망가지며 배웠지만 체계화된 지식이 아니기에 그 자식들에게 무엇을 가르쳐야 그 경험 중 일부라도 넘겨주게 되는지도 모르고 포기하게 되어 또다시 그의 아들은 똑같은 실패를 반복하고, 30 후반이 되어야 제법 돈 공부의 쓰라린 직접 경험을 얻게 된다.

결과는 빈털터리가 90% 이상이다.
그러곤 자식들에게 말한다. 주식으로 망한 자는 "넌 절대로 주식투자 하지 마라", 부동산으로 망한 자는 "넌 부동산투자는 절대 하지 마라"고 말한다.

결국 재테크 요령을 모르니 그 자식의 자식도 영원히 가난뱅이나 가난한 월급쟁이로 인생을 마감한다. 이걸 단칼에 해결하는 방법들이 있다. 성공 확률이 높은 경우에만 투자하되 레버리지 효과를 극대화하는 방법이다. 차례로 레버리지 효과를 극대화해서 투자하는 방법들을 알아보자.

주식투자 시의 레버리지 활용법

젊은 세대들에게 잘 맞는 재테크 수단으로 주식시장이 떠오르면서 기존의 외국인 기관투자가 등에 빗대어 동학을 일으킨 민초들처럼 동학개미라고 부르게 된 개인투자가들의 꿈은 주식투자로 부자가 되는 것이다.

이들은 증권회사에서 제공하는 신용제도를 이용해서 혹은 담보대출을 통해서 다량의 주식, 보통 개인 보유 투자금의 2.5배 정도를 매수하여 레버리지 효과를 누리기 위해 노력한다.

이처럼 수익을 극대화하기 위해선 신용을 활용, 매수량을 늘린다. 또는 거래은행에서 융자를 받아서 증권회사에서 신용매수를 하거나 담보대출을 통하여 다시 약 2.5배를 더 구매할 수 있다. 한 주당 매매이익이 같은 경우 보유수량이 많아야 절대수익이 많음은 당연하다.

가난뱅이나 월급쟁이가 부자가 되는 방법은 주식투자나 아파트 등 부동산으로 투기를 해서 성공하는 것 외에는 거의 없다. 사실 주식을 해서 부자가 되는 길은 길고 험하다. 어쩌면 불가능할지도 모른다.

현실적으로 월급쟁이가 부자가 될 정도로 월급을 주지도 않거니와 월급을 아무리 많이 타도 월급에 맞춰 생활하는 인간의 속성 때문이기에 월급쟁이가 부자가 되는 일은 쉬운 일이 아니다.

주식으로 부자가 되는 방법은 결국 레버리지를 극대화하고, 주가가 올라 주기만 하면 최고 좋은 방법이다. 즉 우선적으로 레버리지를 극대화하여야 한다. 레버리지를 극대화하는 방법은 레버리지 효과가 무한대인 신주인수권을 노리는 것이다.

신주인수권(Warrant)이란 일정 금액으로 어떤 회사의 신주를 인수할 권리를 말한다. 기업들이 전환사채를 발행하면서 사채와 신주인수권을 분리매매할 수 있는 신주인수권분리형 전환사채를 발행한다. 발행 후 전환사채와 신주인수권을 분리하여 만기 시까지 신주인수권과 전환사채를 각기 거래하는 것이다.

우선, 전환사채 대신에 이미 분리되어 거래 중인 신주인수권(Warrant. 약칭 WR)을 사는 방법이다.

구체적으로 실제상황을 예로 들어 설명해 보자.
신주인수권이란 간단히 말해, 분리형 신주인수권부 전환사채에서 신주인수권만 분리하여 증권시장에서 매매하는 만기 5년짜리 옵션으로 보면 된다.

레버리지 효과는 무한대라고 할 수 있다. 왜냐하면 본주 가격이 많이 오르면 거의 무한대로 신주인수권 가격이 폭등하기 때문이다. 신주인수권 소멸 만기 하루 전에는 1원에도 거래가 되지 않는 경우도 가끔 나오기 때문이다.

지금 현재 코스닥 종목 중 국동을 예로 들어 설명하고 예측해 보자.

워런트 구입의 경우,

[국동 9WR 구입 일자와 내역]

구입일자: 2020년 1월 22일

구입내역: 25,000×180=4,500,000원

25,000개를 구입하였고 총 투자액은 4,500,000원이다. 워런트의 매입 가격은 @180원이다.

만약 워런트로 매입하지 않고 직접 주식 본주를 산다면 1월 22일 자 종가가 1,230원이므로 같은 자금으로 3,658주 매입할 수 있다(전환가격 1,235원, 전환율 100%, 만기일 2024.11.22., 신주인수권의 수 5,781,947주).

국동은 신용매수 가능종목이 아니므로 더 이상 구매는 불가능하다. 그러나 워런트로 구입했으므로 물량보유 레버리지 효과는 25,000/3,658×100%=683%이다.

같은 돈으로 물량을 6.83배 더 보유하여 레버리지 효과를 누리고 있다. 신용매수는 보통 150%의 물량을 더 보유하게 되는 것에 비해서 무이자로 약 5.33배 레버리지 효과를 더 보고 있다.

물론 실제로 주식으로 전환하여 주식을 취득하려면 워런트 1개당 @1,235원과 함께 거래 증권회사를 통해 국동에 주식으로의 전환을 청구해야 한다. 그러나 주식으로 전환을 청구하기 전까지는 5.8배의 레버리지 효과를 그대로 누리고 있다.

이제는 레버리지 효과를 예측해 보자.

만약 본주가 2020년 9월 18일 종가 가격인 @4,445원이라면, 워런트는 계산상 @3,210원이다. 이를 판다면 3,210×25,000=80,250,000원이 되고, 본주는 3,658×4445=16,259,810원이 된다.

수익률을 비교해 보면

워런트는 80,250,000/4,500,000×100%=1783%, 본주는 16,259,810/4,500,000×100%=361%이다.

차액과 수익률은 각각 약 6,400만 원, 14배가 차이가 난다. 2020년 9월 18일 이후 본주가 상한가를 치는 날에는 워런트는 5,770-4,445=1,325원이 오르는데, 전환 가격을 이미 넘어섰고 전환율이 100%이므로 워런트도 1,325원(9.18. 종가 3,415원)이 똑같이 오른다.

결국 1,325/3,415×100%=38%가 오른다. 매입가와 비교해 보면 1,325/180×100%=736%, 즉 하루에 매입가격 대비 736%가 오르는 초대박이 난다.

잘 투자된 워런트는 본주 투자에 비해 이렇게 유리하다. 워런트에 잘 투자된 경우에는 100배 혹은 그 이상의 수익도 가능하며 이렇게 투자해야 주식으로 돈을 벌고 부자가 될 수 있는 것이다.

같은 자금으로 본주를 사거나 우량주인 삼성전자 주식을 사서 100년

가지고 있어도 이 정도의 배율로 수익을 올리지는 못한다.

간혹 본주의 매일매일의 상승률을 워런트가 따라가지 못하는 경우도 있다. 이는 투자자들이 급등으로 두려움에 떨어서 워런트를 못 사거나, 장차 조정을 통해 가격이 내릴 것을 미리 감안한 시세 움직임이거나 회사에 전환신청을 하는 절차를 꺼려서이기도 하다.

하지만 시장에서 워런트가 제대로 평가된 가격에 거래되지 않는다면 전환금(행사가격)을 회사에 납부하고 실제 주식으로 교환하여 매매하면 계산상 수익을 100% 올릴 수 있다. 워런트의 가격에는 본질 가치와 시간 가치가 포함되어 있다.

즉 향후 만기까지의 기간이 남아 있으므로 이 또한 가격 산정 시에 감안되어야 하며, 본질 가치는 현재 가치라고 할 수 있는데, 계산상 계산되는 그날의 가격이다. 물론 이 본질 가치에는 시간 가치가 포함되어 있지 않다.

그러나 위험한 요소도 꽤 많다. 신주인수권부 사채는 보통 5년 만기로 발행되는데 5년 이내에 목표가인 전환 가격에 도달하지 못하면 1원도 받지 못하고 신주인수권이 없어진다.

즉 전환 기간 내에 전환 가격에 도달하지 못하면 휴지조각으로 변한다. 반면에 국동의 경우처럼 전환 가격을 돌파하고 나면 하루에도 워런트 가격은 몇백 퍼센트가 오를 수 있다.

따라서 워런트로 주식투자를 하려면 해당 기업의 5년 이내의 변화를 미리 예측하고 투자해야 한다. 위험하므로 WR 종목을 업종으로나 기업으로나 4종목 정도로 분산하여 위험을 분산, 경감시키려 애써야 한다.

간단히 생각해 보면,
4종목을 투자하여 3종목이 목표가격 미달 등으로 제로가 되어도 한 종목이 4배만 오르면 본전이 확보된다는 사실을 기억하면 그렇게 두려운 투자 대상은 아니라고 본다. 이는 신용매매나 담보대출보다 훨씬 더 좋은 투자수단이며 이자를 지급하지 않는 장기 융자인 셈이다.

경기 상승기의 바닥에서 경기 관련주 WR에 투자해야 수익을 극대화할 수 있다. 솔직히 말해서 신수인수권부 사채를 발행하는 업체의 경기상황이나 자금사정은 일반 전환사채를 발행하는 회사보다 좋지 않을 가능성이 더 많다.

즉 더 위험한 회사채인 것이다. 더 많은 혜택이 부여된 회사채를 발행해야 할 정도로 자금사정이 좋지 않은 회사가 발행한 회사채가 바로 신주인수권부 회사채인 것이다.

다음으로 레버리지 효과가 큰 것은 몇 가지가 있는데 앞에서 얘기한 ELW, 주식선물과 주식옵션 거래도 약 10배 이상의 레버리지 효과가 있다.

외환 FX 마진 거래도 마찬가지다.

그러나 아래위로 한도가 없이 터져 있는 선물, 옵션, 외환 FX는 손도 대지 말아야 한다고 본다.

아래로는 한도가 정해져 있고 위로는 한도가 없기에 종목을 잘 맞추면 안전한 대박이 나는 것이다. 오로지 WR에만 주력하는 것이 좋다.

ELW도 한때 인기였는데, 기관투자가들이 컴퓨터 프로그램으로 일반인보다 항상 빠른 주문을 할 수 있게 함으로써 이젠 ELW 투자를 하는 사람이 거의 없다. 결국 ELW는 활성화되지 않아서 권할 만하지 않다.

마지막으로 이번에 저자에 의해 처음으로 밝혀진 타임래그 금투자법을 활용하면 안전한 금관련 선물거래가 가능할 것으로 판단한다.

신용매수나 주식담보대출을 받아 주식보유량을 늘린다

흔히들 신용 제도를 많이 활용하지만 같은 효과를 볼 수 있는 담보대출 제도를 활용하는 경우는 많지 않은 듯하다. 이는 이미 사 놓은 주식을 담보로 증권회사에서 대출을 받는 제도이다.

이것도 증권회사별로 조금 다르지만 대체로 만기가 6개월이며 만기가 되면 당일 갚았다가 다시 빌려 대출금을 연장시킬 수 있어 신용보다도 더 편리하다. 계속 이자를 내면 거의 무한정 이 제도를 활용하여 주식을 장기간 보유할 수 있다.

아파트 등 부동산에서의 레버리지 투자

한국에만 존재하는 전세금 제도는 그동안 무이자로 남의 돈을 쓰는 아주 좋은 제도였다. 전세제도는 서서히 그 빛을 잃어 가고 있지만 없어지지는 않을 것으로 본다.

왜냐하면 집을 사기에는 투자금이 조금 모자라는 투자자와 여러 채의 주택을 보유하기 위한 투자자 입장에서 둘 다 필요한 제도이기 때문이다.

거의 누구나 주택을 매매할 시에는 은행의 대출금을 포함해서 매매한다. 주택 가격이 워낙 비싸서이기도 하지만 레버리지 효과를 누리기 위해서이기도 하다.

부동산투자 시의 레버리지투자의 효과를 보기 위해서는 건물에 투자할 시에 그 효과가 가장 크다. 게다가 법인 명의로 투자할 시에는 그 효과가 더 크다. 우리나라 연예인들이 제일 좋아하는 투자처가 바로 빌딩에의 투자이다. 만약 롱텀 디플레가 없다면 옳은 방법이다.

보통 레버리지 비율이 300~500%는 가능한 투자가 바로 수익성 자산인 빌딩에의 투자이기 때문이다. 1인 법인을 세워 투자하면 개인명의로 투자하는 것보다 훨씬 더 유리하다.

사업에서의 레버리지 투자

기업이 연평균 10%의 자기자본 이익률을 유지하고 있고, 시중 금리가 3%라면 무차입 경영을 하는 기업이라면 잘못된 것이다. 즉 10-3=7%의 초과이윤 기회를 포기한 것이나 마찬가지인 것이다.

강산이 한 번 변할 때 즉 10년 단위로 평가해 보면 부동산 상승률과 주가 상승률은 거의 같으며 부동산의 지역별 상승률, 주식의 종목별 상승률도 거의 같다는 사실을 알아야 한다. 따라서 그냥 기다릴 줄 아는 지혜가 필요하다. 싸면 돈을 벌려는 사람들이 가만두지 않는다는 사실을 명심하자!

물이 논에 꽉 차면 수면의 높이는 같다는 것. 이것이 순환매매가 일어나는 이유이기도 하다. 논에 처음 물을 대기 시작하면 낮은 곳부터 물이 차고 차차 조금 덜 낮은 곳이 차고 결국에는 논 전체에 물이 차는 것과 이치가 같다.

부동산도 마찬가지다. 강남에서 먼저 오른 아파트가격은 목동을 거쳐 분당, 일산을 올리고 나서는 천호동의 단독주택의 부동산 가격을 먼저 오른 아파트 상승률과 비슷하게 끌어올린다.

또 고가주냐 저가주냐를 생각해 보면 사람들은 흔히 고가주만 예찬한다. 그러나 결론은 거의 같은 비율로 오른다. 모든 주식은 종합주가지수 상승률만큼 오른다고 보는 것이 타당하다.

따라서 투자는 저자가 창안한 Big Cycle 순환매 법칙을 준수해서 자산별로 투자금액을 순환시켜야 수익을 극대화할 수 있다.

(1) 주식 → (2) 아파트 → (3) 달러 → (4) 예금 → (5) 국채의 순서대로 순환시키면 총 2×2×2×2=16배를 1회의 경기순환(One Business Cycle)에 벌 수 있다.

이것이 투자를 제일 잘한 표준적인 수익배율이며 보통 1회의 경기변동 기간에 10배의 수익을 올리면 성공한 투자로 보는 것이 일반적이다.

챕터 23

비트코인의 장래

2021년 4월 들어 비트코인 가격이 한때 한화로 8천 73만 원을 찍었다. 잇따른 부양책과 그에 따른 유동성 증가와 화폐가치의 하락, 기관투자가들의 비트코인 투자 확대 등이 영향을 미친 것으로 풀이된다.

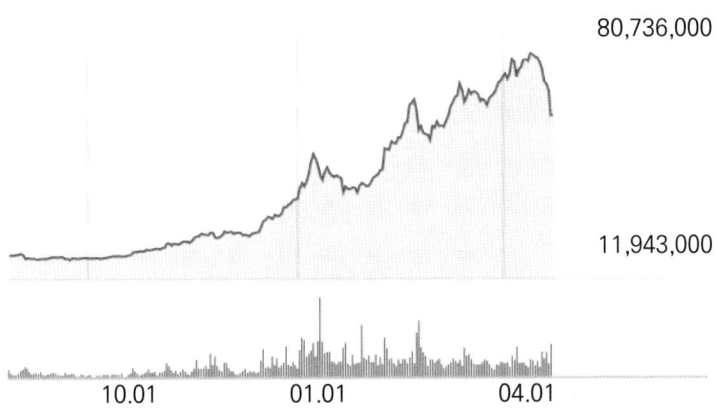

[그림 29] 비트코인 시세(UPbit 제공. 2021년 4월 23일 시세)

비트코인은 법정통화로서의 여러 가지 조건을 만족시키지 못한다. 게다가 각국 정부에서 누리는 시뇨리지 효과를 비트코인 발행업자에게 무상으로 권한을 이양한 것이나 마찬가지가 되어 이를 민간이 독점하게 된다.

게다가 아무나 디지털 화폐를 발행해도 되는 웃기는 현상에 불과하다. 대공황 전에는 중앙은행이 민간기업이었다. 그러나, 민간기업이 법정화폐를 발행하는 것은 아무래도 어색하다.

각국 정부는 이 시뇨리지 혜택을 어떤 경우에도 무상으로 양보할 수가 없다. 종이가 돈으로 변하는 신기한 마법이다. 바로 법화의 강제 통용력이다. 100달러짜리 지폐나 10달러짜리 지폐의 제조원가는 거의 같은 종잇값이며 통용되는 구매력에 비교하면 거의 제로에 가깝다. 마진율 수 100%의 크나큰 사업이다.

따라서 현재처럼 민간이 발행하는 비트코인은 정부의 디지털 화폐의 강제 통용력에 밀려서 머잖아 사라지게 될 것으로 보인다.

비트코인은 화폐의 4대 기능이랄 수 있는 교환수단, 지불수단, 저장수단, 가치척도로서의 기능을 갖지 못한다. 한마디로 비트코인은 화폐의 기능을 다하지 못한다.

이 비트코인의 보유, 거래내용 등을 일목요연하게 파악하기 위한 블록체인 기능을 제외한 비트코인의 역할은 장차 그 생명을 다할 것으로 보인다.

하지만 비트코인은 각국 중앙은행이 발행하는 디지털 화폐, 디지털 코인 형태로 발행되어 활성화될 것으로 보인다.

〈뉴시스〉의 기사에 따르면 이 디지털 화폐의 발행과 유통에 가장 앞선 곳은 현재로서는 중국이다. 디지털 위안화가 현재 중국에서 강제적으로 통용 실험에 나서고 있다. 인민은행은 디지털 위안화의 '실험 성공'으로 "조만간 현금·디지털화폐 공존이 도래"한다고 말한 적이 있다.

인민은행은 지난 12일 광둥성 선전시 정부와 협력해 이날 선전 시민 5만 명에게 각각 200위안(약 3만 4천 원)씩, 총 1천만 위안(약 17억 원)의 디지털 위안화를 뿌렸다.
전국에서 진행하는 실증실험 동안 400만 건의 거래를 통해 20억 위안(약 3천400억 원) 상당의 지불이 순조롭게 이뤄진 것으로 나타났다.

중국에서는 디지털 위안화 실험이 제대로 이뤄짐에 따라 현금과 디지털 화폐가 공존하는 시대가 조만간 도래하게 될 것으로 보인다. 그러나 장기적으로 비트코인 등 사설 디지털 화폐는 사라질 운명으로 보인다. 기념품 정도로 존재할 것으로 추측한다. 일론 머스크도 비트코인에 막대한 투자를 했지만….

장차 각국 중앙은행이 발행한 CBDC(Central Bank digital currency) 만이 디지털 화폐로 존재하게 된다고 본다. 이는 개인별 전자지갑에 디지털 화폐로 각자의 돈을 보관하므로 은행계좌나 신용카드가 없어도 결제나 송금이 가능해진다는 뜻이다. 이에 따라 신용카드나 결제대행업체들의 위상은 존재하기도 힘든 지경이 될 것이다.

그러나 블록체인 기술과 결합된 정부 발행의 디지털 화폐의 거래내용은 100% 정부에 노출된다고 봐야 한다. 각국이 디지털 화폐만을 쓴다면 지하자금(Black money)은 한꺼번에 이 세상에서 퇴출될 것이다.
즉 악의 금융은 사라진다.
자금세탁, 테러자금, 탈세, 온라인 도박도 근절된다.

미국은 달러를 통해 국제결제 주도권을 장악하고 달러 결제망에서의 배제를 대립 국가에 대한 제재 수단으로 발동하고 있다. 즉 달러결제시스템에서 탈락되면 무역금융이나 국제거래의 송금 시 세계의 은행결재시스템에서 탈락되어 외교행랑이나 별도 운반수단(비행기, 배 등)으로 달러를 직접 지불하게 되는 것이다.

전 세계에 디지털 위안화가 보급되면 중국에 대한 미국의 우위가 약화할 수밖에 없다는 것이 중국의 속셈이지만 여기에도 큰 싸움이 잠복해 있는 셈이다.

중국은 2022년 2월 베이징 동계올림픽 때까지 디지털 위안화의 발행을 목표로 디지털 화폐 도입에 매진 중이다.
위안화는 알리페이·위챗페이 등 민간 전자결제 시스템의 힘을 뺄 수 있는 수단이기도 하다. 전자결제는 소비자가 가진 은행의 예금을 중개해

판매자에게 전달해 주는 게 핵심이다.

하지만 그 자체가 '현금'인 디지털 위안화는 중개가 필요 없다. 온라인뿐 아니라 오프라인에서도 주위 사람에게 전송할 수 있다.

결국 중국 당국의 알리바바 때리기는 디지털 위안화를 통해 민간기업이 장악한 전자결제 시장을 정부 중심으로 재편하기 위한 의도가 숨어 있다고 할 수 있다.

또 마이너스 금리를 통한 경기부양에도 효과를 발휘할 것이다. 그동안은 장롱에 넣어 두면 마이너스 금리도 소비를 촉진시키지 못했지만 디지털 화폐는 안 쓰고 그냥 두면 정부에서 돈을 줄어들게 할 수 있다.

국제결제에서 달러는 38.26% 비율을 차지하고 있고 위안화는 2.42%에 불과하다. 앞으로 더 나아가 나라별 디지털 화폐가 아니라 세계적으로 통용되는 디지털 화폐가 발행된다면 달러 가치도 추락하게 될 것은 뻔하다.

챕터 24

편견과 폄훼

저자는 개정증보판 발행일 즈음인 2021.11.1일이 '인생 70 고희래'라고 외친 당나라 두보가 말한 고희(古稀)가 되는 생일날이다. 두보가 말했던 고희는 UN이 새로 정한 세대별 명칭에 따르면 이제 중년에 불과하지만….

얼마 전 UN에서 새로 정한 세대별 명칭을 한번 살펴보자.

0~17세: 미성년자
18~65세: 청년
66~79세: 중년
80~99세: 노년
100세~: 장수노인

이 새로운 UN의 인구분류표에 따르면 한국의 부머둥이 720만 명이 노년이 되는 연도는 2035년이다.

이해부터 한국의 경제가 또 한 번 요동을 치게 될 것이다. 2035년부터 약 5년간, 즉 2040년까지 저자를 포함한 이들이 인간 세상을 떠나 한국의 인구가 급격하게 700만 명 이상이 줄어들 가능성이 있으며, 주택, 주식, 의료 소비가 급감을 시작하는 해이다.

인구 문제, 부채 문제 등 객관적인 자료에 의한 것 외에는 재테크에 관해서 저자가 주창한 내용은 전부 독창적인 것이며 어느 누구도 거론한 적이 없는 내용이 주류다.

그러다 보니 독자 입장에서는 생경스럽기도 하고 제대로 이해를 못 하는 경우도 꽤 되는 것 같다. 책의 내용에 관한 문의나 토론은 항상 대환영이다.

이제는 저자가 쓴 책이 이미 3권이나 되는데, 여기저기 저자의 책을 소개하거나 평가한 개인 블로그를 다니다 보면 황당하게 잘못 이해한 내용 소개로 당황스러울 때가 더 많다. 제대로 된 평가는 1~2곳에 불과하고 왜곡하거나 글의 내용도 제대로 파악하지 못하고 일방적 비판을 가하는 블로거가 더 많은 것 같다.

우선 그냥 비판이나 폄훼하는 이유는 비전문가가 쓴 전문서적이라고 해서 선입견을 가지고 바라보는 것 같다. 프롤로그에서도 얘기했지만 50년 투자경험과 경제·경영·법학적 이론적인 공부를 50년 정도 충분히 마친 개인투자가라는 점을 알려 주고 싶다.

프로듀서로 일하는 데 석사학위나 박사학위가 필요하거나 요식절차가 아니어서 마치지 않았을 뿐이다. 프로듀서로 일하는 데 학력초과도 약간은 부담스러운 일이다. 그들은 보통 사람으로 건전한 상식인인 것이 더 좋기 때문이다.

둘째로 아직 우리나라는 대세 상승이 진행 중이어서 향후에도 주식이나 부동산 특히 아파트는 30~50%의 추가상승이 기다리고 있다고 2018년 1월에 출간한 첫 저서인 《자식들에게만 전해주는 재테크 비밀수첩》부터 일관되게 수차례 얘기했지만 이 중요한 내용을 놓치고서 하락론자로 치부하는 일이다.

저자는 다시 이 챕터를 통해서 2017년 5월에 시작된 이번의 경기순환 과정에서의 주식과 아파트의 상승과는 별도로 달러 약세, 즉 원화 강세로 인한 주식이나 아파트의 30~50%의 추가적인 폭등이 한 차례 또 남아 있으며 그 직후 50~80%의 대폭락이 약 20년 이상에 걸쳐 온다는 것을 강조한다.

부디 금융회사에 근무하지 않은 저자의 판단과 예측을 회사 경력만을 보고 믿지 않으려고 애쓰지 마시길 부탁드린다.

그리고 2016년에 이미 전 세계에 도래한 롱텀 디플레이션이 일본처럼 한국에도 20~30년 정도 본격화된다는 것을 놓치지 말길 바란다. 정확히 30년을 계산하면 2043년이 된다. 왜냐하면 2013년부터 우리나라도 일본이 1990년에 핵심경제활동인구가 줄어들어 고꾸라진 것처럼 2018년부터는 생산활동가능인구마저 이미 줄어들고 있기 때문이다.

셋째, 저자가 신 이론을 자신 있게 주창하는 이유는 실증적인 자료를 같이 제시하기 때문이다. 미국 연방준비은행은 전 세계 주요국의 모든 경제지표를 통계가 잡히기 시작한 이래로 줄곧 정리해서 발표하고 있다.

저자는 이를 활용하여 실증적으로 연구하고 분석하여 미래를 추론한다. 저자 스스로도 경제학과 교수나 경제연구소 연구원이 아니기에 일반 투자자들이 믿기 어려울 것이긴 하겠구나 하고 생각하기에 자료로 입증되지 않는 경우엔 확실하지 않은 경우에는 주장하지도 않고 혹 주장한다면 추론한다고 미리 고지한다.

넷째, 우리나라 도서관 숫자는 선진국에 비해 턱없이 부족하지만 거의 모든 공공도서관에 저자의 책이 보관되어 있는 것으로 안다. 도서관에 가서 빌려 자세히 보면 되는데 아마도 서점에서 대충 도독(盜讀)한 것 아닌가 싶다.

즉 서서 간단히 목차나 주요 내용을 대충 읽고 마치 독서량이 많은 지식인처럼 포장하기 위해서 블로그를 작성한 것이 아닌가 싶다. 그렇지 않다면 책의 가장 주요한 포인트를 놓치고 평가를 내릴 수 없다고 본다.

다섯째, 용감하다는 말에 대해서 한마디. 미안하지만 용감한 자가 있어야 퀀텀 점프한다. 테슬라를 보라. 상상도 못 하던 배터리차, 즉 전기차를 현실로 만들었으며 귀환캡슐을 재활용해 우주여행을 현실화시킨다.

박사 아니면 책 쓰기를 두려워해야 하는가? 사실 박사들은 너무 조심스럽고 자기 분야만, 자기가 연구한 것만 잘 안다. 남의 분야는, 남의 전공 분야는 말하기조차 꺼린다. 인생을 오래 살면 모르는 것이 없어진다.

즉 재테크는 종합예술이다. 수학공식도 아니며 경제수학으로도 풀 수 없다. 한마디로 변화무쌍하다. 그러니 예측하기 쉽지 않다. 그러나 예측해 내지 않으면 안 된다. 그러기에 학문 간 교류가 필요한 지식이 필요한 것이다.

경제학·경영학만으로는 복잡한 경제현상이나 주가나 부동산의 오르내림을 예측할 수 없다. 경험이 50년쯤 쌓이면 종합적인 사람이 된다. 중도의 사람이 된다. 중용지도. 바로 이것이다. 이때 글을 쓰면 종합적인 시각이 된다.

PD란 자기 자신이 잘 안다기보다 잘 아는 사람을 많이 알면 되는 직업이다. 전문가들의 생각을 서로 연결시켜 온전한 프로그램을 만든다. 바로 이것이다.

여섯째, 경제현상은 변화무쌍하다. 남들과 달리 단정적으로 예단하고 예측하는 게 옳은가라고 묻는다. 저자는 다른 재테크 책들을 볼 때마다 수 많은 의구심과 답답함을 느꼈다. 즉 항상 양비론이다. 예스나 노가 아니라 이럴 수도 있고 저럴 수도 있다.

이런 경향은 학자들이나 책임지기 싫은 애널리스트나 회사들이기에 그렇다고 본다. 증거가 확실하고 적어도 90% 이상의 확률로 확정적인 사항을 양다리 걸치기 식으로 저술하지 않는다. 아니 그럴 것이면, 즉 확률상 반반이라면 집필하지도 않는다.

Epilogue

미국인의 약 90%는 주식에 투자하고 있다. 그런데 가족의 안정을 위해서 주식시장 근처에도 안 가 본 분들도 꽤 많다. 바로 미국 인구 3억 3천만 명의 10%라 해도 3천만 명이나 된다. 한국의 주식 투자인구는 불확실하지만 작년 연말 현재 약 919만 명이다. 1천만 명 가까이나 되다니 놀랍다.

저자는 후진국 중의 후진국에서 전쟁둥이로 태어나 선진국이 된 대한민국에 살면서 많은 것을 배우고 느끼고 누리며(?) 살아왔다.

50년간 주식시장과 부동산시장을 들락거렸고 한국의 민주화 과정에 대학 1학년 때부터 저절로 참여하게 되었다. 가을 학기마다 거의 4년 동안 휴교령이 계속 내려졌기 때문이다. 참…. 격랑의 50년을 배우고 경험한 것이다.

저자는 저술한 책들의 부제 등에서 공통적으로 말하는 것처럼 '자식들에게만 전해 주고 싶은'이라는 수식어를 쓰는데 이에 맞춰 내용들을 선별하고 요약하여 정리해 왔다.

거기에다가 한 직장에서 30년간을 프로듀서로 근무하면서 많은 것을 경험하였다. 살아온 세월을 되돌아보며 내 자식들에게도 재테크 등의 경험을 전해 주고 싶어 시작한 일이다.

우리나라에는 저자처럼 각 분야에서 30년간 쌓인 경험을 가진 분들이 각계 각층에 있다. 하지만 이분들은 자신들의 경험을 전해 주려 시도하지 않는 것 같다.

어느 분야에서 무슨 일을 했건 직장에서 정년퇴직을 하신 분들은 전 세계 최고의 전문가들이다. 누구나 자기의 경험을 자식이나 후손들에게 전해 주고 떠나야 할 책무가 있다고 생각한다.

한국의 빛나는 문화유산 중에는 조선왕조 500년의 기록이 있다. 정확히는 조선시대 제1대 왕 태조로부터 제25대 왕 철종에 이르기까지 472년간의 역사를 연월일 순서에 따라 기록한 역사서로 국보 제151호이자 1997년 유네스코 세계기록유산으로 등록된 세계 최고의 기록문화이다.

세계 어느 나라도 이렇게 긴 세월의 왕조실록의 기록을 가진 나라는 없고, 앞으로도 없을 것이다. 현재 우리나라는 9개나 세계기록유산이 등록

되어 있고, 일본은 아예 하나도 없다. 더더욱 놀라운 것은 우리의 세계기록유산 등록 건수가 중국의 5개를 능가했다는 사실이다. 가히 세계 최고의 문화국가였다고 판단된다.

우리의 실록은 역사기록으로서 객관성이나 공정성, 익명성을 인정을 받았기에 세계기록유산이 된 것이다. 가끔 사극에서 나오는 왕과 부하의 독대 장면은 전부 TV 방송국에서 재미를 위해 만들어 낸 허구에 불과하다. 절대로 있을 수 없는 일인 것을 시청자들은 알아야 한다.

사관이 같이 입회하지 않고서는 왕은 어느 누구도 단독으로 만날 수 없다. 또한 왕들은 왕조실록 기록을 볼 수도 없었기에 세계기록유산으로 인정받은 것이다.

우리 선조들은 이렇게 빛나는 기록문화를 가지고 있는데, 그 후손들은 언제부턴가 어떤 이유에선가 디테일(Detail)을 남기지 않는다.

우리는 왜 이렇게 기록을 남기지 않는 민족이 되었을까는 학자들이 연구해야 할 몫이지만 각 직장 각 직종에서 30년 정도 근무한 분들은 전부 자기 분야의 디테일을 남기고 가야 한다.

일본인들은 열대어를 기르면서 일자별 시간별로 10년간 일기 식으로 그 기록을 유지하고 《열대어 기르기 10년》을 책으로 낸 것을 본 적이 있다.

이런 것들도 기록으로 남기는 일본을 한국은 어쩌면 영원히 따라잡을 수 없을 것 같다. 그 다음에 같은 열대어를 키우는 사람은 이 기록을 읽으면 바로 전문가 수준이 될 것이다.

우리 한국인들은 이런 기록들은 남기지 않는다. 이 기록을 읽지 않고 열대어를 기른다면 아마도 10년 이상의 시행착오를 겪어 봐야 각종 열대어를 죽이지 않고 이 기록을 읽은 사람만큼 기르게 될 것이다.

1877년에 완료된 일본의 메이지유신과 1895년 한국의 갑오경장까지의 시차인 약 19년 간의 격차를 우리는 아직도 따라잡지 못하고 있다.

옛부터 우리 문화를 늘 갈구해왔던 섬나라 일본에 아직도 모든 면에서 몇 년 이상 씩 뒤진 것 같다. 이 차이를 뛰어넘으려면 세계에서 가장 선진화되었던 우리의 기록문화를 다시 활발하게 부활·발전시켜야 한다.

또 한가지, 자신의 전문가적 삶의 기록을 직접 남기기 힘들다면 방송국 교양 프로그램 담당 PD에게 전화해서 소속된 작가 중 대필을 의뢰할 만한 현직 혹은 은퇴한 구성 작가를 소개받아 자신의 경험을 책으로 펴 낼 수 있다. 이렇게라도 은퇴한 전문가 여러분들의 소중한 인생 경험을 후세들에게 적극 전해줬으면 하는 바램이다.

요즘은 책을 내는 것이 어려운 일이 아니다. 컴퓨터가 있기 때문이다. 이젠 원고지 문화가 아니다. 그러니 각 분야에서 30년 정도 종사한 분들은 전부 자기 분야의 디테일을 남기고 떠나야 한다. 한국을 선진국 중의 선진국으로 만들 기초를 제공하고 떠나자는 뜻에서 강력히 권한다.

전문가라면 디테일(Detail)을 남기고 가자!

어느 분야에서 누구나 30년쯤 일하거나 근무했다면 그는 그 분야 최고의 전문가다. 수위로 30년을 근무했던 구두 수선공으로 30년을 일했던, 유명 식당을 30년간 경영했다면 그는 그 분야 제일의 전문가다.

변호사로서 30년간 민사소송 업무 혹은 형사소송 업무에 종사했다면 그 지식에 오르려면 30년 세월을 고스란히 바쳐야 한다. 이런 일은 건축가, 관세사, 한의사, 의사, 교수 등등 수없이 많다.

그러나 그가 기록으로 남겨 주지 않는다면 그 후배는 역시 같은 전문가가 되기 위해서는 30년의 세월을 고스란히 경험해야 한다. 만약 그가 그의 생생한 노력과 실패와 좌절과 발전의 기록을 남겨 준다면 후세들을 여기서부터 이어 갈 수 있다.

그만큼 한국이, 아니 그 음식점의 레시피가, 수위 업무가 발전할 수 있다. 그러하니 한 분야에서 30년쯤 근무했다면 모두 다 자기 기록을 남기고 가자.

어느 친구가 내게 말했다. 왜 글을 쓰느냐고, 그렇게 먹고살기가 힘드냐고 물었다. 물론 책을 쓰면 적당히는 돈도 번다. 그것보다 저자는 아는 것을 정리해 주고 가야 한다고 생각한다.

어느 산악인에게 물었다. 왜 산에 오르냐고? 그는 산이 거기 있어서 오른다고 말했다. 우문현답들이다.

맞다. 저자는 남기고 싶은 게 있으니까 글을 쓴다.
저자는 주식, 부동산 달러, 예금, 국채 등을 투자하는 재테크 기법이나 경험 중에서 여태까지 책으로 남긴 것 외에는 아는 게 별로 없다. 따라서 저자의 지적 호기심에서 출발한 책 내기는 여기가 끝이다!

일론 머스크는 지구 저궤도에 약 4만 2천 개의 소형 통신위성으로 구성된 상호 연결망으로 무선인터넷을 구축하려는 야심 찬 계획을 세워 나아가고 있다. 머지않아 전 세계인이 초당 최고 1GB의 초고속 인터넷을 사용하게 될 것이다.

이 기사의 제목을 보라!
"한국보다 40배 빠른 인터넷… 머스크의 스타링크, 월 10만 원대에 시범 출시"(황민규, 〈조선비즈〉, 2020.10.28.)

구글은 포기한 이 일을 일론 머스크는 곧 성공할 것 같다. 그러면 남극, 북극, 히말라야 에베레스트산 꼭대기까지 전 세계 어느 곳이나 초고속 인터넷 세상이 열리고 그야말로 지구는 실시간으로 비로소 하나가 된다. 2022년부터 정식 서비스 예정이라고 한다. 스타링크는 테슬라와도 연관성이 있다.

이렇게 세상은 급격하게 변해 가고 있다.
후손들을 1등 국가 국민으로 살게 하기 위해서, 살아남게 하기 위해서라도 전문가들은 30년 이상 경험한 세상의 디테일(Detail)을 남기고 가자!

2018년 1월, 첫 책으로 '자식들에게만 전해주는 재테크 비밀수첩'을 낼 때 망설이던 할아버지에게 '걱정마시고 할아버지 용기를 내세요. 잘 될 거예요. 처음부터 잘하는 사람은 없으니까요'라며 용기를 주었던 손자가 벌써 6학년이 된다.

손자 김시윤군의 말에 용기를 얻어 시작한 저술활동으로 책은 그 후에 3권이나 더 탄생하였고 그 사이 손자인 손현배군이 태어난지도 벌써 4년이나 지났다. 저자는 투자시에 배우고 경험하고 느낀 것을 책으로 재정리하여 최초로 투자기법화 하였다. 마지막 [한국의 눈물]은 롱텀디플레이션을 본격 연구한 최초의 책이지만 인기는 별로다.
저자는 유명인이 아니기 때문이다. 하지만 책 내용은 전부 독창적인 것들이며, 책 사이의 그림들도 거의 전부 아내와 딸의 그림이다. 즉 전부 100% 자급자족이다.
저자는 그동안 경험해서 알고 연구한 것들을 후대에 전부 남기고 간다.

2021.4.1. 판교 자택에서

번외 · 부록

CONTENTS

번외 1	해리 덴트의 인구절벽론은 오버 인사이트다	341
번외 2	화폐수량설과 현대화폐이론	351
부록	주식을 모르면서 아이를 주식부자로 키우는 법	355

번외 1

해리 덴트의 인구절벽론은
오버 인사이트다

인구절벽이란 미국의 경제학자 해리 덴트가 그의 책 《2018 인구 절벽이 온다》에서 주창한 개념으로 생산활동가능인구(15~64세)의 비율이 급속도로 줄어드는 현상을 말하는데, 인구절벽 현상이 발생하면 생산과 소비가 줄어드는 등 경제활동이 위축돼 심각한 경제위기가 발생할 수 있다는 이론이다.

한편, 해리 덴트는 한국이 2018년경 인구절벽에 직면해 경제불황을 겪을 가능성이 높다며 경고한 바 있다.

그러나 생산활동경제인구의 감소가 소비활동에 영향을 끼쳐 디플레를 유발한다는 그의 이론은 오버 인사이트(Over Insight), 즉 지나친 통찰이나 확대해석으로 보인다.

사람들은 항상소득이나 평생소득에 맞춰 소비활동을 한다. 수십 년간 경제학을 지배했던 항상소득 가설이나 평생소득 가설을 한마디로 셧아웃 시킬 수는 없다.

인구가 10%가 줄어든다면 소비가 10% 줄어들겠지만, 이것 하나만으로 그가 말한 불황이 올 가능성이 거의 없다고 본다. 적어도 30~40% 인구가 줄어야 소비에 큰 영향을 줄 수 있을 것으로 보인다. 통일된 독일을 보더라도 기존의 서독 인구에다가 동독의 인구를 합쳤어도 그들은 약 10년 이상 경기가 죽을 쑨 것을 기억해야 한다.

그는 인구절벽으로 인해서 디플레가 온다는 것인데, 인구절벽으로 인한 디플레적 요인은 부차적인 것이고 진실은 각국의 국내 달러 약세가 그 원인이다.

1985년 플라자합의 이후의 일본과 독일의 환율 변화를 살펴보면 인구 문제가 상당한 영향력이 있음은 부인할 수 없다. 그 당시의 일본 엔화와 서독 마르크화의 변동을 살펴보자.

[그림 30]은 1971년 1월 1일에서 2001년 12월 1일까지 약 30년간의 같은 날짜의 엔화와 마르크화의 대달러환율을 비교할 수 있게 조정한 그래프이다.

플라자합의 후의 일본과 서독의 달러환율 그래프의 움직임은 거의 흡사했음을 볼 수 있다.

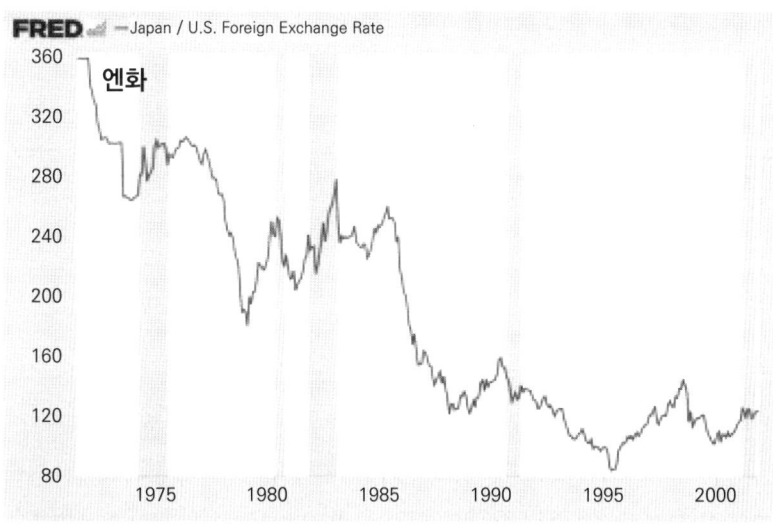

[그림 30] 플라자합의 후 같은 연월의 엔화와 마르크화 가격 추세 비교(1971.1.~2001.1.2.)

양국 전부 같이 화폐가치가 절상되었지만 일본은 그 후 디플레에 빠져들어 30년 이상 헤어나지 못하고 있고, 1990년 10월 3일 통일된 독일은 무사히 디플레의 압박 속에서 빠져나와 성장을 지속하고 있음을 보면 인구 문제가 적어도 환율 다음 정도로 영향이 있음을 알 수 있다.

아래 [그림 31]은 1960년 1월 1일에서 2019년 1월 1일까지 일본과 독일의 총인구를 비교한 그래프이다. 1990년 10월 3일 서독은 동독을 병합함으로써 일거에 1천 600만 명의 인구가 늘어나 서독의 6천만 명을 더해 통일 후 인구는 7천 600만 명이었다. 인구는 무려 26.7%가 폭증하였다.

독일 인구의 변화 그래프인 [그림 31]의 윗부분 그림을 보면 1990년 10월에 한꺼번에 늘어난 인구를 그래프로 확인할 수 있다. 아쉬운 점은 FRED에서도 독일의 생산활동가능인구(15~64세)의 변화 그래프를 구할 수 없어 일본과 생산활동가능인구 변화 추이를 비교할 수 없다는 점이다. 여기에 따른 생산활동가능인구의 증가폭이나 증가율은 상세하게 통계로 확인할 수는 없지만 총인구의 약 30%가 하루아침에 늘어난 것이다.

통일 독일은 한때 독일소멸론이 나올 정도로 심각하게 인구가 감소하다가 갑작스런 통일로 일거에 인구 문제가 해결되었기에 일본과는 다른 길을 걷게 된 것이다.

개인적인 판단으로는 어느 나라, 어느 시대의 디플레이션율은 환율 변동에 따른 디플레이션율이 약 80%, 인구 감소율이 15%, 기타 부채 문제가 약 5% 내외의 영향을 끼치리라 생각한다.

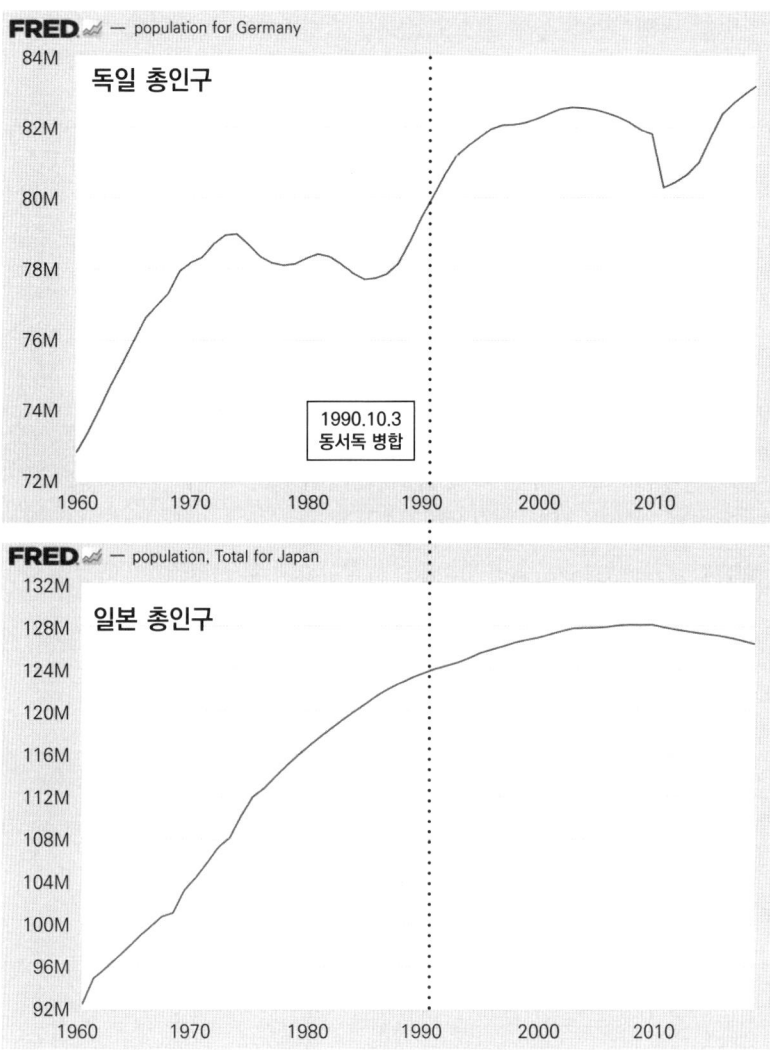

[그림 31] 독일과 일본의 같은 연월의 총인구 대비 그래프(1960.1.1.~2019.1.1.)

저자는 롱텀 디플레이션의 가장 강력한 원인을 달러 약세로, 그다음 요인을 생산활동가능인구의 감소로 본다. 누구나 알다시피 일본은 약 30년간 롱텀 디플레이션을 해결하지 못하고 있다.

이 부분은 학자들이나 경제연구소 등의 몫이지, 롱텀 디플레를 이용하여 재테크로 큰돈을 버는 방법을 소개하는 본 저서의 목표와는 맞지 않는다. 하지만 디플레를 다루면서 그 해결의 단초라도 제공하는 것은 맞는 것 같다.

여태까지 디플레이션, 그중에서 롱텀 디플레이션을 본격적으로 연구한 나라나 연구소 학자는 없을 것으로 본다. 일본과 독일이 같은 날에 플라자 합의를 했지만 롱텀 디플레이션은 일본에서만 유일하게 발생한 현상이었고 롱텀 디플레이션은 일반화되지 않았기 때문이다. 그러나 2016년에 이미 전 세계에 닥친 롱텀 디플레이션은 전 세계가 공통사항이 된다. 그러므로 누구나 롱텀 디플레이션을 이해하고 투자해야 한다.

그럼 전 세계에 닥친 롱텀 디플레이션에 어떻게 대처해야 할까?

우선, 달러가격의 지나친 하락을 막아야 한다.
즉 달러가격이 내린 만큼 수입물품의 가격 하락을 가져오며 이는 무차별적으로 모든 원재료와 물건에 적용된다. 아파트, 주식은 물론 생활용품이나 원유, 금 등의 가격 하락을 강제한다.

달러가격의 하락률은 전 세계 나라별로 달리 나타나겠지만 경제가 나름 튼튼한 우리나라의 경우 1985년의 일본처럼 전 세계에서 가장 강력하게 나타날 것이다. 일본은 강제적으로 플라자합의를 맺게 되었지만, 그 정도의 강력한 환율조정이 있을 것으로 예상된다. 이것이, 즉 각국의 국내 달러가격 하락이 가장 강력한 롱텀 디플레이션의 요인이 된다.

생산활동가능인구의 감소 또한 영향을 끼칠 것은 맞지만 해리 덴트가 주장하는 것처럼 거의 전적인 요소는 아니다. 사람들은 달러가격 하락으로 모든 물건값이 지속적으로 꾸준히 내릴 것으로 예측되면 소비를 미룬다. 이것이 소비를 줄이는 큰 요소가 된다.

바로 이것이 롱텀 디플레이션의 핵심 이유 중 하나인 것은 맞다. 그러나 달러가격의 하락은 무차별적으로 모든 산업과 물품에 긴 기간 동안 꾸준히 나타나게 되므로 그 영향력은 크게 다르다.

1985년 일본과 서독의 플라자합의 조치로 엔화는 하루아침에 폭등했다. 240엔에서 120엔으로…. 일본의 수입 물가는 폭락했다. 모든 수입품 가격은 폭락했으며 시차를 두고 일본의 모든 물건 가격이 거의 같은 비율인 50% 내렸다. 따라서 일본의 아파트 주식은 이른바 미국인 입장에서 보면, 즉 달러가격으로 보면 하루아침에 반절로 살 수 있는 가격이 되었다.
그 후 엔화는 2008년 78엔까지 치솟았다. 즉 달러는 폭락했다. 바로 이것이다. 이 달러의 폭락이 바로 일본의 롱텀 디플레를 초래한 실체다.

타산지석, 일본이 지나온 롱텀 디플레이션 과정을 보면 일본의 주가지수와 아파트가격의 폭락 과정과 수준을 알 수 있다. 즉 한국의 원화 강세는 어디까지 갈 것인가를 미리 예측하면 한국의 주가지수, 아파트가격과 물건들의 가격을 미리 알 수 있는 것은 당연한 것 아닌가?

둘째, 인구를 늘려야 한다.
여기에서 말하는 인구는 생산활동가능인구를 말한다. 생산활동가능인구라는 단어만 보고 오해하는 것은 생산활동가능인구가 부족하다니까 생산량이 부족한 것으로 오해하고 이 생산활동가능인구의 감소는 기계화로 충분히 대응 가능하다고 말하는 코미디언 같은 학자들도 있다. 그러나 여기서 말하는 생산가능인구는 소비가능인구를 말한다.

물론 생산가능인구가 바로 소비가능인구이기도 하니까 구별 없이 그냥 쓰는 것이지만 정확히는 구분해서 써야 한다. 인구 구조상 전 세계에서 제일 먼저 '독일소멸론'까지 횡행했던 독일은 통일로 인구 문제를 단숨에 해결하여 롱텀 디플레이션을 피해 간 것이 맞다.

반면에 일본은 아직도 롱텀 디플레가 진행 중이다. 이미 30년이 지났다. 독일과 일본을 같이 살펴보면 우리나라도 독일처럼 통일이 되어서 일시에 인구가 급증하지 않는다면 롱텀 디플레이션을 피할 길이 없다고 본다.

일본은 2012년 4월부터 정년을 70세로 늘렸다. 정년을 늘려 연금부담을 줄이고 일손 부족도 해결하고자 함이다. 그러나 잊지 말아야 할 것은 지금은 생산활동가능인구가 부족한 것이라기보다, 즉 물자가 부족한 것이 아니라 소비활동가능인구가 부족한 것이다. 정년을 늘려 주면 소비가 늘어나는 것은 당연하지만 생산량도 늘어난다.

정부나 관변 학자들은 흔히 한국은 일본식 붕괴나 불황은 없다고 희망 섞인 말들을 해댄다. 그러나 근거는 없다. 그저 희망사항일 뿐이다.

셋째로 수출과 해외투자를 줄여야 한다.
오늘날 전 세계 각국은 수출을 지상목표로 삼고 있다. GDP의 어느 정도가 적정 규모의 수출액인지, 국제수지는 흑자만이 최선인지 등의 연구는 학자들이 연구해야겠지만, 일본을 예로 들면 그들은 항상 무역흑자이다. 그들이 무역흑자로 벌어들인 돈 중 약 3조 5천억 달러가 이미 해외에 투자되어 있고 매년 또다시 해외에만 투자를 늘리고 있다.

일본 국내에서 소비되어 국민들의 복지나 소비함으로써 누려야 할 행복, 즉 달러가 전부 해외로 유출되니 일본 국내 경기는 침체될 수밖에 없다. 물경 지금 일본 GDP의 약 2년 치가 해외에 나가 있다.
그러고도 매년 많은 돈이 해외에만 투자되고 있다. 수출 지향적인 우리나라도 일본을 보고 이 세 번째 사항을 검토해 두어야 한다.

마지막으로 일본은 국제통화로서 엔화의 지위를 포기하는 것도 심각하게 검토해 봐야 한다.

전 세계에서 차지하는 엔화 거래 비중은 미미하기 그지없다. 엔화가 국제통화이기에 전 세계에 금융위기가 닥칠 때마다 엔화는 강세를 띠어 일본 국내 경기를 부양하지도 못한다는 주장도 설득력이 있는 말이다.

국제통화로서의 낮은 위상을 유지하기 위해서 많은 노력과 비용을 치른다고 생각해 본 적은 있는가? 만약 국제통화의 지위를 포기하거나 줄여 나가면 엔화에 대한 수요를 많이 떨어뜨리게 될 것이다.

앞에서도 말했듯이 한국도 이제 곧 일본처럼 투자할 곳이 사라진다. 한국의 제로금리(대출이자, 예금이자) 시대는 2023년이 원년이 될 것 같다. 제로금리라니까 은행에서 무이자로 돈을 빌려 월세투자를 하면 수익성 부동산이 돈이 될 것 같지만 미안하지만 월세주택의 수요자가 완전히 없어지므로 일본처럼 이는 죽음에 이르는 길이 된다.

이 책은 바로 이 같은 롱텀 디플레 문제들을 본격적으로 다룬 최초의 재테크 실무서이다. 앞으로 롱텀 디플레 시의 투자요령을 아느냐 모르냐에 따라 인생이 바뀐다고 단정할 수 있다.

번외 2

화폐수량설과 현대화폐이론

경제학 교육을 받은 적이 없더라도 성인이 되면 '통화량이 증가하면 물가가 오를 것'임을 알고 있다. 이것이 바로 어빙 피셔의 '화폐수량설(quantitative theory of money)'이다. 화폐공급량의 증감이 물가수준의 등락을 정비례로 변화시킨다고 하는 경제이론을 화폐수량설이라고 한다.

화폐수량설을 지지하는 주류 경제학의 설명대로라면 2008년 이후 2020년 3월부터 시작된 코로나 경제위기 이후에 중앙은행이 통화를 대규모로 공급했으므로, 신용창조로 몇 배의 예금(M2)이 창조되었어야 한다. 또한 실물경제에 돈이 풀렸으므로 민간투자가 활성화되고 실업률이 줄고 GDP가 크게 증가했어야 했다. 하지만 그런 일은 일어나지 않았다.

늘어난 본원통화는 실물경제로 흘러가지 않고 Fed로 되돌아와 '초과지급준비금'으로 쌓였다. 이 사실은 '통화량이 증가하면 인플레이션이 높아진다'는 통념이 이상 작동하고 있음을 의미한다.

현대통화이론(Modern Monetary Theory, 약칭 MMT)을 한마디로 요약하면 이렇다. MMT는 1970년대 미국 워런 모슬러가 주창한 이론이다. 2008년 세계 금융위기 직후 미국 중앙은행인 연방준비제도가 4조 5천억 달러의 양적 완화를 지속했는데, 지난 100년 동안 연준이 공급했던 달러보다 두 배나 많은 금액을 불과 2년 사이에 풀면서 이 현대화폐이론이 주목받기 시작했다.

MMT는 연준이 통화량을 전무후무하게 공급해도 아무 상관 없다는 이론이다. 그래도 인플레이션은커녕 디플레이션 조짐이 커졌고, 이 때문에 전통적인 화폐이론인 화폐수량설은 현실에 적합하지 않다는 비판이 거세게 일었다. 실제로 Fed, ECB, BOJ 할 것 없이 인플레이션은커녕 오히려 디플레이션에 시달리고 있는 지금이다.

막대하게 돈을 풀었어도 시중은행들은 신용창조를 못 해냈다. 즉 빌려준 돈을 받을 만한 신용(담도든 신용이든)을 가진 자가 없어 그들이 좋아하는 대출을 못 해 준 것이다. 받지 못할 돈을 빌려줄 은행이 어디에 있겠는가?

저자가 보기엔 MMT 이론은 황당한 주장에 불과하다. 화폐수량설은 영원한 것이다. 만약 미국이 달러를 회수하기 시작하면 전 세계는 불황으로 직행한다. 이것이 바로 트리핀의 딜레마다. 미국의 경상수지 흑자규모가 늘어나면 세계의 달러 유동성(공급량)이 줄어들어 세계 경제가 위축된다. 달러를 회수해도 마찬가지로 트리핀의 딜레마가 일어나는 것이다.

2008년 금융위기로 풀린 미국 달러는 약 4조 5천억 달러다. 2020년 3월 코로나로 풀린 돈은 약 3조 달러가 넘는다. 아 돈들은 언제 회수가 가능할까? 전혀 회수하지 않아도, 즉 회수를 시작하기도 전에 이미 세계는 디플레 경제로 빠져들고 있다.

민스키 모멘트는 누적된 부채가 임계점을 지나면서 자산가치 붕괴와 경제위기로 치닫는 것을 말하는데 누적된 정부의 부채와 가계의 부채로 트리거만 당겨지면 하루아침에 전 세계는 민스키 모멘트에 빠져들 만큼 경제 주체들의 빚은 더 이상 늘어날 수 없을 정도로 늘어나 있다.

한편 최근의 기사들을 보면 세계는 디플레는커녕 인플레를 걱정하고 있으며 많은 나라들이 자국의 경제성장률 예상치를 올리고 있음을 알 수 있다. 10~20년 이상 지속되는 디플레이션이 전 세계에 온다고 주장하는 자가 있는가 하면 인플레율과 경제성장률의 증가로 금리 인상을 걱정하고 있는 자들이 있다. 왜 이렇게 시각 차이가 날까?

바로 기저효과로 인한 것인데, 저자는 롱텀 디플레이션이 진행 중인 과정에 경기부양을 위한 일시적인 중앙은행의 화폐공급 증가로 단기적인 인플레이션적인 상황이 발생한 것으로 본다. 거기에다가 경제성장률과 물가상승률의 상승은 코로나의 영향으로 경기가 크게 침체되었던 작년과 비교한 결과가 수치로 나타나는 것임에 불과하다.

현혹당하지 말아야 한다. 곧 2~3년 이내에 기저효과가 사라지고 담보 부족으로 신용창조가 불가능해지면서 세계 경기는 급속히 디플레이션 상황으로 돌입하게 된다.

전 세계 국가, 기업, 개인의 빚의 규모는 시중 은행들의 신용창조를 못할 정도여서 은행의 신용창조 기능이 없어질 정도임을 알아야 한다.

신용이나 담보가 늘어나지 않으면 중앙은행이 아무리 돈을 풀어 대도 신용창조를 통한 통화량의 증가는 미미하다.

받지도 못할 돈을 빌려줄 은행은 없다.
국가나 기업, 개인의 빚의 청산되지 않으면 새로운 신용이나 담보는 생겨나지 않는다. 은행들은 신용창조 역할을 할 수가 없다.

부록

주식을 모르면서
아이를 주식부자로 키우는 법

챕터 제목이 '주식을 모르면서 아이를 주식부자로 키우는 법'인데, 독자 본인 위주로 말을 좀 바꾸면 주식을 모르면서 주식으로 부자 되는 법도 된다. 또한 초보 투자자도 전혀 두려움이나 실패 없이 세월과의 싸움만으로 부자가되는 주식투자 비법을 안내하는 무료 서비스 부록이다.

대신에 일확천금하는 부자가 아니라 10년이나 20년에 걸쳐 서서히 부자가 되거나 어느 날 되돌아보니 떼부자가 되어 있는 부자가 되는 정보가 제공되는 챕터이다. 적극적으로 투자를 권한다.

영국속담에 '미워하는 친구가 있다면 주식을 가르치고 망하기를 원하는 친구가 있다면 경마를 가르쳐라'는 말이 있다. 미워하는 친구는 서서히 망해 가길 원하니까 주식을 가르치라는 것이다.

그렇다.

주식은 위험하다!
그래서 안 하는 사람이 훨씬 더 많다.
많이 늘었다지만 기껏 1000만 명 정도다.

그런데 안전한 주식이 있다.
이 안전한 주식으로 주식이 뭔지 전혀 몰라도 자녀를 부자로 만들어 주거나 스스로도 부자가 될 수 있다. 바로 인류가 만들어 낸 물건 중에 최고라는 찬사를 받고 있는 ETF다.

주식을 안 하면 누구나 점점 가난해진다. 왜 그럴까? 그렇다면 세상에 안전한 주식이 있을까?
있다!

1. 사람들은 주식을 안 하면 왜 점점 가난해질까?

우리나라의 GDP 성장률은 전에 비해 떨어진 것은 사실이지만 꾸준히 성장은 하고 있다. 가계, 기업, 정부가 1년에 벌어들이는 돈이 꾸준히 늘어 3가지 경제주체에 계속 쌓이고 있다.

가계, 기업, 정부 이들이 1년간 벌어들인 돈을 다 합치면 그것이 바로 GNP다. 요즘은 해외에 기업들이 많이 나가 있어서 범위를 넓혀 외국에서 번 돈도 포함하여 GDP라고 한다.

GNP는 늘었다는데 내 몫은 5식구를 기준으로 계산해보니, GNP 4만 불 시대니까, 20만 불(2억 2천만 원)을 벌어야 겨우 5식구 평균치를 버는 것인데, 연봉이 20만 불(월급 1,830만 원) 이하라면 식구 수에 따른 GNP 평균치만큼도 못 벌고 있는 것이다.

평균소득 이하의 소득을 올리므로 주식이 없다면 세월이 갈수록 더 가난해지는 것은 당연하다고 하겠다. 그럼 결국 늘어난 GNP 중 내 몫에 해당되는 돈의 차익은 누가 가져갔을까? GNP가 매년 늘어나는데도 내가 점점 가난해지는 이유는 기업이나 정부가 GNP 성장액 중에서 내가 못 벌어들인 나의 평균소득 미달액을 더 가져가기 때문이다.

또 장기간에 걸쳐 100배 이상 폭등한 삼성전자 등에 투자해도 망하는 이유는 숏텀 디플레나 롱텀 디플레가 왔을 때, 개미들은 버티고 버티다가 결국에는 일반 대중들과 같이 주식을 최저가에 팔게 되므로 그렇다. 위기 시에는 삼성전자도 다른 주식처럼 폭락하고, 이때에는 누구나 돈이 필요해 다 같은 때에 가장 싸게 팔게 되는 것이다. 이때에는 누구나 돈이 없고 은행융자도 안 된다.

여유자금으로 투자하라고 떠들지만, 돈에 여유가 있는 사람은 아무도 없다. 재벌도 마찬가지이다. 인간은 누구나 욕심이 끝이 없기 때문이다. 따라서, 항상 평균가격으로 주식을 사고파는 법을 알아야 한다. 투자기간 동안의 평균가격으로 사면 아무 때에 팔아도 평균가격으로 팔게 된다. 이것이 달러평균법의 최대장점이다.

지금은 정년 후에도 평균적으로 20~30년은 더 살므로 누구나 이 방법으로 주식투자를 통해 마음 놓고 재산을 불려나갈 수 있음도 알아야 한다. 단, 경제성장율이 0% 이상인 기간 동안에만 적용된다. 우리나라도 2030년경부터 마이너스 성장이 예측되고 있다.

기업 가계 정부의 분배액 중에서 기업들은 자기 몫에서 모든 비용을 빼고 기업에 일정율의 이익금을 넉넉히 쌓아 놓는다. 법적으로도 강요된 적립금도 있다.

향후 위기 시를 대응해서이기도 하고 성장을 위한 자금 배분이기도 하다. 이 돈들 때문에 기업의 주가는 한 번 오르면 불경기가 도래하거나 기업이 위기에 처하지 않는다면 주가는 기업가치 이하로는 여간해선 잘 내리지 않는다. 이게 바로 그 기업의 가치이자 가치투자의 본질이다.

팔아서 현금화한다면 받을 수 있는 금액, 이 가치 이하로는 여간해선 안 내린다. 평상시에는 팔면 항상 그 가치 이상은 받아낼 수 있으니까, 너무나 당연한 얘기다. 이 기업의 누적된 이익금은 주식 숫자로 나눠진다. 이게 주당 기업가치이고 이게 매년 노동자분인 내 월급보다 더 늘어나고 있으니 주가가 안 오르기도 쉽지 않은 것이다. 누적된 기업 가치가 더 늘어나기 때문이다.

기업의 가치가 조금씩 늘어나면서 주가는 올라서 예전에 비해서 우리나라 우량기업들은 10~20배가 올랐는데, 난 주식이 전혀 없다면 상대적으로 내 부는 찌그러든 것이다. 내 몫은 기업에 쌓여 있다.

현재 우리나라의 주식 보유인구는 1,000만 명 정도이고 외국인들이 우리나라 주식의 30% 이상을 가졌다. 총 기업 수익과 누적된 기업의 이익금도 많아졌지만 난 주식은 한 주도 없이 월급만 타는 사람이니 기업이 쌓아 놓은 이익금 중 내 몫은 전혀 없다. 심지어 우리 회사 주식도 한 주 없다. 그러나 어느 순간 정신 차려 보니 난 평균소득도 못 벌고 평균적 재산도 지니지 못해 나도 몰래 더 가난해져 있었다. 중산층에서도 더 멀어지는 느낌이다. 왜 그럴까?

한마디로 주식이 전혀 없으니까이다. 위험하다고 해서 한 주도 없으니 행복했었다. 그러나 그동안 성장의 몫을 노동자보다 매년 많이 가져가는 기업의 일정 부분인 주식이 전혀 없으니 국가 전체적으로 볼 때 결국 상대적으로 더 가난해질 수밖에 없다.

실제로도 더 가난해진다. 주식이 한 주도 없으니 주가가 올라도 내 재산은 전혀 늘지 않았고, 배당금이 적든 많든 난 배당금이 한 푼도 없으니까 우리나라가 성장한 대가를 겨우 월급으로만 조금 더 챙기고 있다.

그동안 늘어난 GDP라는 Pie는 주식 보유 비율대로 오우너를 비롯한 주주들이 주가상승분과 배당금 형태로 나눠 가졌고 외인들도 이 두 가지를 한몫 챙기고 있다. 난 아무것도 없으니 GDP중의 내 몫도 못 챙기고 있다. 결국 더 가난해진 것이다.

코스피지수는 1980.1.4일을 100으로 하여 계산한다. 2021.4.1일의 코스피지수는 3,087.40으로 42년 만에 30.8배 올랐다. 소유한 주식이 전혀 없으니 이 30배 이상 오른 재산 증가 혜택을 전혀 누리지 못했다.

이처럼 앞으로도 주식 없이는 중산층 대열에 낄 수 없다. 우리나 기업들의 성장 혜택인 파이를 나눠 가져야 가능하다.

2. 지금까지 본 것처럼 내 재산도 42년 동안 재산이 30.8배가 늘어야 내 몫은 챙긴 것으로 볼 수 있다. 주식이 뭔지도 모르면서 주식으로 돈을 벌어 부자가 되려면, 매월 정기적금식으로 KODEX200TR 혹은 KODEX200이라는 주식의 조합을 꾸준히 사면 된다.

둘 중에서 더 좋은 것은 KODEX200TR로 판단된다. TR은 총수익(TR) ETF 혹은 토털리턴 ETF로 불리우는데, TR이 맨 뒤에 붙어 있는 ETF이다. 외국인 투자자 선호도가 꽤 높은 총수익(TR) ETF는 1주도 살 수 있고 무한대로도 살 수 있다.

요즘은 은행 적금도 없어졌다. KODEX200은 1주에 4만 1000원 정도이며 매월 적금식으로 사도 되고, 자유적립식으로 돈이 생길 때마다 아무 만큼이나 사도 된다.

3. KODEX200은 우리나라의 상위 200개 회사를 모아 놓은 주식 조합 즉 주식 바구니이다. 이를 사 모으면 우리나라 상위 기업 200개를 조금

씩 사 놓은 것과 같다. 그러니까 우리나라 코스피 기업 성장에 따른 주가의 상승과 배당 이득금의 내 몫은 종합주가지수 상승률로 보면 무리가 없다. 즉 코스피지수 상승률만큼만 매년 벌어들이면 우리나라 기업들 모두의 성장으로 인한 평균 수익은 나도 올리는 것이 된다.
즉 내 몫은 찾는 셈이 된다.

그런데, KODEX200은 당연히 코스피 상승률 즉 우리나라 기업들의 전체의 평균 상승율은 항상 뛰어넘는 상승율을 기록하게 되어 있다. 코스피 기업 수천 개 중에서 좋은 회사 상위 200개를 모아 놓은 것이기 때문이다.

그동안 주식투자를 전혀 하지 않았다면 이 평균 이득도 챙기지 못한 것이다. 결국 내가 더 가난해지는 이유는 주식을 안 해서 내 몫도 다 챙기지 못해서 그렇다는 것임이 명백해졌다.

KODEX200 종목 중엔 가끔 부도가 나거나 경영실적이 갑자기 나빠진 기업이 생길 수 있다. 이 경우엔 자산운용사에서 해당 기업을 KODEX200 종목에서 제외시키고 다른 기업으로 대체해서 관리하므로 이 KODEX200으로 주식을 한다면 절대로 망할 수는 없다.

딱 우리나라 상위 200개 기업의 평균 이익률 정도만 먹고 싶으면 KODEX200을, 다불을 먹고 싶으면 KODEX200 레버리지를 사면 된다.

즉 우리나라 전체 기업들의 성장률보다 조금 더 돈을 벌고 싶은 사람들이 사 모으는 주식이 바로 KODEX200(자산운용사에 따라 KODEX, TIGER, KINDEX 등이 있으나 KODEX가 대표적임)이다.

분배금까지 자동으로 재투자해서 복리로 먹고 싶다면 KODEX200TR을 사면 된다. 이에 만족할 수 없는 사람들은 삼성전자, POSCO 등 개별 종목을 매매하는 것이다.

전 세계의 주식시장이 있는 나라에는 전부 ETF가 상장되어 있다고 보면 된다. ETF는 1976년에 미국의 펀드매니저 존 보글이 종합주가지수에 연동시킨 인덱스 펀드를 처음 선보인 것이 효시다. 개별주식은 등락을 거듭하지만 증시 전체는 경제성장과 더불어 우상향한다는 개념에 착안한 상품이다.

워런 버핏이 아내에게 남긴 유언장에 '재산의 90%는 S&P500 인덱스 펀드에 투자하라'고 유언했을 정도로 안전하고 수익성이 좋은 주식의 조합이다. 미국의 S&P500을 바로 KODEX200과 같은 것으로 보면 된다.

이렇게 좋은 물건이니 지수 추종형, 테마형, 액티브 ETF 등등이 있으나 저자는 지수 추종형을 최고로 치고 이에 맞춰 KODEX200을 추천하고 있다. ETF는 없는 국가가 없을 것이며, ETF의 종류도 각기 수십 개는 되며 KODEX200 식의 ETF와 원유, 곡물, 은, 금, 국채 등의 ETF, 상품별로 레버리지, 인버스, 인버스레버리지가 거의 다 있다고 보면 맞다.

그러나 해외의 ETF를 산다면 역시 환율과 해당 ETF의 장래 가격 2가지를 맞춰야 하는 고도의 투자 지식이 필요하다. 그러니 외국의 ETF는 사지 않은 것이 좋다. 그냥 외국의 잘 오르는 테마형 ETF를 보고 한국의 해당 ETF를 사면 주도주를 맞출 수 있겠구나 정도만 알면 된다.

한국에는 ETF 종류가 현재에도 이미 300~400가지나 되며 골프, 웹툰만을 대상으로 하는 ETF 등 너무 많고 세분화되어 오히려 투자에 방해가 될 지경이다.

따라서 아이를 부자로 만들어 주기 위해서 ETF 투자를 대신해 주는 경우에는 특히 몇 가지 ETF만을 투자대상으로 하길 권한다. 해외 ETF는 롱텀 디플레 때문에 또 초장기적으로도 앞으로는 달러 약세가 뻔하기 때문에 권하지 않는다.

국내의 KODEX200이나 KODEX200TR만을 대상으로 하라.
이것만으로도 주식이 뭔지도 모르면서 애들을 주식부자로 키울 수 있다! 주식이 뭔지도 모르면서 스스로도 부자가 될 수 있다.

그러나, 롱텀 디플레이션이 본격화되면 이미 정기예금처럼 목돈으로 사놓은 KODEX200도 KODEX200TR도 당연히 손해를 본다. 일본을 보거나 미국을 보면 30~22년간 약 80~90%까지 주식은 폭락했다.

이럴 경우엔, 즉 대폭락이 예상되면 KODEX인버스를 사면 된다.

빅사이클 순환투자법에 따라 숏텀 디플레시에는 주식 투자자금은 아파트와 달러 국채로 순환투자해야 하지만 그냥 KODEX인버스에 머물러도 된다.

혹은 숏텀 디플레든 롱텀 디플레든 지속적으로 KODEX200이나 KODEX200TR을 계속 매월 사들여도 생각보다 큰 손해는 보지 않게 된다. 10~20년간 장기간 지속적으로 매수하고 보유하므로 결국 10~20년 평균가격으로 사게 되기 때문이다. 오히려 비쌀 때 산 ETF가격마저 싼 평균가격으로 매수 가격을 떨어뜨려 주는 효과도 있다.

그러나 롱텀 디플레이션이 본격화되는 초기 3년 정도 기간에는 단기간 하락폭이 너무 크므로 이 기간은 피하고 사는 것이 좋다. KODEX200, KODEX200TR, ISA를 통한 금융자산 매매도 정상 경제가 아닌 롱텀 디플레이션 시에는 마찬가지로 본다.

4. ETF 중 KODEX200을 구성하는 종목은 내가 정하는 것이 아니라 자산운용사가 정하고 관리해 준다. 즉 나는 종목 선정에 신경 쓸 이유가 전혀 없다. 이것도 펀드이기에 정부의 엄격한 통제하에 있어서 더욱 안심이 된다. 결국 투자자인 나는 ETF 중 KODEX200 등을 매월 같은 금액을 같은 날짜에 사 놓기만 하면 된다.

영원히 계속 존재하는 상품이므로 영구 주식적금이다. 그렇다고 이자를 주는 것은 아니나 배당금(분배금이라 부름)은 나온다. 보통 시중 보통예금 이자 이상의 소득은 보장된 것이나 마찬가지인 이유가 주가지수는 평균적으로 매년 10% 정도씩 상승하고, 배당금도 1년에 각 분기말을 기준일로 하여 4번 나온다.

KODEX200 같은 경우 레버리지, 인버스, 곱버스가 아닌 시가총액 그대로 비율대로 주식을 실제로 보유하고 있는 펀드이기 때문에 각 종목에 배당금이 나오니 이를 나눠야 하므로 KODEX200도 분배금(=배당금)이 당연히 나온다. 배당금은 적은 편이데, 그 이유는 코스피200 종목 전부가 배당금을 주는 것은 아니기 때문이다. 이를 받아서 분배하는 것이다.

KODEX200과 KODEX200TR은 주식을 모르고 주식에 신경 쓰기는 싫은데 돈은 벌고 싶거나 최소한 한국의 성장을 나눠 가지고는 싶은 사람들을 위한 ETF이다. 또한 자식을 주식부자로 만들어주고 싶은 부모를 위한 상품이기도 하다.

결국 KODEX200과 KODEX200TR은 약간은 게으르고 투자기법에 무지한 사람을 위한 장기 대박 주식 투자방법이며, 영구적인 주식적금이다.

5. KODEX200TR이 자녀를 주식부자로 만들어 주기에는 최고다.

ETF라는 상품이 생기면서 주식투자하기에 너무 편해졌다. 주식으로 부자되기도 너무 쉬워졌다. 분배금도 20~30년 장기 복리식으로 자동적으로 재투자해 주는 TR상품이 나와서 너무나 좋아졌다.

ETF뒤에 TR이 붙어 있는 KODEX200TR은 1, 4, 7, 10월에 주는 분배금을 받지 않고 즉시 재투자하는 ETF이다. TR은 Total Return이란 뜻이다.

KODEX200TR은 정확히는 분배금을 재투자하는 지수를 추종하는 ETF이다. 분배금을 받지 않고 분배락(=배당락)을 시키지 않음으로써 분배금을 재투한 것과 같은 효과를 내게 된다. 실제로 분배금을 재투자한다고 해놓고 ETF 숫자가 1개도 늘지 않음을 보고 의아해하지 않아도 되는 이유이다.

KODEX200보다 좋은 점은 분배금을 받지 않고 재투자하므로 복리효과를 누리게 된다는 점과 분배금을 받지 않으므로 배당소득세를 실제로 ETF를 팔 때 내므로 세금의 이연효과가 있다는 점이다.

세금이연에 따른 복리효과도 누릴 수 있으며, 2023년 1월 1일부터 주식이나 ETF에 대해서도 차익이 5천만 원이 넘는다면 신설된 '금융투자소득세'를 내야 한다는 점을 감안하면 단순 ETF보다 TR ETF가 더 유리함은 당연하다고 하겠다.

다만 TR ETF는 팔 때 세금이 없는 일반 ETF와 달리 매도할 때 보유기간 과세에 따른 세금을 납부해야 한다. 또한 ETF를 제외한 해외주식에 직접투자도 할 수 없다.

매도 전까지는 분배금에 대해 과세하지 못하므로 매도전에는 분배금 금액이 많아도 금융소득종합과세 대상이 아니며 건보료 부과 시 반영되지도 않는다는 장점도 있다. 만기시 지역가입자의 경우 건보료 폭탄(?) 문제등은 아직 미확정된 상태다.

그러나, KODEX200TR은 아이들을 주식부자로 만들 때 가장 유리한 초장기 복리효과를 누리게 된다는 점이다. 20~30년간의 분배금의 복리효과와 한국 주식시장의 200개의 주요종목의 평균상승율을 대변한 주가상승의 평균적 이익을 고스란히 취하는 ETF이다.

아이를 부자로 키우고 싶거나 한국 경제성장의 평균이윤이라도 차지하는 투자를 할려면 꼭 들어줘야 하는 ETF이다. 적극 투자를 권한다. 투자기간은 10년 혹은 20~30년간 장기투자이며 장기간 사고팔 이유도 없는 한국 200개 대표기업들의 주식의 조합이다.

6. 또 하나.
지금 현재 중개형 ISA(개인종합자산관리계좌)는 19세 이상이면서 금융소득 종합과세 대상자가 아니면 누구나 가입할 수 있는 인기상품이다. 가입연령 제한이 있어서 아이들이 어릴 때부터 가입시켜 줄 수 없는 것이 아쉽다. 현재 필수적으로 가입해야 되는 절세상품이어서 ISA에 가입하여 KODEX200TR을 5년 이상 장기투자하면 최고의 상품이 될 것인데 아쉽다.

하지만 19세 이상의 성인이라면 현재 최고의 상품은 중개형 ISA에 가입한 후, 이 돈으로 KODEX200TR이나 맥쿼리인프라 펀드 주식을 사 모으는 것이다. 미성년자인 자녀의 경우에는 롱텀 디플레이션 등이 아닌 기간에는 KODEX200TR을 계속해서 사 모으면 된다.

현재 ISA는 5년형 상품이지만 만기 시에는 해지한 후에 IRP퇴직연금으로 넘기고 다시 ISA에 가입하면 또다시 1억 원 한도 내에서 5년간 저축할 수 있다. 즉 세제 혜택이 큰 5년짜리 정기적금으로 이해하면 된다.

ISA는 예·적금이나 펀드 등 다양한 금융 상품에 투자해 손익통산·비과세·분리과세 혜택을 받는 계좌다. 신탁형, 위임형, 중개형이 있다. 배당·이자·분배금 등을 받게 되면 배당소득세로 15.4%의 세금을 내야 하는데 ISA 계좌를 통한 수익에서는 배당소득세를 9.9%만 낸다는 것이다. 매번 연 4.5% 가량의 추가 수익을 내는 것과 다름이 없다.

게다가 중개형 ISA는 만기가 되어 인출 시에는, 계좌 내 손익을 통산해 금융소득 일반형은 200만 원(서민형은 400만 원)까지 비과세되고, 초과이득이 있으면 9.9%의 분리과세 혜택도 적용해 준다.

특히 좋은 점은 2023년부터는 국내 주식, 비상장 채권, 국내 주식형 펀드 등의 이익이 5천만 원을 초과하면 지방소득세 포함 22%의 양도소득세가 발생하는데, 중개형 ISA 가입자는 금융투자소득에 대해 전액 비과세 혜택을 받는다. 정부의 2023 세제 개편안이기에 국회 통과 시 변경될 사항들도 있을 것이니 확인해서 판단해야 한다.

7. 빅사이클 순환투자법과 ETF투자.

한국 코스피 주식시장의 30년간 주도주만을 찾아서 결과를 분석해 보니 약 10년에 한 번씩 주도주를 중심으로 코스피 지수가 대폭 오르는데, 보통 주도주가 탄생하면 3~4년간 오르며, 상승폭은 4~20배까지 오른다.

주도주가 꺾이면 대개 상승장은 끝난다. 즉 주도주도 3~4년간 폭등한 후에는 수명을 다하는데, 피크 후 1년 이내에 최고점 대비 50~95%까지도 폭락한다. 그래서 주도주를 사서 장기간 보유하면 저절로 깡통 계좌가 된다.

참 아이러니하지만 이것이 전부 사실이다.
즉 주식, 아파트, 달러, 예금, 국채의 빅사이클 순환매매 5가지 재테크 수단 중 주식 한 가지만을 장기투자해서 부자가 될 수 있다는 생각은 철저히 잘못된 것이다. 큰 부자가 되려면 반드시 빅사이클에 맞춰 5가지 재산을 순서에 맞춰 순환투자해야 한다.

결론적으로, 주식만을 장기투자해서 부자가 되고 싶다면 주가의 상승폭과 내림폭이 가장 큰 주도주 투자는 철저히 피하고 생필품 주식이나 만년 베스트 셀러를 생산하는 제약, 바이오주 등만 사서 장기 보유하면 남들보다 성과는 좋을 것이다. 하지만, 조무래기 부자에 그칠 것이다. 그 이유를 Big Cycle 순환투자법을 통해서 뒤에서 자세히 설명한다.

주식에 장기투자해서 무조건 성공하는 요령은 뒤에서 곧 설명하겠지만 KODEX200 혹은 KODEX200TR에 장기간 투자하는 것이다. 기간이 길수록 더 유리하며 가격이 폭등하든 폭락하든 같은 금액을 매월 적금식으로 10~30년 정도 초장기 투자하면 투자기간 동안 평균가격으로 매수·매도하게 되어 가장 효과적이다. 하지만 디플레 초기의 급락기를 피하면 더욱 좋다.

사실 월급쟁이나 가난뱅이가 부자가 되는 방법은 빅사이클 순환투자매매 대상인 주식, 아파트, 달러, 예금, 국채에 투자하여 돈을 불리는 것 외에는 없다고 봐도 된다. 이 밖에 금 원유 등에 투자하기도 하지만 이는 가치를 보전하는 한 방법이지 늘리는 수단은 아니다.

욕심이 많은 투자자는 주도주만을 매매하고 싶어 하고 한 번 주도주의 화려함에 취한 사람은 주도주가 폭락을 해도 팔지 못하고 또 오를 것으로 생각하기 쉽지만, 한 번 주도주로 나섰던 주식이나 업종은 약 1/8의 확률로 다시 주도주가 된다고 통계상 확인된다. 즉 거의 불가능하다는 뜻이다. 이것도 30~40년간 통계이다.

이전에 화려했던 건설주, 증권주, 은행주 등 트로이카주를 보라!
이 들은 다시는 주도주로 못 떠오르는 게 정상이다. 이미 이 산업들은 성장이 제한적인 업종이나 주식이 된 게 그 이유이다.

그래서 주도주를 샀다하면 폭등장이 끝나면서 반드시 주식시장을 잠시 떠나 Big Cycle을 따라서 한 바퀴 돌거나 KODEX인버스로 바꿔 줘야 한다.

최선책은 주도했던 주도주를 팔고 → 아파트 → 달러 → 예금 → 국채를 순서대로 돌아서 3~4년이 지난 다음 다시 다음을 주도할 주도주를 찾아서 주식시장에 새로이 진입해야 한다.

이 순환투자를 잘 따라 하지 못하거나 하기 싫은 경우엔 대세하락기인 3~4년간 KODEX200을 팔고 KODEX인버스에 체류하면 된다. 대신에 주식시장이 다시 3~4년 후 소생하면 다시 KODEX인버스를 팔고, KODEX200으로 되돌아와야 한다.

주식은 오르내림의 폭이 너무 심하다. 아이들을 부자로 만들어 주기 위한 주식투자는 장기로 투자해야 하는데 장기투자를 하려면 KODEX200이나 KODEX인버스로 하기를 권한다. 주식은 주도주를 사더라도 주도기간이 끝나면 대폭락하는 것이 그동안의 팩트이다.

좀 게으르거나 더 긴 장기간으로 시장을 본다면 KODEX200ETF에 계속 투자금을 불입하면 가입기간 동안 평균가격으로 구입단가를 떨어뜨리게 된다.

순환매에 참여하기 싫은 투자자들은 KODEX200을 무기한 정기적금식으로 오르든 내리든 사들여 가면 큰 손해는 없다. KODEX200을 정기예금식으로 한 번에 투자한다면 디플레 등으로 주식가격이 폭락하면 큰 손해가 된다.

하지만 적금식으로 투자하는 사람은 계속 사들여 가면 디플레 시에는 평소 가격보다 더 싸게 사게 되므로 결국 불입기간 동안의 평균 가격으로 산 것이 된다. 이렇게 평균 가격화되는 구입법을 달러평균법이라고 한다.

혹 보다 더 큰 수익을 올리고 싶다면 우리나라의 주가는 정확히 우리나라 국제수지의 1년 뒤를 그대로 후행하므로 이를 감안하여 주가가 대세하락 초기의 대폭락세를 시현한 후, 1년 후에 하락폭을 확인하고 이에 맞춰 개별종목을 사거나 KODEX200이나 KODEX200TR을 산다면 훨씬 더 싸게 매수할 수 있을 것이다.

우리나라의 주식은 국제수지의 증감의 1년 뒤를, 아파트는 국제수지 증감의 1년 7개월 뒤를 같은 궤적을 그리면서 거의 흡사한 모양으로 후행하는 이유는 우리나라의 높은 대외의존도 때문이라고 설명한 바 있다.

KODEX200ETF가 아니라 주도주를 매매한다면, 주도주는 반드시 교체 매매를 해야 한다. 주도주는 3~4년만 대폭 성장의 희망과 함께 주식시장을 주도한다. 그런데 이를 팔고 다른 상승종목을 또 맞추는 것은 증권 전문가나 애널리스트 등등 보다 원숭이가 더 잘 맞춘다는 통계도 있으니 주식으로 성공하는 것은 불가능에 가까워지는 것이다.

즉, 주식종목 선정에 누구나 자주 실패하므로 주식하면 망한다고 말하는 것이다. 그래서 주식만을 투자하는 사람은 주식시장 대세하락기에는 주식시장에서 잠시 떠나 있는 것이 더 좋다. 빅사이클 순환투자법에 따르면 주식시장이 대세하락을 시작하면서 주식을 팔고 다음 상승을 주도하는 자산시장 즉 Big Cycle을 따라서 아파트로 옮겨 가야 하는데 계속 주식시장에 머무르면 위와 같은 이유로 금번 상승장에서 번 돈은 거의 다 토해 내게 된다.

주도주가 주도를 끝내면 시장은 대세하락으로 가기 때문에 코스피 종목 전체가 급락한다. 보통 30~50%는 폭락한다. 그래서 주도주 매매는 가능한 한 하지 않고 정보에서 가급적 멀리 떨어져서 주식투자를 하되, 기업이익의 기복이 작은 생필품 주식만을 위주로 투자하는 워런 버핏이 성공한 것이기도 하다.

게다가 워런 버핏은 매월 막대하게 들어오는 펀드자금으로 위기시에 폭락한 주식을 한꺼번에 대량 매수하여 매번 큰 기회를 잡는다.

그래서 일반인들은 주식에 장기투자를 하면 안 된다. 주식에 직접투자를 하면 거의 모든 투자자들이 이처럼 욕심 때문에 주도주를 못 버리고, 대세 하락 시에는 올랐던 주가는 거의 제자리로 되돌아오며 다음에 오를 종목은 확률상 1/8밖에 못 맞추므로 돈을 다시 거의 다 잃게 된다.

주식을 매매하면 일반인들은 자금 부족이나 쓸 곳이 생겨서 견디다 견디다 결국에는 바닥에서 손해를 보고 팔고 나면 이제 급등을 시작하게 되는 경우가 거의 전부이다.

다음 주도주나 주도산업은 아마도 값싸지는 우주여행 등으로 우주산업이 아닐까 싶지만, 역시 미국의 주식시장이 답을 말해 줄 것이다. 얼마 전부터 주도산업으로 각광받는 바이오 제약주도 코가콜라 라면 음식 등등 생활필수품 주식처럼 수명이 꽤 긴 산업이 아닐까 싶다. 앞으로 줄기세포나 바이오 제약주는 계속적인 새로운 질병의 등장에 계속 각광받을 것으로도 보이고, 어떤 경우에도 약은 먹어야 하므로 어떻게 보면 생필품 주식보다도 더 생필품적인 주식으로 보이기도 한다.

혹, 주식을 다 팔아도 아파트로 순환매할 돈이 안 되는 경우엔 일반적인 불경기라면 바로 달러로 가도 된다. 주식가격이 최고일 때 국내 달러가격은 최저가 된다. 그래서 얼른 주식을 팔고 달러에 투자하면 된다. 단기간에 달러는 더블 가까이 오른다.
단, 롱텀 디플레시에는 달러로 가면 안 된다고 이미 앞 챕터에서 설명한 바 있음을 주지해야 한다.

(여담 1) 주식은 인간들이 만들어낸 대표적, 합법적 투기수단이다. 즉, 재미도 있다는 뜻이다. 주식은 일생을 두고 보면 기업은 성장하므로 무조건 오르는 구조다.

다우지수인 [그림 1]과 코스피지수 장기 그래프를 보면 안다.
저자의 판단으로는 우리나라도 이미 선진국이기에 Money Move로 미국의 다우지수 처럼 엄청난 상승이 올 것을 기대하고 있기도 하다.

다우산업지수 50년 그래프를 보면 1964~1984년까지 지수 1000에 갇혀있던 다우지수는 38년 만에 지금 3만 5000대를 돌파해 35배 이상 폭등해 있다. 또한, 지금 한국을 포함한 전 세계에는 2016년부터 롱텀 디플레이션(Long Term Deflation)도 동시에 와 있다. 머니무브의 힘과 롱텀 디플레이션의 힘. 어느 힘이 더 강할 것인가는 불과 1~2년 후에 판가름 난다. 지켜보면 될 일이다.

지금도 매월 엄청난 펀드자금, 해외자금, 국민연금, 퇴직연금 등이 주식을 사서 원금을 늘려 언젠가는 고객에게 이익을 붙여 되돌려 주려 노력한다. 게다가 우리나라는 이제 실질적인 선진국 즉 3050에 7번째로 가입한 나라여서 주식시장으로의 엄청난 머니무브가 예상된다.

물론 이 자금에는 채권투자금도 있겠지만 선진국은 자기 나이만큼 재산을 유동자산으로 가지고 있고 먼저 선진국에 진입한 나라들도 전부 그렇게 변해 왔다. 70세이면 전 재산의 70%는 유동자산으로 구성하게 되는 것이 선진국 사람들이다.

규칙이 있는 것은 아니지만 이게 선진국의 보통 국민들이 갖는 인간의 심리이다. 유동성을 갖추지 못한 돈 즉 부동산은 돈이라기보다는 유동화 과정을 거쳐야 되므로 재산에 더 가깝다고 느끼는 것이다. 이제는 한국의 주식시장도 예전의 주식시장으로 생각하면 안 된다. Money Move

라는 단어를 항상 기억해야 한다.

한국에서는 여태까지는 부동산이 승리했다.
투자금액이 크니까 절대적인 수익액도 더 컸었다. 하지만 인구는 줄고 있고 지금 현재 80대가 110만호의 주택을 보유하고 있고, 70대가 72만호의 주택을 보유 중이다. 이 노인들이 보유한 주택은 앞으로는 3기 신도시 입주쯤에는 자손들에게 상속 증여된다.

이 182만 호의 약 75%를 아파트로 보면 아파트 상속·증여분이 130만호 이상이다. 인구는 줄고 있고 부동산의 공급은 기하급수적으로 늘고 있고 우리나라의 경쟁력 증가로 대표 기업들의 수익증가율은 엄청나다. 따라서 주식이 수익률로도 절대금액으로도 승리한다.

이젠 주식으로의 머니무브로 투자액이 부동산보다도 더 커지니까 절대액도 더 많이 오를 것이다. 이래서 주식을 몰라도 KODEX200만 사 모으면 저절로 부자가 된다. 아이들 용돈으로 사 모으면 아이들도 주식부자가 된다. 본인이 사 모으면 스스로도 부자가 된다.

(여담 2) 저자도 가끔 자식들의 용돈으로 주식을 사서 준다는 부모들 얘기를 우연히 옆에서 들은 적이 있다. 알려진 유명 기업 주식을 사서 계좌에 넣어 준다는 거다. 평생 주식을 해 왔지만, 참 대단한 부모(?) 아니 멍청한 것 아닌가 하고 생각했던 적이 있다. 주식으로 돈을 버는 것은 거의 기적 수준임을 저자는 오랜 경험으로 알고 있다.

이제는 정말로 좋은 KODEX200이 나와 있으니 이에 눈감고 투자하면 된다. KODEX200보다 장기투자에는 더 좋은 KODEX200TR도 있다. 눈이 오나 비가 오나 그냥 사 모으기만 하면 된다. 아이들 용돈을 매월 10~20년간 조금씩 주면 증여세 부과 대상도 아니다. 아이들 용돈으로 사 모아도 된다. 목돈으로는 10년에 2000만 원 이상을 주면 증여세 대상이다. 성인은 5,000만 원이 한도다.

매월 10만 원씩 주는 용돈으로 영구형 주식인 KODEX200을 사서 늘어나는 자산을 느끼게 해 주면 장차 큰 재산이 될 터이고, 필요하면 적당히 팔아서 돈을 버는 기술과 쓰는 기술을 다 가르치게 된다고 본다. 주식을 모르면서 주식으로 돈을 버는 것이다.

한편 ETN라고 ETF와 비슷한 상품도 있는데, ETN(Exchange Traded Note)과 ETF(Exchange Traded Fund)는 우리말로 각각 상장지수증권, 상장지수펀드라고 한다. ETF는 펀드로 발행 주체가 자산운용사이며, ETN의 발행 주체는 증권사이다. ETN은 증권회사가 부도나면 원리금을 못 받을 수 있다. ETF는 만기가 없지만 ETN은 만기가 있다. ETF는 펀드이고, ETN은 채권이다.

마지막으로 위 글의 KODEX200이란 단어를 KODEX200TR로 바꿔 정독하면서 KODEX200과 KODEX200TR의 차이점을 음미하며 읽어 주기를 부탁드린다. 그래야 두 상품의 간단요약 비교에 도움이 된다.

8. 2022~2023년 6월쯤에는 주식시장이 붕괴될 것으로 판단하므로 이 때까지는 투자해 두었던 주식, 아파트, 달러 등에서 철수하여야 한다고 본다. 챕터 제목처럼 주식을 모르면서도 아이를 주식부자로 키우고 싶은 사람도 매도한 자금으로는 2043년까지는 KODEX200, KODEX200TR 을 사지 말고 맥쿼리인프라 펀드나 국채를 사는 것이 더 좋다고 본다.

혹 저자의 판단을 의심하거나 스스로 주식 직접 투자로 더 많은 돈을 벌 수 있다고 판단한다면 일부는 주식에 직접 투자하거나 KODEX200 혹은 KODEX200TR에 일부 자금을 투자하여도 될 것이다. 매월 일정액을 일정한 날짜에 산다면 20년 평균가격으로 매수하게 될 테니까 큰 손해는 안 볼 수도 있다고 앞에서 설명한 바 있다. 그러나 큰 손해를 안 보기 위해서 주식에 투자하는 것은 아니지 않은가?

주식시장이 거품이 터지면서 폭락하면 바로 KODEX인버스에 투자해도 된다. KODEX인버스레버리지도 투자 가능하다. 2043년까지 줄곧 보유하고있으면 큰돈이 된다. 달러와 금은 팔아야 한다. 2022년 혹은 2023년부터 달러와 금은 대폭락할 운명인데, 약간의 이익을 위해서 지금 달러와 금에 투자하는 것은 비극적 실수가 될 것이다.

왜냐하면 일본의 예에서 보듯이 롱텀 디플레이션의 도래로 국내의 달러와 금은 몰락하기 때문이다. 롱텀 디플레이션 당시의 달러와 금의 움직임은 IMF 상황 때와는 전혀 다르다는 사실. 앞에서 수차례 설명한 바 있다.

따라서 KOSEF미국달러선물인버스, KOSEF미국달러선물인버스2X, KODEX골드선물인버스(H), KOSEF국고채10년, KOSEF국고채10년레버리지, KODEX국채선물10년, KODEX국채선물레버리지 ETF에도 투자할 수 있겠으나 모두 맥쿼리인프라 펀드의 수익을 능가하지는 못한다고 판단된다.

9. 2043년이 지나야 다시 인플레 경제로 진입할 것으로 저자는 판단하므로 또한 2042년에 맥쿼리인프라 펀드는 자동적으로 강제 청산되므로 그 이전에 팔거나 청산받으면 된다. 그 후 국제수지가 흑자로 돌아선 1년 후에 주식시장으로 다시 진입하면 된다. 역시 아파트로 진입해도 되지만 주식시장으로 진입한 후 약 6개월 후가 아파트 매수적기임은 이미 수차례 설명한 바 있다.

10. 북한과의 자유왕래, 통일 등이 없다면 롱텀 디플레이션이 2043년까지는 진행될 것으로 보이므로 지금 금이나 달러를 사면 안 된다. 앞에서도 말했지만 해외에 투자하는 모든 것은 전부 달러에 투자하는 것과 같다. 왜냐하면 해외에 투자할 시에는 전부 달러로 환전해서 대금을 지불하기 때문이다.

혹시라도 이미 달러에 투자했거나 금에 투자했다면 적당한 때에 팔아야 한다. 1989년의 일본의 롱텀 디플레이션 진입시의 움직임을 보면 달러나 금을 팔 기회도 주어지지 않았지만 그래도 주식시장이 꺾일 때 같이 팔 기회가 한 번은 있을 것으로 본다.

평상시에 주식을 모르면서도 아이를 주식부자로 키우는 방법은 지금까지 말한 것처럼 너무나 간단하다.

워런 버핏이나 전문가들이 흔히 얘기하는 것처럼 우량 주식 몇 종목에 장기투자하는 것만으로는 아이를 주식부자로 키워 주는 것은 불가능에 가깝다는 것도 눈치채야 한다.

숏텀 디플레이션 즉 불경기는 10년마다 한 번 정도 주기적으로 찾아온다. 앞에서 수시로 얘기한 대로 10년 주기의 경기순환이 일반적이지만 정부가 경기에 적극 개입하기 시작하면서 우리나라도 호경기 3년, 불경기 2년 정도로 1회의 경기변동이 5년으로 단축되는 경우도 찾아지고 있다.

One Business Cycle이 5년이든 10년이든, Big Cycle 순환투자법칙에 맞춰 투자하면 된다. 따라서 너무 높은 가격에 주식을 샀거나, 주도주를 샀지만 대세하락기를 맞았다면 주도주는 최대 95%까지 폭락하므로 반드시 팔아야 한다.

주도주는 3~4년간 폭등한 후에는 거품붕괴와 함께 수명을 다하는데 피크 후 1년 이내에 최고점 대비 50~95%까지도 폭락한다. 그래서 주도주를 사서 피크에서 팔지 않고 장기간 보유하면 저절로 깡통 계좌가 된다는 것이 30년간의 통계다.

A. 그러니까 결국 숏텀 디플레이션 즉 평범한 불경기 때에는 인버스

ETF 투자가 폭락기간 동안에는 좋긴 하지만 인버스 ETF 종목에 장기투자함으로써 큰 수익을 거두기는 불가능하다. 왜냐하면 다른 자산으로 교체매매에 따른 수익에는 크게 미치지 못하기 때문이며 하락기 또한 짧기 때문이다.

즉, 숏텀 디플레이션 시의 인버스 ETF는 장기적으로 투자할 수 있는 상품이 아니다. 즉 바로 다른 재산으로 교체투자하는 것이 더 유리하다.

B. 그러나 롱텀 디플레이션 때에는 일본처럼 장기적으로 5~30년까지도 지속적으로 주가는 하락하므로 큰 수익을 거둘 수 있음은 물론이다. 이 기간 동안에도 주도주였던 업종의 ETF가 많이 내릴 것으로 추정할 수 있다.

C. 주도주였던 주식 실물을 숏텀 디플레이션이나 롱텀 디플레이션 기간 동안 공매도하여 큰 수익을 얻을 수 있다. 롱텀 디플레이션 이론과 결합한 합성 공매도 전쟁도 올 수 있다. 신재벌이 탄생할 만큼 큰 변동이 생기는 것이다. 그러나 앞에서 설명했듯이 공매도 기회는 역시 일반인에게는 잘 주어지지 않을 것으로 본다.

D. (결론적으로) 아이들을 큰 부자로 키워 줄 방법 중 경기나 순환매 여부와도 관계없이 항상 좋은 방법은 KODEX200이나 KODEX200TR에 주가가 오르거나 내리거나 매월 정기적으로 같은 금액을 적금식으로 장기간 투자하는 것이다.

또, 솔직히 A, B, C, D의 방법 중 어느 것이 제일 유리한가는 아무도 비교 검토한 적이 없어 자세히 알 수 없다.

그러나, 저자는 이 방법들 중 KODEX200이나 KODEX200TR의 장기 투자 방법이 주식을 전혀 모르면서도 안전하게 아이를 주식부자로 키우는 제일 좋은 방법일 것으로 추정한다.

다음으로는 Big Cycle 순환투자법의 최종 투자단계인 맥쿼리인프라펀드 주식이나 국채의 투자요령을 최종적으로 정리해 보자! Big Cycle 순투자법 중 실제적으로 가장 중요한 부분이다.

주식투자의 티핑포인트와 철수시기 결정법

1) 롱텀 디플레이션은 이미 2016년에 한국을 포함한 전 세계에 도래했으나 2008년 금융위기 등으로 풀린 자금으로 2022년 혹은 2023년 6월 쯤으로 주식시장 대세하락기가 연장되었다고 본다. 그러므로 이 때가 되면 거품붕괴와 동시에 주식을 반드시 팔아야한다.

이번의 거품 붕괴시기 예측은 빅사이클 순환투자법의 공식에 따르는 것이 아니라 풀린 자금을 감안하여 저자가 임의로 1~2년 연장될 것으로 판단한 것이다. 시기상으로 아파트는 2022년 혹은 2023년 12월 말까지는 팔아야 한다고 본다.

그러나 아파트를 파는 타임의 더 확실한 타임은 주식시장의 붕괴 여부로 판단하는 것이다. 즉 어느 나라든 어느 때든 모든 시작은 주식시장의 붕괴로부터 시작한다. 즉 주식시장이 끄떡없으면 모든 것은 이상 없는 것이다. 공포의 롱텀 디플레이션의 본격적인 시작은 바로 주식시장의 붕괴로부터 출발한다.

일본의 롱텀 디플레이션은 달러가격의 급등과 주식, 아파트의 마지막 급등으로부터 출발했다. 일본의 자산시장은 1988.4.1일 한국의 주식시장이 붕괴된 후 오히려 본격적으로 급등을 시작했다. [그림 8]의 수직점선 ② 이후부터 ③ 구간까지 이다.

이처럼 일본 주식시장과 달러, 아파트가격은 1988.12월 말까지 약 9개월 만에 30%나 급등했다. 아베노믹스로 억지 부양했던 일본의 지금 상황은 너무나 취약하다. 만약 미국이나 전 세계가 조정기에 진입하면 일본은 순식간에 다시 아베노믹스 이전 상황의 나락으로 떨어질 것이다.

즉 이번에는 일본이 먼저 붕괴된 이후 약 9개월간 한국의 주식과 아파트 달러가 급등했다가, 바로 급락하면서 한국이 20~30년 이상 가는 롱텀 디플레이션에 진입할 것 같은 예감이다. [그림 8]의 ③선 이후의 일본처럼….

이른바 1989년의 상황을 일본과 한국이 임무교대한 것 같은 형태가 될 가능성이 크다. 즉 1989년 처럼 이번에는 일본의 주식시장이 먼저 무너진 후 약 9개월 동안 한국 시장은 거꾸로 급등할 수 있다.

그 당시 상황을 잠시 살펴보면, 3저 호황 등으로 1989.3.31일 처음으로 1000포인트를 돌파해 1004.1의 사상 최고치를 기록했던 한국 코스피는 기쁨도 잠시, 1989.4.1일부터 거품이 붕괴되면서 대폭락을 시작했다.

즉 1989.4월 이전 까지 한국의 코스피와 일본의 니케이는 같이 대폭등을 거듭했다. 그 후 일본 니케이지수는 한국 코스피지수의 붕괴와 같이 조정을 받기는커녕 잠시 주춤거리다가 오히려 1989.12.31일까지 약 9개월간 폭등에 폭등을 거듭했다.

그리고는 1990.1.1일 새해 벽두부터 일본 니케이 주식 시장과 일본 내 달러가격은 거품붕괴와 함께 폭락을 시작했다. 1990.4.1일부터는 일본의 아파트 시장도 붕괴되었다. 바로 일본의 롱텀디플레이션은 이렇게 시작되었다.

이번에 한국을 비롯 전 세계에 찾아온 롱텀 디플레이션이 한국에서 본격화될 때에는 1989년과는 반대의 순서대로 한국의 롱텀 디플레이션이 시작될 것으로 저자는 예측하고 있다.

즉 이번에는 경제가 허약해진 일본이 테이퍼링 등 국제적인 이벤트와 함께 먼저 무너지고 그 후 약 9개월 정도 한국의 코스피, 아파트, 원화가치가 급등한 후에 한국의 롱텀 디플레가 본격화될 것같은 느낌을 받는다. 예의 주시해서 살펴봐야 할 것이다.

2023년에는 세계적인 주요 경제 이벤트가 많은데, 테이퍼링, 미국의 기준금리 인상, 자금 환수 등이 예정되어있다. 같은 해에 국내적으로는 주식양도소득세 제도가 도입 시행된다. 이럴 때에는 허약한 경제가 먼저 무너지고 강한 경제는 그 후로도 오랫동안 마지막 불꽃을 더 태우고 붕괴하는 게 일반적이다.

즉 2023년, 일본 붕괴 직후부터 한국의 주식, 아파트, 달러가 9개월간 급등한 후 바로 한국의 시장 붕괴가 시작될 것으로 보인다. 즉, 일본은 다시 엔화강세의 길을 걷게될 것이고, 한국은 이번에 원화강세의 길을 걷게 된다고 본다.

이번의 롱텀 디플레이션부터 한국은 비로소 승일(勝日)을 인정받게 된다고 본다. 다음으로 통화강세의 길을 겪을 나라는 중국이 될 것으로 보인다.

2022년부터 2023년 중순 정도까지 2주택자 이상은 1주택을 제외하고는 전부 팔아야 한다고 본다. 주택이 아닌 오피스텔이나 빌라 원룸 등등도 1주택만 남기고 전부 팔 대상이다.

1가구 1주택자도 즉 살고 있는 집까지 팔아도 문제 없다고 보지만 주거 안정도 행복의 한 요소로서 중요하기 때문에 각자 판단 할 일이다. 결론적으로 1주택자라도 이 주택을 팔고 전세를 산다고해도 주택가격이 폭락할 것이므로 큰 이익을 볼 것으로 보인다. 전세를 사는 경우에는 반드시 전세보험에 가입하여 전세금 반환에 문제가 생기지 않도록 미리 조치하여야 한다.

이번의 롱텀 디플레시에는 미국과 일본의 롱텀 디플레이션 시의 상황으로 추론해 보면, 주택 가격의 80~90% 까지 폭락할 것으로 예측되므로 전세보증금 반환이 가능한 경우는 희박할 것으로 보인다.

빅사이클(Big Cycle) 순환투자법은 이렇게 간단명료하게 투자할 시기, 자금을 회수할 시기까지 정확히 판단해 낼수 있는 투자법이다. 마치 수학공식처럼 활용 가능하다.

이쯤에서 독자들에게 한 가지 추가 설명해야 할 것은 중국이 우리 수출 대상 1위 국가가 된지 이미 오래 지났는데, 왜 저자는 항상 미국의 경상수지 적자 추세에 맞춰 투자하라고 하는가 하는 것이다.

그 이유는 우리가 중국에 수출하는 반제품들도 결국 중국에서 조립해서 미국으로 가는 수출품이기 때문이다. 미국의 경제규모는 단독으로도 세계경제의 25%를 넘을 정도의 경제대국이다.

2) 개인투자용 국채와 맥쿼리인프라 펀드의 수익률 계산

A. 개인투자용 국채와 맥쿼리인프라 펀드의 수익률을 비교해 가격을 추론해보면 맥쿼리인프라 펀드의 예상가격을 러프하게나마 추측할 수 있다.

정부에서는 2022년 쯤 개인투자용 국채를 발행할 예정인데, 20년형 국채인 경우 기본금리와 가산금리를 포함하여 2.58% 복리로 발행할 예정이라고 한다. 만기 시까지 보유하는 조건을 지켜야 위의 금리가 보장되며, 만기 시까지 보유하면 2억 원까지는 9%로 분리과세 혜택도 줄 것이라고 한다.

이런 조건의 국채와 현재의 맥쿼리인프라 펀드 주식을 비교하면 맥쿼리인프라 펀드 주식이 국채보다 더 좋은 금융상품임을 금방 알 수 있다. 두 금융상품은 만기 시점이 2042년경으로 거의 비슷하며 배당금(분배금)과 이자액을 비교해 본다면 맥쿼리인프라 펀드는 1주당 매년 약 800원 정도이다. 국채 수익은 매년 258원이며 만기에 원리금 전액을 지급하는 조건이다.

맥쿼리인프라 펀드의 2021.1월 유증가격은 1만 550원, 2021.8월의 유상증자 가격은 1만 2,050원, 2021.9.30일의 실제 1주의 가격이 1만 2,750원으로 수익률은 6.6% 정도이나 매년 800원을 주당 배당수익금으로 보고 가격을 예측한다. 앞으로 맥쿼리인프라 펀드의 평균 배당금은 현재보다 더 늘어날 것으로 예상된다.

따라서 단순히 수익율로만 비교해봐도 맥쿼리인프라 펀드 1주의 시세가 개인투자용 국채보다 800원/(1만 원×2.58%)×100＝310% 즉 3.1배 정도 더 비싸도 큰 무리가 없다고 본다. 국채의 액면가격은 매당 1만 원이다.

수익률이 3.1배 정도이므로 이 가격 즉 3만 1천 원을 2024년의 첫번째 분배금 반환전까지의 맥쿼리인프라 펀드의 최저 하한선 가격으로 봐도 큰 무리는 아니라고 본다. 이는 맥쿼리인프라 펀드의 대부분의 보장 수익률은 한국 정부가 8~9%의 수익을 보장하는 형태의 계약이기 때문이기도 하다.

2006.3월 공모한 맥쿼리인프라 펀드 가격은 주당 7천 원(액면가 5천 원)으로 40% 프리미엄부로 발행하였다. 맥쿼리인프라 펀드는 사회간접자본 펀드이자 주식이며 8~9%의 높은 수익 보장으로 가끔 사회정치적 이슈가 되기도 한다. 그 결과로 소송이 벌어지고 재구조화가 이루어진 적도 있다.

공모가격이 7천 원이므로 이를 기준으로하여 배당정책을 세웠을 가능성도 크다. 연간 8~9%의 수익보장 계약은 정부나 지방자치단체가 지금 기준으로 보면 황당한 계약이나 그 당시 금리상황으로 보면 크게 무리한 계약은 아니었다고 본다. 맥쿼리인프라 펀드의 성공은 전적으로 금리차이라고 판단된다.

수익보장율 8~9%는 투자금 전체에 대한 수익보장율일 것이고, 수익은 법적인 충당금 등을 제외하고는 전부 배당해야 하므로 향후에는 연간 분배금이 800원 이상이 될 것으로 보인다. 그러나 편의상 매년 주당 배당금(분배금)을 800원으로 보고 예측한다.

그리하여 2024년 주당 1,300원의 투자금의 첫 번째 분배금을 반환하기 전까지의 최소가격은 주당 3만 1천 원 정도로 추정한다.

2024년에 주당 1,300원, 2032년에 1,300원을, 2042년에 2,400원을 반환해 주므로 액면가격은 무의미해졌다. 또 공모 후의 유증가격이 매번 첫 공모가격인 5천 원보다 높으므로 또 무의미해졌다.

그러나, 맥쿼리인프라 펀드 주식의 최저 예상가격은 2024년에는 3만 1천 원－1300＝2만 9,700원과 2032년에는 2만 9,700－1,300＝2만 8,400원이 됨은 자명하다고 하겠다.

B. 또 곧 본격화될 기나긴 롱텀 디플레이션 기간 동안에는 일본처럼 한국의 이자율도 마이너스까지 폭락할 것이므로 금리 하락에 따른 국채가격의 폭등현상도 나타날 것이다. 이를 통해서 국채와 거의 같은 맥쿼리인프라 펀드의 가격 폭등도 추론해낼 수 있다.

10년물 국채의 경우 금리가 1% 내리면 국채가격은 7% 급등한다. 20년짜리 국채라면 금리가 1% 내리는 순간 14%가 급등한다. 2022년에 2.58%로 발행될 국채이므로 발행 후에 금리가 제로가 되면 이 국채는 10,000원×102.58%×114%＝11,694원이 된다.

즉 16.9%가 급등한다. 만약 마이너스 금리까지 떨어진다면 이런 방식으로 금리에 비례해서 국채나 맥쿼리인프라 펀드의 시세를 예측해 낼 수 있음은 물론이다.

최저시세가 각각 3만 1천 원(2024년까지), 2만 9,700원(2032년까지), 2만 8,400원(2032년부터 2042년까지)이므로 금리가 제로수준이 된다면 맥쿼리인프라 펀드 가격은 16.9%가 급등하므로 2032년까지는 3만 4,700원, 2032년 이후에는 3만 3,200원 정도가 될 것이다.

롱텀 디플레이션에 따른 경기부양책으로 금리는 지속적으로 내려 제로금리까지 될 것으로 본다. 또 사회간접자본 시설 이용료는 거의 매번 물가상승율만큼은 올리므로 맥쿼리인프라 펀드는 인플레이션에도 강하다. 즉 맥쿼리인프라 펀드는 디플레든 인플레든 항상 양날의 검이다.

C. 다음으로 또 반영해야할 것은 매년 받을 맥쿼리인프라 펀드 분배금의 합계액이다. 약 21년간의 분배금(배당금)으로 매년 평균 800원×21년 = 총 1만 6,800원 정도를 수령하게 될 것으로 본다.

2024년에 주당 1,300원, 2032년에 1,300원, 그리고 청산 연도인 2042년에 2,400원을 즉 3회에 걸쳐 첫 발행가액인 5천 원을 전부 반환하므로 반환 후의 수익률 계산은 정확할 수는 없음을 이해바란다.

2021.9.30일의 맥쿼리인프라 펀드 가격이 1만 2,750원 이므로, 분배금 합계 1만 6,800원에다가 주당 5천 원의 펀드자금 환불이 될 것이므로

a) 만기상환 시 수익률 추정은

1) 2022~2042년까지(21년) 분배금 합계 1만 6,800원.
2) 환불금 주당 5천 원
3) 구입가격 1만 2,750원,
4) 주당 총수익 9,050원(1만 6,800원＋5천 원－1만 2,750원)
5) 추정수익율: 71%가 된다.

b) 중도매도 시 수익률 추정은

1) 2022~2035년까지(14년) 분배금 합계 800×14＝1만 1,200원으로 추정.
2) 환불금 최소 주당 2,600원
3) 구입가격 1만 2,750원, 최저 예상가격 3만 1천 원
4) 주당 총수익 3만 2,050원(3만 1천원＋1만 1,200원＋2,600－1만 2,750원)
5) 추정수익율: 251%가 된다.

예상 수익률이 겨우 71~251%냐고 말할 수 있겠지만 이 기간 동안에는 롱텀 디플레이션도 본격 진전되어 다른 자산은 폭락에 폭락을 거듭하여 87.1~90%까지 폭락할 때 맥쿼리인프라 펀드 주식은 71~251%의 큰 수익을 올린 것임을 미국과 일본의 사례를 예로 들어 챕터 2에서 자세히 설명한 바 있다.

게다가 맥쿼리인프라 펀드의 최저예상가격 3만 1천 원은 금리폭락에 따라

오를 가격을 전혀 반영하지 않은 착한 가격임을 알아주기 바란다. 금리 폭락에 따른 차액만도 최대 5만 2,390원-3만 1천 원=2만 1,390원으로 수익률을 각각 167%를 급등시키게 된다.

만기상환 시 예상수익율은 71%+167%=238%
중도매도 시 예상수익율은 251%+167%=418%로 큰 차이가 있다. 따라서 2차 중도상환 분배를 받은 이후의 적당한 날에 매도해야 최고의 수익을 올릴 수 있을 것으로 판단된다.

중도 매각시의 보유기간은 2022.1월부터 2035.12월까지 14년 정도 보유할 것으로 추정하였다. 2022년에 처음 판매하는 개인투자용 국채이자는 20년간 보유하여도 복리로 계산하여 66.7%에 불과함을 알면 맥쿼리인프라 펀드 주식의 수익률은 실로 어마어마한 수익률임을 알 수 있다.

2016년에 도래한 롱텀 디플레이션은 일본처럼 20~30년 정도 전세계에서 진행될 것으로 보이므로 장차 개인투자용 국채는 프리미엄부로 거래될 정도로 인기가 있을 것으로 보여 큰 거품도 낄 것으로 본다.

즉 우리나라도 개인투자용 국채의 발매를 계기로 하여 국채 대중화 시대를 맞게 될 것으로 보인다. 따라서 장기간에 걸쳐 국채에 버블가격이 형성될 것으로 보인다는 뜻이다.

롱텀 디플레이션으로 장기간에 걸쳐 금리는 제로수준으로 하락하고 맥쿼리인프라 펀드와 국채는 급등을 지속하게 된다. 오랜 상승이 끝난 후 국채버블의 붕괴는 금리의 상승이나 환율 폭등과 함께 시작될 것이다.

맥쿼리인프라 펀드는 21년간 분배금만 전부 받아도 (800원×21년＝1만 6,800원＋5천 원)2만 1,800원으로 추정되므로 손해 볼 일은 전혀 없다. 1, 2차 원금 상환 후에는 분배금도 약간 줄어들 우려도 있지만 이는 반영치 않고 2022년 이후의 평균 분배금을 800원 정도로 보고 예측해 본 결과다.

국채도 맥쿼리인프라 펀드도 금리에 따라 시세는 매번 달라지지만 마지막 만기 시에는 시세대로 반환받는 것이 아니라 액면가로만 돈을 반환받게 된다.

2042년에는 발행액 중 잔여 반환액 2,400원＋당해연도 분배금＋잔여 재산 매각액을 일시불로 반환받게 된다. 즉 반환일자의 시세가 얼마이든 이 금액으로 반환되므로 만기일의 시세는 이 가격과 같아질 수 밖에 없다. 즉 국채 버블효과로 인해 가격에 버블이 생겼던 맥쿼리인프라 펀드도 만기를 맞은 국채도 어느 시점 이후에는 시세의 대폭적인 하락이 불가피하다.

따라서 맥쿼리인프라 펀드 주식과 국채 보유자는 중도에 파는 것이 더 유리할 것이다. 저자의 생각으로는 2032년까지 2회째의 반환금 2,600원을 반환받은 이후, 시세가 가장 높게 형성될 2035~2036년 어느 날이 아닐까 싶다.

하지만 이 맥쿼리인프라 펀드는 마지막 청산시에는 배당하고 남은 재산을 전부 분배하고 청산하므로 생각보다 큰 잔여 자산의 분배가 있을 것으로 저자는 추정한다. 즉 알게 모르게 많은 유보자산이 숨겨져 있을 것으로 본다는 뜻이다.

그러므로 맥쿼리인프라 펀드 주식 보유자는 만기일 이전인 2035~2036년경에 파느냐, 2042년에 청산을 받느냐로 또 한 차례 중대한 의사결정을 하여야 할 것이다. 결론은 앞에서 이미 말한 바와 같다.

일본인들이 '잃어버린 30년'을 통하여 경험적으로 알아낸 수익성 부동산에의 투자여부를 결정하는 방법이 만기가 가까워진 맥쿼리인프라 펀드나 국채의 계속 보유여부를 결정할 때 가장 좋은 판단기준이 될 것 같다.

즉 매년 월세 수익금 총액과 수익성 부동산의 시세하락 금액이 같아지는 해가 바로 손익분기의 해가 되듯이, 개략적으로 2035~2036년 즈음부터 1~2년간 지속적으로 매년 분배금 수령액보다 시세 하락폭이 더 커진다면 이 때가 바로 맥쿼리인프라 펀드를 떠나보내야 할 적기로 판단한다.

그리고, 앞에서 설명한대로 KODEX200이나 KODEX200TR로 투자 중인 투자자들은 경기와 관계없이 아무런 순환투자를 하지 않는 방법으로 소개하였다.

은퇴한 베이비부머나 나이든 사람들은 나는 이제 투자를 할 나이는 지났다고 흔히 생각하기 쉽다. 하지만 죽을 때까지 KODEX200이나 KODEX200TR으로 주식에 투자하는 것은 앞에서도 얘기했듯이 현찰로 보유한 것과 마찬가지이므로 계속 투자하여야 유리함은 물론이다.

워런 버핏이 강추한 미국의 S&P500 인덱스펀드처럼 한국의 KODEX200이나 KODEX200TR에 대한 투자는 전혀 위험하지도 않고 항상 대한민국의 평균 성장률보다 약간 더 많은 이익을 균점할 수 있다는 사실을 잊지 말고 이에 대한 투자는 항상 지속되어야 한다. 이것이 50년 실전 투자경험과 연구결과에 따른 Big Cycle 순환투자법에 이은 Second Best 투자법이다.

즉 주식투자를 하지 않으면 누구나 점점 더 가난해지는 원리를 이해했다면 누구나 돈을 은행에 보관할 것이 아니라 최소한 KODEX200이나 KODEX200TR으로 보관해야 한다.

KODEX200이나 KODEX200TR은 사흘 후면 항상 현찰로 바꿀 수 있으니까 현금과도 같다. 그러나 월급쟁이나 가난뱅이가 부자가 되는 재테크 최선의 선택은 역시 Big Cycle 순환투자법에 따른 투자임은 분명하다. 다음으로 검토해야 할 투자수단들은 Big Cycle 순환투자법 상 아파트, 달러, 국채(또는 맥쿼리인프라 펀드와 주택연금) 등만 남아 있다.

우선 주식과 아파트 중에서 그동안 아파트에 투자하는 것이 무이자 융자금인 전세금의 레버리지 효과 때문에 훨씬 더 유리했다고 할 수 있다. 전세금을 끼고 은행융자금을 포함해서 아파트에 투자했으므로 주식투자에 비해서 훨씬 더 큰 레버리지 효과를 거둘 수 있었다.

즉, 실투자액 대비 실수익금액 자체가 주식보다 아파트가 더 컸기 때문이다. 주식은 무이자 융자금이 전혀 없다. 게다가 아파트는 주식처럼 대세하락과 함께 큰 폭으로 폭락하더라도 그 동안 일방적인 부동산 선호현상으로 주식보다 먼저 회복되곤 했다.

그러나 이제 우리나라 인구는 줄고 있고, 70~80세 이상의 노년층이 현재 보유한 약 210만채의 주택 중 아파트도 210만 채×63%(아파트거주율)=132만 채 정도가 된다고 볼수 있는데, 이 아파트들이 수 년 내에 상속될 것을 감안하면 그 바톤은 주식으로 넘어올 것이 확실해 보인다.

또한, 우리나라도 선진국처럼 이제 서서히 부동산에 편중된 자산이금융자산으로 머니무브(Money Move)가 생겨날 것이다. 이런 팩트는 선진국이 된 나라들의 추세였기에 우리 또한 마찬가지가 된다고 본다. 이것이 선진국 시민들의 생각과 행동이기도하고 합리적인 생각이기 때문이다.

그리고 Big Cycle 순환투자법상 달러나 국채 역시 순환투자 순서상 반드시 거쳐가야 수익을 극대화하는 통과의례 같은 것이지만, 그 수익률은 2~3배 정도로 제한적이다.

따라서 달러와 예금, 국채(맥쿼리인프라 펀드나 주택연금) 등의 투자수단은 정상적인 경제하에서는 투자대상으로 삼을만 하지도 않다. 이 자산들은 거품이 터졌을 때 즉 숏텀 디플레이션 시나 롱텀 디플레이션 시에 Big Cycle 순환투자법상의 순서에 따라 일시적으로 거쳐갈 투자 자산들이다. 금, 원유, 등등도 앞에서도 설명했듯이 평소에는 투자대상도 되지 못함은 말할 것도 없다.

왜냐하면 이들 자산들은 평상시에는 가격의 변동이 미미하여 돈이 무한정 많은 기관투자가 증권사 외국펀드·기금 등처럼 투자금액이 수십억~수백억이 되어야 제법 수익이 날 만한 재산들이기 때문이다.

결론적으로 앞으로 주식, 아파트, 달러, 예금, 국채 등 5가지 투자대상 자산 중, 장기 투자대상은 바로 주식 투자뿐이라는 것이다. 이 중 IMF 당시 만들어진 맥쿼리인프라 펀드는 특별하게 우리나라에만 존재하는 사회간접자본 펀드인데 국채와 그 성격이 흡사하며 2042년에 해산 예정인 기한부 펀드이다. 수익률은 국채를 훨씬 능가한다는 점을 잊지말기 바란다.

개별 종목투자는 종목선정, 주도주의 몰락, 산업의 변화 등등으로 많이 위험하니까 자녀들이 KODEX200이나 KODEX200TR을 통해 주식에 간접투자를 하도록 도와주면 된다. 즉 적금식으로 매월 같은 날에 같은 수량의 KODEX200이나 KODEX200TR을 매수하도록 하면 주식도 모르면서 아이를 주식부자로 키울 수 있다.

돈이 필요하면 아무 때나 KODEX200이나 KODEX200TR을 팔고 돈이 생기면 수시로 저축을 해도 수익 면에서 큰 차이가 나지 않는다.

주식투자는 보통 원숭이보다도 못한 투자 수익을 가져 왔다는 것을 잊지 말아야 한다. 이것은 인간들이 욕심을 자제하지 못해서 화려한 인기종목을 위주로 추종매매하기 때문인 것으로 수차례 연구되었다.

화려했던 인기종목인 주도주는 매번 대세하락과 함께 50~90% 까지 폭락한다는 놀라운 사실이다. 이 때문에 주도주에 장기간 투자하면 누구나 망한다는 연구 리포트는 30년간 한국의 주도주를 비교분석하여 모 증권사에서 발표된 바 있다.

Big Cycle 순환투자법에서 수없이 말했듯이 주도주가 꺾이면서 대세하락장이 오면 달러나 국채로 순환매매에 들어 가거나 아니면 당분간은 주식투자를 쉬어야 한다는 것이다. 또는 순환투자가 귀찮거나 방법을 잘 모르면 KODEX200이나 KODEX200TR에 단순히 장기투자하는 것이다.

욕심을 다 버리고 워런 버핏처럼 생필품 주식에만 장기투자하면 성공할 가능성이 있음은 그가 증명해 주었다. 또 다른 외국의 연구결과는 인기 없는 대기업의 고PER주식의 장기투자가 성공에 이른다는 결론이다. 이 방법은 가능성이 있다고 판단된다.

이 또한 인간의 욕심에 관련된 결론이어서 결국 주식투자는 심리 전쟁 즉 자기 자신과의 전쟁이란 뜻이 된다. 직접투자의 경우, 지나친 욕심과 화려한 상승에 대한 욕구를 완전히 버리고 움직임이 아주 느리지만 꾸준히 상승할 수 있는 생필품 주식에만 장기투자하는 것이 아니라면 장기 주식투자로는 절대로 성공할 수 없다.

시중의 어쭙잖은 전문가들 말처럼 주식은 장기투자해야 성공한다는 말을 그대로 믿고 따라해서는 절대로 주식으로 부자가 될 수 없다. 그들에게 돈을 맡겨서는 더더욱이 부자가 될 수 없다. 결국에는 원금과 수수료로 전부 날리게 되어 쪽박을 차게된다. 이 사실은 50년 투자 경험과 투자 결과, 연구결과를 그대로 말한 것이므로 100% 신뢰해도 좋다.

KODEX200이나 KODEX200TR은 시가 총액 순위로 그 종목을 1위부터 200위까지 200개 종목을 ETF에 편입하는 것이므로 항상 이 ETF에는 주도주가 포함되어 있다. 즉 나도 항상 주도주를 사 놓고 있는 셈이다.

월급쟁이나 가난뱅이가 부자가 되는 방법은 KODEX200이나 KODEX200TR을 통해서 주식에 평생 간접투자하거나 매번 빅사이클에 맞춰 직접 순환투자하는 것이다.

최종적으로 다시 정리해 보면
1) 일정기간 주식에 투자한 후 대세하락과 함께 주식을 팔고 Big Cycle 순환투자법에 따라 아파트 → 달러 → 예금 → 국채(맥쿼리인프라 펀드나 주택연금)로 순환하는 순환매매에 참여하는 것이다.

2) 또 다른 방법은 대세하락 시에는 주식을 전부 팔고 순환매매에도 참여하지 않고 즉 모든 투자를 완전히 쉬었다가 경기호전과 함께 다시 주식에 직접투자하는 방법이다.

3) 마지막으로 KODEX200이나 KODEX200TR에 정기적금식으로 같은 금액을 같은 날짜에 꾸준히 장기적으로 투자하는 것이다.

인간이 만들어낸 합법적인 투기(투자)수단들이 아파트 주식 경마 리츠 채권 등등 여러가지가 있지만, 이 중 부자가 될 수 있는 최고의 길은 우리나라가 이제 막 3050 회원국이 된 이상 주식투자가 최고의 길임에 틀림없다.

증권사나 투신·펀드·전문가 등에 투자를 의뢰하거나 많은 주제별 ETF나 해외 ETF,ELS,ELD 등에의 투자는 피하는 게 좋다고 본다. 경험과 결과에 의하면 그들의 성적은 항상 평균 이하였다. 그들에게 이런 돈들은 남의 돈이기 때문이다.

- 끝 -